让光照进

—— 醉是读书时

陈向东 / 著

中国青年出版社

图书在版编目（CIP）数据

让光照进：醉是读书时 / 陈向东著 .-- 北京：中国青年出版社，2024.5
ISBN 978-7-5153-7291-4

Ⅰ.①让… Ⅱ.①陈… Ⅲ.①推荐书目 — 世界 Ⅳ.① Z835

中国国家版本馆 CIP 数据核字 (2024) 第 084569 号

侵权举报电话

全国"扫黄打非"工作小组办公室　　　　中国青年出版社
010-65212870　　　　　　　　　　　010-59231565
http://www.shdf.gov.cn　　　　　　　E-mail: editor@cypmedia.com

让光照进：醉是读书时

著　　者：陈向东

编辑制作：北京中青雄狮数码传媒科技有限公司
出版发行：中国青年出版社
地　　址：北京市东城区东四十二条21号
电　　话：010-59231565
传　　真：010-59231381
网　　址：www.cyp.com.cn

责任编辑：夏鲁莎
书籍设计：沈康

印　　刷：天津联城印刷有限公司
开　　本：787mm×1092mm　　1/16
印　　张：16
字　　数：234千字
版　　次：2024年5月北京第1版
印　　次：2024年5月第1次印刷
书　　号：978-7-5153-7291-4
定　　价：79.00元

前　言

那一束光

不经意间，时间已经来到了 2024 年。

不经意间，阳光就这样炽热地扑向我。

不经意间，记忆长河中的那些光就浮现在我的眼前。

一个人的一生，总是会经历黑暗与光明的交织。有白天，就有黑夜，有黑夜就会有黑暗；有黑夜，就有灯火，有灯火就会有光明。有梦想，就有失望，有失望就会有黑暗；有失望，就有希望，有希望就会有光明。有成功，就有失败，有失败就会有黑暗；有失败，就有不屈，有不屈就会有光明。有青春，就有年老，有年老就会有黑暗；有年老，就有慈爱，有慈爱就会有光明。有健康，就有疾病，有疾病就会有黑暗；有疾病，就有康复，有康复就会有光明。有名利，就有失去，有失去就会有黑暗；有失去，就有成长，有成长就会有光明……

一个人的一生，总是向往光明的。太阳每天总会升起，只要和太阳同频，你就会有光。再大的狂风，再大的暴雨，只要你不失去勇气和信心，风雨过后就会有彩虹。取得成功时，只要你愿意，就能找到在你成功路上的很多榜样，这些榜样就是你前行的光；遭遇挫败时，只要你愿意，就能找到在你前行路上的很多经验，这些经验就是你前行的光；当你刚好因为运气得到意外的名声和财富时，如果能够学会学习和思考，历史上曾经和你走过同样的路的那些先行者就会成为你的挚友，他们也就是你向上的光；当你刚好因为不可控制的外部巨变失去辛苦打拼的所有时，如果你能够保持对未来的信念和信仰，历史上因为战争、政治和周期等痛苦绝望的那些创变者就会陪伴你的左右，他们的经历和智慧将成为照亮你继续前行的光……

或许是我父亲喜欢读书，或许是不太想干农活，或许是生来就是一个叛逆者，我小的时候算是喜欢读书的，但能够读到的书并不多。我 14 岁到师范学校读书，或许是因为失去了读高中的机会，或许是因为暗中和我姐姐较劲儿，或许是被老师、同学和那个时代激发，我爱上了读书。后来有条件了，还爱上了买书，再后来，还喜欢上送朋友我喜欢的书。我想，小时候喜欢读书，是因为"书中自有颜如玉，书中自有黄金屋"，因为书就是改变一个穷孩子的命运之光；上师范学习时喜欢读书，是因为读书能够让自己博学，因为读书能够让自己也能吟诗作赋，因为书就是一个农村孩子让城里孩子看到的荣誉之光；我教书时喜欢读书，是因为读书能够让自己读大学、读研究生，因为书就是一个有鸿鹄之志的青年人的梦想之光；我上人民大学读研究生时喜欢读书，是因为周边的同学是读书的，图书馆里总是灯火通明的，可爱的教授和老师家里也都是书；因为书就如同灯塔一般，或者更加精确地讲，书就是自己奔跑的光……

当下的我，是喜欢书的，是喜欢买书的，是喜欢读书的，是会因为一本好书激动不已的。我出差时会带上几本书，睡觉的床头会放上几本书，到机场和车站时总会到书摊看会儿书，到国外出差时一定会抽出一些时间到当地最大的书店待上大半天，也经常会问身边的朋友有没有可以推荐的书。我成为今天的喜欢读书的我，是因为读书给了我很多正反馈和正向激励，是因为读书给了我无垠的内心安详和力量，是因为读书塑造了我的学习方式和思考方式，是因为读书已经成为我的生活方式，是因为读书让我懂得善恶、懂得真假、懂得慈悲，是因为读书让我进一步认知我自己，是因为读书让我成为真正的我自己，是因为读书让我自己也有机会成为那一束光……

2023 年 2 月，当我决定开启我的抖音 15 场读书分享直播的时候，我知道一个绝好的机会就在眼前，我可以尝试和更多的朋友分享我读的书和我读书时的思考。尽管我那么喜欢读书，尽管我读了几千本书，尽管我在高途内部讲过不少书，但处在一个巨变的时代，面对不同的群体，我还是有些紧张的，如同一个小学生，有些羞涩、有些稚嫩、有些渴望……

不经意间，我们的 2024 年就这样来到了我们面前。我也鼓足勇气，在伙伴们的帮助之下，整理了我的人生中第一次连续 15 天的读书分享直播的文字。可以说，这些书是我人生中的光，这些文字也是我人生中的光，我也期待着，读者朋友，你们也能成为我人生中的光。

不经意间，我们就在奔向我们的渴望。

那就让我们找到属于我们的那一束光，让光照进，顺遂喜乐吧！

陈向东

2024 年 1 月于北京高途集团总部

目录

生命中的灯塔

——读《旁观者》

我是一个喜欢安静的人。每当一个人时，我经常做的一件事情就是读书。在过去的 35 年，我读了几千本书。读书时，我喜欢把自己融入进去，从中获得一种畅快淋漓的感觉。

今天，我和大家分享的一本书是彼得·德鲁克的 *Adventures of a Bystander*，中文书名为《旁观者》，副书名是"管理大师德鲁克回忆录"。

我认为这本书的中文书名翻译得不是很准确。我们知道 bystander 是"旁观者"的意思，adventure 是"冒险"的意思。因此，这本书准确来说应该叫作"旁观者的冒险"。有意思的是，这本书在英国出版的时候，还有一个书名，叫作 *Other Lives and My Times*，意思是"别人的生活和我的时代"。

我为什么分享这本书？

当我们去找工作时，需要提交一份简历说明"我是谁"；当我们参加活动时，需要自我介绍"我是谁"；当夜深人静，一个人辗转反侧思考未来的路怎么走时，我们也会问自己"我是谁"。而通过读彼得·德鲁克的这本书，我们可以找到"我是谁"的答案。

彼得·德鲁克的《旁观者》写的并不是他本人，而是在他生命中出现的一些重要的人。这些人与他的生命交会，帮助他形成了对生命的认知、对世界的认知。

《旁观者》分为 3 部分：第 1 部分是来自亚特兰蒂斯的报告；第 2 部分是旧世界的年轻人；第 3 部分是无私天真的夕阳岁月。

第 1 部分写他的童年时期，也就是他的过去，他在童年和少年时代所见到的人；第 2 部分写他的青年时期，也就是他的现在，他在青年时代所见到的人；第 3 部写他所"旁观"的未来。进一步说，这也是一本彼得·德鲁克的思想史，第 1 部分记录的是思想的启蒙，第 2 部分记录的是思想的发展，第 3 部分记录的是思想的成熟。

数年前我第一次读这本书时，没有完全看懂。但我知道，这本书是彼得·德鲁克唯一一本写别人的书；是他唯一一本思考了 20 年，最后用一年的时间写成的书；是他唯一一本自己都感到畅快淋漓的书。

前几天我开始准备分享书单，看到《旁观者》这本书时怦然心动。我翻开这本书，感到心在通通乱跳，仿佛是在读自己的心路历程。最终，我怀着初心重新读完了这本书。

今天，我重点分享这本书中的 5 章，即第一部分的前 3 章，以及最后一部分的后 2 章。

在新版的序言中，彼得·德鲁克讲了一个故事，特别触动我。他说，在新英格兰的小镇上有一个银行家，他日常跟这个银行家打交道时，感觉这人非常呆板、无趣，满嘴废话，哈欠连连。但是，当银行家谈到衣服上的一粒扣子时却滔滔不绝，从扣子的发明、形状到材质、功能，都讲得头头是道，让人大开眼界。作者如此评价这位银行家的"荣光时刻"："他那炽热的情感直逼伟大的抒情诗人。"

每当我看到这个描述时，就越发感觉到我们身边的每一个个体、每一位朋友，以及每一位家人，都是那么值得去爱。因为他们每个人都有着自身的荣光，都是那么闪亮。在我们的生命中总会遇到一些人，他们对我们的品格、认知、习惯等都会产生影响。

一
只希望做自己的奶奶

《旁观者》第 1 章，彼得·德鲁克写他的奶奶，讲述了发生在他家的一个小故事。1955 年，彼得·德鲁克回到维也纳讲学，这时他已经离开家乡 20 多年了，一位阔别已久的熟人说起了曾经发生在他奶奶身上的一件趣事。

他奶奶不能参加侄女的婚礼，于是，她就发了一封电报，写道："就打电报而言，务求精简，这是最适当而且最好的表达方式，故在此庄严隆重的一天，祝汝等：幸福快乐！"奶奶发完电报之后，一直抱怨仅仅写了 4 个字"幸福快乐"，电报费却高得离谱。

彼得·德鲁克写这个故事，表面说的是奶奶抱怨电报费贵得离谱，但从更深层次来说，我想是在说奶奶对侄女的爱，对自己没有参加婚礼的遗憾、诙谐和坦然。

他为什么讲述他的奶奶呢？

我们看看奶奶的第 2 个故事。彼得·德鲁克最后见奶奶时，已经是 20 世纪 30 年代初期。有一天，他带着奶奶搭电车，准备一起回家过圣诞节。车上有一个高大的、脸上有青春痘的年轻人，西装翻领上有纳粹标志。奶奶一步步地走过去，用伞尖去戳这个年轻人，并且说道："你难道不知道，这东西（纳粹标志）会让一些人无法忍受？"当时彼得·德鲁克吓得直冒冷汗。如果年轻人一拳打过去，能把奶奶打倒在地，一脚就能把奶奶的门牙踢掉。但没想到的是，那个青年当时就把纳粹标志摘下来了。过了几站，他下车之前，甚至还把帽子脱下来，向奶奶致敬。

彼得·德鲁克描述奶奶是"天真的、无知的、愚蠢的"，我想到一个词叫作

"大智若愚"。奶奶是一位老人，到了这种年纪，即使面对的是戴纳粹标志的青年，她也敢于冲上去表达自己的想法，而浑然不顾那个青年可能会做出的行为。

彼得·德鲁克最后讲述了奶奶的另外一个故事，"奶奶死时，也和生前一样，留下了一则'奶奶趣谈'"。

故事是这样的。有一天下着大雨，奶奶和平常一样出去溜达，结果一不小心就走到了车道上。这时一辆车的司机看到她，想避让，结果奶奶还是摔倒了。司机马上下车，把奶奶扶起来，说要送她去医院。奶奶说："年轻人，你对我这个笨老太婆实在太好了……还是麻烦你叫辆救护车来好了。车上多了一个奇怪的女人，可能会损及你的名誉——人言可畏啊。"

救护车 10 分钟之后到的时候，奶奶已经去世了。

这个故事是彼得·德鲁克的弟弟打电话告诉他的。他弟弟以一种哀伤的语调说，奶奶今天一大早就走了。但是，后来弟弟讲到这个故事时，他居然笑了出来，说："想想看吧，只有我们的宝贝奶奶会这么说，七十几岁高龄的她，居然还担心和一个年轻人同车会给他带来'绯闻'的困扰！"

读到这里时，我蛮感动的。我会想到我的爷爷、奶奶，想到当年我的爷爷是如何做人的，也会想到我的奶奶是如何善待别人的。我们都有爷爷、奶奶，我们会怎样看待和描述我们的爷爷、奶奶？我们能从爷爷、奶奶身上学到哪些东西？我希望我们可以认真思考这些问题。

关于这一点，彼得·德鲁克说："奶奶那许许多多聪明的侄子、侄女、女婿以及孙子辈，还有那些店老板，认为她之所以傻得可爱，就在于她对基本价值深信不疑，而且力行不懈。奶奶也试着把这些观念注入 20 世纪，至少在自己的周围发挥影响力。"

而他奶奶说得最多的一句话是"我只是个笨老太婆"。

"我只是个笨老太婆。"这句话正呼应那个时代工匠的自我限制——他们不羡慕这个世界的伟人，也不梦想成为上流阶级的人物，只希望做自己，并做好自己的本行。

想想我的爷爷、奶奶，他们没能像在今天这个时代，可以通过抖音表达自己，分享自己的观点和想法，但他们是我心目中真正的伟人。我们很多人都会羡慕别人的生活，其实我们最应该羡慕的是我们自己所拥有的每一个日子，我们自己所拥有的每一分、每一秒。

有时候，我会惊叹于命运的恩赐，让我能有幸与这么多知心的朋友相遇，能有机会站在众人面前展示真实的自我。这种幸运并非偶然，很大程度是源自我的爷爷奶奶、我的父母在让我成为最好的自己的过程中所给予的养育和教化。当然，我也感恩朋友和师长的陪伴与引导，感恩自己所处的时代给予了我无数的机会和可能。正是这一切的恩赐，让我有机会成为更好的自己。

童年是一个人品格养成的关键期。很多人参加应聘面试时，可能会被问到一个问题，就是描述自己在童年时代所遇到的最大的挑战，或者在童年时代所经历的一件非常重要的事件。而这些问题背后，面试官想知道的，其实就是你在成长过程中所汲取的养分是什么。

二
生命中的贵人

《旁观者》第 2 章，彼得·德鲁克写的是赫姆和吉妮亚。从某种意义上来说，这两个人是他生命中的贵人，是他生命中的偶像和标杆。彼得·德鲁克说，他们作为一对夫妻，对自己的吸引力是无穷的，也一直让自己目眩神迷，但每次想到他们、想去拥抱他们，却又感觉一片虚无。

这两个人在他的生命中那么重要，因为在他的成长中，特别是在他面临困惑时，他们的引导是那样及时。

彼得·德鲁克举了两个例子，第一个例子是关于赫姆的故事。

彼得·德鲁克当年面临一个抉择时，赫姆说："回家整理行囊。去往伦敦的火车明天中午就要开了，你一定得搭上这班车。"彼得·德鲁克高中毕业就出去闯荡了，赫姆是看着他长大的，他很欣赏彼得·德鲁克一直有自己独到的见解。

第二天，彼得·德鲁克就坐这班火车离开了。他来到伦敦不到 6 个小时，就找到了工作，并且比在维也纳的工作要好得多——在一家商业银行做分析师，还担任了合伙人的执行秘书。

我们看到，彼得·德鲁克在赫姆的帮助下，打开了国际视野，获得了国际化的工作机会，经历了职场历练等。因此，他十分尊重赫姆。

我想跟所有的朋友说，年轻人在做人生关键抉择时，如果有一个长者、一个智者帮你指路，可以说是人生的"捷径"。我们经常说，人生最大的智慧是选择的智慧。你选择对了，接下来的一切有可能都是对的；你选择错了，接下来你怎么努力，可能都不会有好的结果。

第二个例子是关于赫姆的太太吉妮亚的故事。

如果说赫姆是"有棱有角"的，那么吉妮亚则是"圆滚滚"的。

吉妮亚是一个非常有魅力的老师，从小学一年级到十三年级的每门课都会教。彼得·德鲁克在初中时喜欢谈恋爱，经常跑到吉妮亚所建立的女校去。但只要是吉妮亚在上课，他就没有别的心思，只是去吉妮亚的课堂上学习。

我想，一个好老师的魅力对于学生而言，其作用是难以想象的。

当彼得·德鲁克谈到他自身的成长，谈到赫姆和吉妮亚的时候，他是怎样的一种内心世界？他讲到他的奶奶，是讲其家庭成员对他的影响；他讲到赫姆和吉妮亚的时候，则是在讲他的生命中出现的贵人对他的影响。

三
怀念恩师

彼得·德鲁克在《旁观者》第 3 章，讲述了他在成长中是怎样评判好老师，并且从老师身上汲取营养的。

说到老师，我希望每个人都想一想，从小学、初中到高中乃至以后的每个阶段，哪位老师是最让你感动的？哪位老师是最温暖你的？哪位老师是你精神世界的支柱？哪位老师激励你能够成为今天的自己？哪位老师是你一辈子都忘不掉的？

我相信每个人都会有这样的一些怀念和记忆。直到今天，当我想到我的老师时，脑海中都会有很多场景浮现。

我小时候特别调皮，上课时经常搞恶作剧，甚至有时直接跑出去玩耍了。小学五年级时，是数学老师把我改变成了一个好学生。刚开始他用各种方法，比如用惩罚来教育我，但是都没有效果。后来他说："陈向东，你好像比较聪明，你帮助我去抄数学题，帮我给学生讲数学题吧。"他是想发挥我的特长，让我把题目抄写在黑板上，再帮同学讲题。数学老师就通过这样的方法把我改变了，我变得规规矩矩，回到了一个正向轨道上。

彼得·德鲁克认为，在教过他的所有老师中，只有两位老师有一流老师的教学风采，她们是小学四年级的老师：一位被称呼为埃尔莎小姐，另一位被称呼为苏菲小姐。她们都是非常杰出的老师。

埃尔莎小姐是校长，也是他们的老师。她要求每个学生为自己评分，同学间相互评分，她会和个别学生座谈。她在和学生座谈时挺有意思，在她与彼得·德鲁克座谈时，她说：

是的，你的阅读能力不错。事实上，像你这样的书虫不必在阅读上下功夫了。我也不准备帮你安排阅读方面的作业，只要继续读你想读的东西就可以了。只是，彼得，你要注意，阅读光线要充足，不要让眼睛太劳累。有时，你认为老师没看到，就把书放在桌子下面，偷偷地读。这样不好，书本要放在桌上读。我要把你的座位调到大窗子旁，这样光线就不至于太暗。你的拼字不错，因此不必再加强练习了。记住，遇到生字时，一定要查字典，不知道的时候，不要乱猜……你的作文写得不错，不过还要多练习，不是吗？

埃尔莎小姐能够非常具体地指出学生的某些优点，同时也能讲清楚需要提升的地方。我们可以想想，要做一个好老师，应该怎样指导学生；我们要做一个好的管理者，应该怎样能够更好、更具体、更有效地进行管理。

彼得·德鲁克还讲到了苏菲小姐。苏菲小姐希望学生学手工艺，而彼得·德鲁克没有这样的才华，因此在手工艺方面掌握得不好。彼得·德鲁克不认为这是失败，他说："苏菲小姐是没能让我精于工艺，正如最伟大的音乐家无法使不辨五音者成为乐师。但是她的教导使我一生都懂得欣赏工艺，看到干净利落的作品不禁为之欣喜，并尊重这样的技艺。"

如果说埃尔莎小姐教给彼得·德鲁克的是纪律、组织能力，那么，苏菲小姐教给他的是怎样立下目标，怎样能够更加系统性地思考。他从两位老师身上学到的，第一是"高品质的教导与学习"，第二是"充沛的活力与乐趣"。

彼得·德鲁克在《旁观者》第一部分的前3章写了5个不同的人物，可以理解为是这5个人在他成长中起到了重要作用。我的思考是，彼得·德鲁克的童年是怎样被塑造和定义的？在他70多岁时，他是怎么审视自己的成长的？

每一个人都可能会有这样或那样的时刻，我到了今天这个年龄、今天这种状态，我意识到《旁观者》表面写的是别人，但要认真读的话，却是彼得·德鲁克写自己是怎样成长的。

彼得·德鲁克在讲过了这两位老师之后，又提到了第三位老师施纳贝尔，一位钢琴老师。在他的教学中，强调的是怎么把听到的声音弹奏出来。

想想自己在成长过程中，也有很多人对我产生了深远的影响。

我小时候在农村读书。父亲是"老三届"毕业生，没能读大学，就在小学当老师。幸运的是，父亲就是我的小学老师，因此我受到了比较好的小学教育。虽然我没有经历高中教育，而是进入了师范学校，但在我刚满14岁那年，我有幸受益于中央讲师团从北京选派的一批大学老师。他们来支教，为我提供了难得的学习机会，让我接受了来自北京的优秀大学教师的指导。与其他许多同龄孩子甚至高中生相比，我所接触到的世界变得更加宽广。那时，我心中便种下了去北京读大学的梦想。

后来我来到了北京，来到了人民大学，遇到了我的导师高成兴老师，毫无疑问，这也是我人生的幸运。

　　高老师给我留下了两个极其深刻的印象：第一是他特别乐观。高老师身体不太好，每次吃饭前都要吃一大把药，但他特别开心，完全看不出身上有病痛。这种乐观品格对我的帮助蛮大的。特别是在我创业最艰难的时期，想到老师身体不好，每天吃很多药，却仍然那么开心，我再苦再难，身体至少还是健康的，我又有什么理由放弃呢？

　　第二就是他对学生真正的爱。我记得2014年7月的一天，一位师姐突然给我打电话说："向东，导师让你过来。"我赶紧打车去了医院。到医院后，高老师对师兄师姐们说："你们都先出去吧。"他们十几个人出去后，高老师紧紧拉着我的手说："向东啊，我太痛苦了，太疼了，我要走了。"我说："老师，您没有问题，您那么乐观，一直是我的榜样。咱们有条件，可以用最好的药。"尽管高老师闭着眼睛，但我知道他想说话。过了一会儿，他才再次抓起我的手，死死地握在手里，我甚至感到有些疼痛。他说："向东啊，你创业一定要坚持。向东，你肯定能成功，我会让他们都帮帮你。"我看到高老师的左眼渗出了泪水，我今天还清楚地记得那个场景。

　　两天后，高老师走了。

　　高老师在走之前还对我的师兄师姐们说："你们都听着啊，向东创业非常不容易，你们要帮他啊。向东创业一定能成功的。向东，你要坚持。"直到最后，他还是放心不下，又问了一遍大家都听到没有。

　　我想，在我们的生命中会有很多人，但我们能够记住的，永远是能够走进我们内心深处的那些人。

　　在我上初中时，有一位教数学的陈老师，他对我特别好。有一天下着大雪，陈老师凌晨3点多出家门，翻山越岭跑了六七公里山路，到了我们家，拉着我又走了几公里的山路到镇上，赶第一班公交车去县城参加数学竞赛。结果我们没有赶上第一班公交车，只能等第二班。等我们到了县城，数学竞赛早就已经开始了。陈老师找到监考老师说，你看我们住那么远，没有赶上第一班公交车，来一趟不容易，一定要让我的学生进去考试。回去后，陈老师很惭愧，他说，向东，我对不起你，我从家里出来时摔了两跤，就走得慢了，结果咱们没有赶上第一班车。

那次数学竞赛我没有获得名次，但陈老师在那个大雪纷飞的夜晚，走了六七公里山路到我家后，拉着我走在白雪茫茫的山里，往镇上赶公交车的场景，到今天还仍然深深地印在我的脑海里。

彼得·德鲁克在写自己的老师时，最后还举了两位外科手术专家的例子。这两位都是非常成功的外科医师。当彼得·德鲁克给朋友介绍有两位如此厉害、如此受学生欢迎的外科医师时，朋友说："你说的一定是德巴基医师和库利医师吧？"他惊呆了。

我们知道，不同的老师，风格是不一样的。同样作为老师，我讲课时喜欢站着，就是喜欢那种状态；有的老师喜欢坐着讲，就是喜欢另外一种状态。老师没有固定的模板，慢慢地，你就能找到最适合自己的老师，并且在其影响下成为最好的自己。

彼得·德鲁克在很多年之后，发现了另外一位老师，正确的说法应该是一些老师，他们能够激发学生的学习。这些老师有3个特点：能够发掘学生的长处；能够针对学生的弱项制订对策；能够根据学生的表现，给予个性化反馈。

如果你是一位好老师，你会怎样激发学生的兴趣？怎样培养学生的学习习惯？怎样塑造学生的人格？在这里，我也特别想分享我的体会：

1. 我认为每一个孩子都是独一无二的，每一个孩子身上都有着巨大的潜力。当我们教育孩子时，首先要去点燃孩子的学习兴趣，也就是找到孩子的亮点并激发出来。这是做一个好家长、好老师非常重要的一点；

2. 如果把习惯培养好了，学生的学习就是自动的飞轮，我后面要分享的《习惯的力量》会有具体论述；

3. 我们怎样通过实践，发掘出学生那种坚毅、坚韧、坚强的品格？

在我的成长过程中，之所以后来有动力不断上进，也是源自当年老师对我的指导并点燃了我的兴趣。

有一类老师是天赋型的，还有一类老师可以为学生设计出学习课程，以教授方法为主。不管是哪类老师，我始终坚信，只要是爱学生的，最后都会得到学生的爱的反馈。

四
管理智慧的启蒙者斯隆

接下来我和大家分享的是《旁观者》第 3 部分中的第 14 章，这部分描述了彼得·德鲁克对于未来的想法，这些想法标志着其思想的成熟。

他在这部分提到了斯隆，他在通用汽车做了相当长时间的 CEO。之前，我特意买了一本斯隆写的《我在通用汽车的岁月》，用了七八天的时间读完。我在书里看到了那个年代的伟大的企业家和他的思想、他的挣扎，以及他的成熟和成长。

彼得·德鲁克举了几个例子。

第 1 个例子：

1932 年的那一天，当德雷斯塔特一头闯进主管会议，请求给凯迪拉克一个起死回生的机会时，有一个人说："德雷斯塔特先生，你了解吧，要是失败，你在通用的职业就不保了？"德雷斯塔特说："是的，这点我很清楚。"斯隆先生突然大声说道："我不同意。德雷斯塔特先生，你要是不能成功，你在凯迪拉克的工作当然就泡汤了，因为凯迪拉克已经完蛋了。但是，只要通用还在，只要我当家，一定会保留工作给一个有责任感、主动、有勇气和想象力的人。"他继续说："你现在担心的是凯迪拉克的未来，我关心的则是你在通用的前途。"

每当我读到这段话时都十分感慨。我们知道，在一家公司做创新业务是非常艰难的。当一个人去做创新业务，他就要担当责任，他很有可能遭遇失败。如果因为做创新项目失败了，他在这家公司的职业生涯有可能就结束了。那么，谁还能去创新？谁还敢去创新呢？斯隆的态度是鼓励德雷斯塔特大胆尝试，不用担心他个人在通用的发展。

彼得·德鲁克表面讲述的是通用汽车的例子，本质上在讲斯隆是怎样影响他的管理思想的，是怎样帮助形成他的管理智慧的。

第2个例子：

彼得·德鲁克讲到和斯隆一起相处的经历。斯隆有一次告诫他说，不要轻易介入人事纷争，避免陷入他人的是非纠葛之中。斯隆强调，只需要关注什么是正确的事情。若观点有分歧，他会迅速提出。这种深思熟虑的态度体现了非凡的智慧。很多顾问在初入公司时，由于没有摆正自己的位置，导致得罪了众多员工，最终结果自然不会理想。

第3个例子：

有一次，众多主管针对一个零件小部门里的技工师傅的职责讨论了很久，CEO斯隆也亲自全程参与了这个会议。彼得·德鲁克不解地问斯隆："您怎么愿意花4个小时来讨论这么一个微不足道的职务呢？"斯隆回答说："如果我们不用4个小时好好地安插一个职位，找最合适的人来担任，以后就得花几百个小时的时间来收拾这个烂摊子，我可没这么多闲工夫。"

这对我们来说是个很好的启发。在工作中，如果我们不在重要的人身上下功夫，结果就是我们会选错人，后面我们可能会花费100个小时去解决选人失误带来的问题。

斯隆还有很多故事，有一个我印象特别深刻的就是他们一块儿讨论人员的任命问题。当众人都赞同一个候选人，并且说这个候选人的业绩非常好时，斯隆突然说："你们说的这位史密斯先生的记录可真是辉煌灿烂。但是，请解释一下，那么多他处理得如此天衣无缝的危机是如何产生的呢？"大家都哑口无言。这个人以后也真的籍籍无名了。

而对于大家都不看好的乔治，斯隆却说："你们都认为乔治先生有很多不足的地方，那么，他是怎么达到今天的成就的？他到底有何能耐？"后来，乔治在公司最艰难的时候担任了一个大部门的总经理，成为公司有史以来表现最杰出的人。

此外，他还有慈悲为怀的一面。从制模厂的工人干起来的零件部门总经理，刚上任不久，在一次会议上被问到相关财务和经济问题时慌了，他并没有坦诚地说"我不知道"，而是开始胡扯。

眼看他就要完蛋了，对于这种人，布莱德利最无法原谅，也不会轻易忘怀。这时，斯隆突然插嘴进来，跟这个总经理唱和，扯得比他还离谱。会议结束后，彼得·德鲁克跟斯隆说："您真是宽大为怀，对那家伙太好了。"他故作惊讶："身为这家公司的总裁，我有责任为公司保住赚钱的资产。毕竟，我们准备在那年轻人的身上投资 20 年的时间。"

我经常扪心自问，在做高途的过程中，我们应怎样在年轻人身上投资，并且是做 20 年的真正投资？如何真正面向我们共同的未来？这是当下，可能我们每个人都要去思考的，也是我自己要去思考的问题。

五
无私天真的夕阳岁月

《旁观者》第 15 章的题目是"无私天真的夕阳岁月"。彼得·德鲁克讲到了他的那个时代，他面对的未来，是无私天真的"夕阳岁月"。

20 世纪 30 年代，美国真的是处在"纯真"当中，每个人都很真诚。但是，在珍珠港被偷袭之后，美国的纯真岁月就结束了。

我们人生中最重要的是什么？我们每个人都从"真"开始，我们不断地利他，最终可能会达到一种境界。或者我们也不用把自己想得那么高大上，保持真实就好。如果我们在工作当中能够保持真实，我们在家庭中能够保持真实，我们在与朋友相处中能够保持真实，我相信，我们可能就会在别人的心目中具有一定的分量。

《旁观者》是彼得·德鲁克耗时 20 年的时间思考和写作的结晶。他曾说，这不是一本真正的管理类书籍，也不是一本写他个人的书，而是一本写别人的书。然而，读完此书，我发现他不仅是在描绘他人的生活，其实更是对自我的深度剖析。

读完《旁观者》，我们会发现每一个人的一生中都要遇到那么多人。

是的，有那么一些人，他们和我们一起成长。

是的，有那么一些人，他们给了我们一生的营养，教我们做人，教我们归真。

是的，有那么一些人，他们是我们一生的贵人，他们推了一把，让我们走出舒适区，奔赴人生更大的战场。

是的，有那么一些人，他们是我们的恩师，激发我们的兴趣，肯定我们的优点，帮助改善我们的缺点，帮助我们重塑习惯，帮助我们塑造坚毅、坚韧和坚强的品格。

是的，有那么一些人，他们就是真正的行业勇者，真正的行业标杆，真正的行业巨人。他们与我们的心灵碰撞，给我们以心灵洗礼，让我们成为更好的自己，让我们能够拥有向上的力量。

是的，有那么一些人，让我们去面对自我做内心的反省，做我们归真的灵魂拷问者，让我们能够永远保持童真状态。

是的，在我们的生命当中，真的就有那么一些人，他们是他们，他们也是我们，在彼此相互的成就中，我们都成了真正优秀的人！

直播分享于 2023 年 2 月 16 日

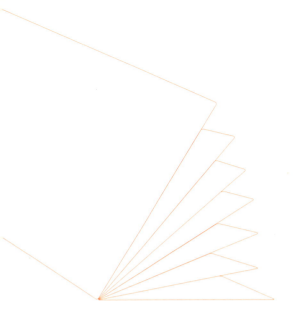

成功背后的
神秘力量

—— 读《习惯的力量》

《习惯的力量》这本书在 10 多年前刚出版时，我就有幸拜读，它对我的帮助非常大。我也是这本书在中国刚出版时的推荐人，当时中信出版社送了我一本样书，我拿到后无比激动，不仅自己认真阅读，还推荐给年幼的女儿。虽然她当时只有八九岁，还无法完全理解书中的深意。

如果你是一位母亲，我特别建议你能够跟随我一起来读这本书，这对你的孩子肯定会有所帮助；如果你是一位老师，这本书能够让你更加懂得孩子；如果你是一位职场人士，这本书对你的工作肯定也会有所帮助；如果你现在正处于事业的低谷或者转型期，我相信从这本书中，你能得到很多人生启迪。

我们经常说，"习惯决定性格，性格决定命运"。那么，我就从这句话开始，对《习惯的力量》这本书展开我的解读。

一
习惯是什么

很多人都很好奇习惯是什么。

在我看来，习惯是我们在大脑中形成的一种固定的模式，这种固定的模式最终使得我们在处理类似问题时能够省力。如果我们形成了习惯，能够迅速地进入到最好的状态中，就能走到顺利的路径上去。

我们有时候会羡慕一个人，说"那个人好棒啊"，他做得棒的核心原因是掌握了某一项技能，而这项技能变成了他大脑中的一种模式，这种模式能够帮助他快速地超越他人。

形成习惯的过程，是由 3 步重要的回路组成的：

第 1 步，存在着一个暗示，能让大脑进入某种自动行为模式，并决定使用哪种习惯；

第 2 步，存在一个惯常行为，这可以是身体、思维或情感方面的；

第 3 步，奖赏，能让你的大脑辨别出是否应该记下这个回路，以备将来之用。

慢慢地，这个由暗示、惯常行为、奖赏组成的回路变得越来越自动化。线索和奖赏交织在一起，直到强烈的参与意识与欲望出现。最终，习惯诞生了。

在生活中，我们总是试图找到一个暗示，有了暗示之后，我们会去找到自己惯常的行为，最终通过奖赏去定义好的习惯或者不好的习惯。

我们想一想：在日常生活中，我们怎样拥有某种习惯？这些习惯怎样影响了我们的性格？这些性格又怎样影响了我们的命运？

在《习惯的力量》里，作者讲述了一个故事：

有一个女孩儿失恋后，开始抱怨、酗酒、贪睡、疯疯癫癫，沉浸在终日的牢骚和痛苦之中，把自己的生活搞得一团糟。她觉得人生很痛苦，如同进了地狱一般。就在她感到非常痛苦时，她遇到了一位老师；老师说，你要想走出当前的困境，最好出去旅行一趟。如果你旅行后还是要这样做的话，那你就继续这样吧。

于是，失恋女孩儿就开车出去旅行。在旅途中，她突然发现外面的世界好美啊，每一朵花都好像为她而开。而每一个人，不管是女孩儿还是男孩儿，脸上的笑脸都那么灿烂，好像为她而微笑。

她问自己：之前为什么要过那样糟糕的生活？为什么要喝酒？为什么要懈怠自己的生命？后来这个女孩儿决定改变自己，她改变自己的方法就是跑步。这时，她所有的行为方式都开始发生变化。跑步的时候，会消耗卡路里，会释放自己，会累。她的体重开始减轻了，体形变得更美了，精力更加充沛了。她突然发现男生们看她的目光都发生变化了。她好像失去了一棵树，但是得到了整片森林。这个失恋女孩儿自从爱上运动后，她的生活模式发生了变化，她不再酗酒、不再贪睡、不再抱怨，从而进入了人生中非常好的状态。

举一个例子：你早上发现孩子不小心把杯子打碎了，这时候你的心理暗示是什么？你可能只有两种暗示：一种是杯子打碎了，孩子怎么这么不小心，怎么这么糟糕？另外一种是"碎碎"平安，还好没有伤到人。从这样的暗示出发，就会存在相应的惯常的行为，是训斥孩子，还是觉得没伤着人就好呢？

最后是奖赏的环节。如果你骂孩子，孩子就会哭，如果你觉得这就是对你的"奖赏"，那你后来会不断地骂孩子；如果你觉得孩子把杯子打碎了也没什么，好好上学去吧，这就是另一种奖赏。这两种奖赏是完全不一样的。

我们可以做一个推论：如果你骂孩子，你自己不开心，你的家人也不开心，你们有可能吵架。吵完架开车出去，路上有可能发生意外。到公司要么迟到了，要么你甩脸色给别人看，结果同事不开心，老板也不开心，这使得你回到家也不开心。最后，大家都不开心。

另外一个心智认知模式：孩子没事，就上学去吧，路上和孩子有说有笑。这时候，孩子准时上学，父母也能准时上班。到工作单位后，你处于幸福当中，大家都很开心。

二
习惯的创造

既然习惯的诞生遵循 3 步回路，想要主动创造它，也是有一套模式可以去尝试的。

举一个例子。有一款"白速得"（Pepsodent）牙膏，在它推出前，只有 7% 的美国人有在家中备着一款牙膏的习惯。商家是怎么帮助消费者建立新的认知模式的呢？首先，每个人的牙齿在吃饭后会产生垢膜，也就是牙垢。如果不清理它的话，牙齿可能会变得比较脏。这时候惯常的行为是，如果你好好刷牙，就能够把牙垢刷掉。那最后的奖赏是什么呢？奖赏就是因为很多人都很喜欢保持牙齿干净，口腔里面非常清洁，跟别人沟通的时候就不会有障碍。最后，通过这样一种回路，商家进行了相应的宣传，这款牙膏卖得就特别好。

在做自我检讨的时候，你想一想：你身上有没有某一个缺点，这个缺点在你的内心深处可能也有一个小回路；当这个缺点在产生作用的时候，你肯定有一个惯常的行为；如果你没有意识到它的存在，说明你的奖赏机制可能是一个相对的负反馈。

每个人都想保持好的习惯，但发现总是坚持不下来。好的习惯需要 3 个要素：

1. 要有一个好的开始，有一个好的暗示。

2. 在做事情的过程中，要有一种渴望：如果这个习惯我能够坚持下来，就能够让我发生很大变化；我要把这件事做成的话，我的人生就会发生很大变化。当你做到这一点的时候，你会发现你的人生已经发生变化了。

3. 要告诉自己，一定要坚持。坚持不下来怎么办？有一个好的方法就是找一个非常好的朋友，或者是在工作场所找到一个人或者几个人，和你一起坚持。当你和一个群体一起努力时，坚持的成功率会大大提高。

我给大家讲一个我自己的故事。

2017 年，高途是非常难的。到了 2018 年，高途总算活了下来，也有了一点儿进步，但我觉得还是蛮难的。在 2018 年即将到来时，我就想给自己许个愿，给自己定个目标。我在二十七八岁时，体重是 128 斤，我特别怀念那时的岁月。在 2018 年，我的体重到了 140 多斤，所以，我就定下一个目标，即在 2018 年把我的体重降到 128 斤，并且我公开承诺，让大家监督。

这个目标定下来之后，第二步就是怎样去完成。当时我就拉着身边的同事，包括司机、助理，我问他们能不能一起减肥。他们说，好啊，我们一块儿减肥。同时，我也做了两个改变：一个是晚上尽量不吃饭；另一个是在跟别人聊天时，尽量站着聊，或者有时间就出去走一走，比如爬山等。

我爸妈听说我这个计划后，不太同意。我妈妈说，你看你也不算重，你不吃饭，那肯定不行。后来我女儿从国外回来，发现我不吃晚饭，她也不开心，我只好作罢。而那个时候，我体重已经降了很多，只不过最后没有完成 128 斤这个目标。

我们每个人可能都会尝试去拥有一个非常好的习惯，而在培养这个习惯的过程中，要坚持下来是非常难的。那怎样能够把它坚持下去呢？那就是让它形成一种行为，让它形成一种惯例，让你的大脑把它记住，再确定下来。

我们再次看看这个回路模式：

1. 要用心理暗示——我要真正把这件事做好；

2. 我要做到这件事，必须坚持什么样的习惯；

3. 我要真正形成这个习惯之后，会得到什么样的奖励。

再举一个我自己的例子。

很多人说我有一些非常好的习惯，因此他们经常会问我：保持了 10 年以上的习惯有哪些，我是怎么坚持的。

很多时候，一个好习惯的养成可能是因为一个外部事件，有时候甚至可能是一个相对灾难性的事件。俗话说"不撞南墙不回头"，这句话是蛮有哲理的。

有人说，贫穷能够改变一个人。我就是一个农村的孩子，小时候家里穷，没有条件读高中，只能去读师范学校。我姐姐比我大两岁，比我高一个年级，她先上了高中。

我在上小学和初中时特别调皮，一有时间就玩。当我14岁时，发现自己上不了高中，我就开始变化了。这就是所谓拥有时不觉得珍贵，失去了才倍加珍惜。

从14岁上师范学校那天开始，我就给自己定了一个目标。我告诉自己，陈向东，从今天开始，你一定要珍惜时间，你一定要通过在师范学校3年的努力，未来能够考上大学。所以，这3年一定要比上高中时学得更多。

现在回想起来，我人生中最大的福分或者说最大的助推力，就是当年因为家里穷，我没有机会上高中，不得不去上师范学校。

今天，我是如此感激于当年的家境贫困，如此感激于当年我没有能够上高中，如此感激于当年我上了师范学校。师范学校毕业后，我的人生模式就发生变化了。

我在师范学校的时候，每天给自己暗示：陈向东，你上的是师范学校，毕业后只有两种可能性：一种是你努力，将来上大学；另一种是你不努力，可能永远是一个师范学校的普通毕业生。所以，我开始慢慢地培养一种行为，这种行为就是特别珍惜时间。在师范学校的3年，每天早上起得最早的人当中肯定有我，每天晚上睡得最晚的人当中肯定有我，从来没有午休的人当中肯定有我。那3年，我重塑了自己。

从我上师范学校开始到今天已经38年了，我没敢偷过懒。当然，我偶尔也会小小地"躺平"，但大多数时间里，我是特别有危机感的。今天可以非常骄傲和自豪地说，我在过去的38年里，真的没敢去偷一点儿懒；这38年里，我每次都警醒自己，陈向东，这才是你自己。

为什么我能坚持这么多年呢？是因为在我努力之后，获得了这样的奖赏机制。在师范学校的时候，我努力读书，考到了第一名，得到了很多正反馈；在我教书的时候，我把全班的成绩提高到年级第一名，同样得到了正反馈；后来我到中国人民大学读硕士、读博士，就更加努力了，又得到了正反馈；再后来工作了，担当越来越多的责任，更多的正反馈纷至沓来。创办高途后，我仍然非常努力，最开始是为了高途活下来，后来就是为了让自己能够配得上这么一家优秀的公司和这么多优秀的伙伴。直到今天，我到了一种非常自如的状态，慢慢地成为我自己了。当一个行为被强化了三五年，甚至10年的时候，那种美妙感是非常难得的。

对我来说非常重要的习惯，我想是以下3点：

1. 读书。我喜欢读书，这是我人生中一个非常重要的习惯。

2. 分享。我愿意分享，特别是在高途内部，我经常找大家聊天。表面上是别人获得我的分享，背后是我自己的思想在这个过程中得以不断地提炼、不断地升华。主动分享的人最后得到的是最多的。

3. 节制。比如我吃饭时会特别注意，虽然偶尔会稍微奖励自己一下，但我绝对不会暴饮暴食。在99%的情况下，我会不断地警醒自己：陈向东，要控制饮食。

很多被大家认为成功的人，会有一个习惯，同样的衬衣买10件，同样的T恤衫买10件，同样的毛衣买10件。我惯常的行为就是买10件一样的衣服，为什么? 就是在形成一个自己的习惯，而在这样的一个习惯回路中，暗示就是——衣服我可以随便换着穿，保持清洁就好。奖赏就是我没有决策成本，想穿什么衣服能够快速地穿上，不用考虑太多，不用费时间做决策。

但凡是成功的人，都有很多很好的习惯，而这些习惯能够帮助他们节省时间。当他们的时间越发节省时，他们就越发地高效；当他们越发高效时，他们就越发能够做出成绩；当越发做出成绩时，他们就越发地受到自我激励。当激励和奖赏进一步回到你的大脑当中，形成更大的回路和激励，最后就形成了一个强大的习惯。

三
习惯的改变

我们知道，习惯是不能被消除的，而只能被代替。

事实一目了然：如果你想改变一个习惯，就必须找到另一个惯常行为来替代。

怎么去改变这个习惯呢？关键就是要改变整个习惯的回路。

我举一个例子。我的父亲和母亲，他们是非常恩爱的，平时很少吵架。印象中，他们为数不多的吵架原因就是我父亲抽烟的问题。我父亲有时候凌晨三四点起来，坐在床上开始抽烟，就会把被子烧出几个洞，我母亲就和我父亲吵架。后来我父亲说，他一定要把烟戒掉。

大家都知道戒烟是很难的。我父亲是怎么把烟戒掉的呢？他当时用了各种方法，最后发现了一个有效的办法。他在口袋里装上瓜子，想抽烟的时候就嗑瓜子。这样坚持了很久，慢慢地，他就把烟戒掉了。

我们来看看戒烟的过程，然后拆解它。当我想抽烟的时候，暗示是抽烟可能不好，因此调用我的惯常行为就是嗑瓜子。当我再想抽烟的时候，最后的反馈是我发现自己不抽烟了，随之家庭关系和谐，家庭矛盾也解决了。

我们说习惯决定性格，性格决定命运。这两句话连起来就是习惯决定命运。

每个人都渴望自己有一个好的命运，那么，我们怎样去拥有好的命运呢？请记住，所有好的命运都是从我们的好习惯开始的。怎样有一个好的习惯呢？形成好的习惯主要有两步：首先从我们每一次建立的暗示开始，我要做某件事情；其次是从我们内心的渴望开始，我要做这件事情，会有什么样的回报。最终会取得更大的成绩，获得自己认为的人生的成功。

作者在《习惯的力量》中写道，我们要懂得习惯是如何运作的。我们如何能够去创造新的习惯？为什么习惯能够发生？习惯的发生一定是从你的暗示开始的。

我再举一个例子。前段时间我面试一位高途佳品的主播，她的眼睛给我留下了深刻的印象。我说，你的眼睛好漂亮，而且你那么自信，你是怎么做到的？

这个主播说，她眼睛近视，有 600 度，并且她觉得戴眼镜能让自己看上去更有学问，所以那么多年都是戴眼镜的，而这也让她对做近视手术感到恐惧。但是，她有一个心理暗示，她想当一个优秀的主播。这个暗示一旦发生，她就会不停地暗示自己，要当一个优秀的主播，眼睛必须漂亮，不能戴眼镜，因此她非常勇敢地去做了手术。这对她来说，奖赏就是很多人夸她，说她的眼睛漂亮。这种夸奖所形成的正反馈，又让她感觉到自己做手术的正确性，并且这种来自外部的夸奖让她觉得自己变得更美了。自从做了近视手术，夸她的人更多了。别人越是夸她，她就越觉得这个手术做得好，她就越觉得自己漂亮，结果就越发自信。

四
塑造核心习惯

不管是对个人而言，还是对组织而言，重要的是要把核心习惯塑造出来。

怎样塑造核心习惯呢？核心是要有一个小成功。什么是小成功？"小成功，其实是细微优势的稳定运用。一旦一个小成功完成了，就会推动下一个小成功的出现。小成功能够带来改造性的变化，因为它能够将细微的优势转变为一种模式，让人们相信更大的胜利即将到来。"

任何一个人的成功都是从一件小事做起的。我们逐渐在某件小事上展现出卓越的能力，就可以着手处理下一件小事。我们成功地完成一件又一件小事，这些成果最终会汇聚成一件大事。100 件小事并非毫无意义，它们是构建成功的基石，完成从量的积累到质的飞跃，最终将你引向巨大的成功。而这带来的正面反馈会在你的大脑中构建神经回路，形成一个正反馈的系统，让你越来越自信。

拿我做短视频来举例。我是 2023 年 1 月 6 日发的第 1 条抖音短视频，后来我坚持一直发，粉丝数量很快就超过了 100 万、200 万。刚超过 100 万粉丝时，我蛮开心的，到 200 万粉丝的时候就更加开心了，我当然也期待着粉丝数量能够超过 300 万。实际上，我并不在乎这些抽象数字的增长，而是希望自己能够与更多的人交流和分享，内心也会感到喜悦和幸福。

我们可以从今天开始，找到我们的小成功，从小成功当中找到自信，从自信当中找到心智模式，从改变我们的心智模式当中塑造我们的好习惯。

五
最好的教育就是让孩子养成好习惯

我一直认为，习惯的力量不仅在人生中发挥极其重要的作用，在孩子的教育上也同样重要。

我的儿子很早就去美国读书了，后来我发现，孩子是不应该那么早送到国外读书的。2014 年，我因为创办高途，工作特别忙，没有时间陪伴家人，这点其实我是蛮遗憾的。我儿子在美国特别痴迷打游戏，能够达到前 1% 的水平，这也是一件蛮难的事情。我跟他聊天的时候发现，游戏对他的暗示就是一种爽感，因此他惯常的行为就是我要打游戏，最后的奖赏就是达到了前 1% 的水平，这让他特别痴迷。

我是怎样去改变他的呢？

我把他带回国，就没有那个游戏的环境了，我就每天争取早点儿下班陪他，有时候还把他带到公司。在国内的两个多月，他发现我每天早上起得很早，中午吃饭匆匆忙忙的，每天晚上很晚才回家，回到家后还在工作。他很惊讶地问我：“爸爸，为什么你工作那么努力啊？”我告诉他，这就是工作，慢慢地我就爱上它了，就是自然而然的事。

慢慢地我发现他不怎么想玩游戏了。他说：“爸爸，如果有一天我能够拥有像你这样的工作，我该怎么办？”我说：“那你得向我学习了。如果有一天我玩游戏，我得向你学习。如果你想在工作上达到爸爸这种水平，你得向爸爸学习。"这个对话还是蛮触动他的。

儿子跟我说得最多的就是："爸爸，你不要管我，我就是我，我要做自己。"我跟他说："对的，你一定要做你自己，你永远要做最好的自己。你告诉我，最好的自己应该是什么样的状态？"我不断地问他什么是最好的自己，其实是在尝试让他挖掘出好的习惯的暗示。

很多人问我，家庭、生活、工作这三者怎么平衡？我认为家庭、生活、工作，这三者虽然很难平衡，但是找到适合的方式和方法，它们是可以"和谐共处"的。

《习惯的力量》这本书中，有几句话给了我很大的启发，在我教育孩子的方面上发挥了一些作用。

启发一，和孩子的相处不在于时间的长短，而在于陪伴的质量。如果在陪伴孩子时，你的每一分、每一秒都是高质量的，都是在给孩子当榜样，这种陪伴就是高质量的。

启发二，爸爸妈妈就是榜样。有的时候我们看到孩子不争气，我们看到孩子身上有问题，其实都是父母身上的问题，所以我们说，孩子是父母的一面镜子。

启发三，只要用心，就很容易和孩子相处。我的儿子有过一年左右的叛逆期，当然他现在已经变得非常好了，我们每天会有一个固定的打电话的时间，结束时我会说"I love you"，他也同样会说"I love you"。我发现非常简单的：你给他一个微笑，他就给你一个微笑；你给他一个拥抱，他就给你一个拥抱；你说你爱他，他也会说他爱你。

下面和大家分享我特别喜欢的两个英文单词：

第 1 个英文单词是 compassion。它包含了 pass，是通过的意思，加上 ion 就是通过的状态，叫作激情，在激情前面加一个 com，就变成了共同的激情，讲的就是同情心、同理心。我在和儿子对话时，一直把这个词放在内心深处。

如果说我自己很有激情，怎么能够让他也很有激情呢？其实是我得懂他，我得站到他的角度去为他思考。

第 2 个英文单词是 compromise。这个单词拆开来看，pro 是支持，promise 是承诺，前面加上 com，叫作共同的承诺。如果让大家都能够去共同承诺的话，它的意思就是妥协；如果你不妥协，就会对他人造成伤害。所以，compromise 的意思就是妥协和伤害。

《习惯的力量》这本书的核心是讲任何一个习惯的养成都是分成 3 个部分的，分别是：暗示、惯常的行为和奖赏。

比如说，孩子的成绩没有那么好，到底是哪一科目的成绩不够好？如果孩子的物理学不好，我们会使用什么暗示？要么是孩子对物理不感兴趣，要么是孩子的物理基础薄弱，这大概是我们正确的心理暗示。也可能有一些家长会对孩子说："你的物理怎么这么差，你怎么这么弱智，你怎么这么傻……"而这种就是不健康的暗示。

有了几种不同的暗示后，进入到第 2 个环节，即惯常行为。面对孩子的物理成绩不够好，你是帮助孩子建立兴趣找老师帮忙把薄弱的知识点补上，还是怒其不争，对孩子一顿痛骂？这是一个很关键的分水岭。

进入第 3 个环节，就是所谓的奖赏。一种可能是，你对孩子说，你怎么这么笨？孩子就哭了。如果你认为孩子哭了就是对你的正反馈的话，那你以后就会一直骂孩子，孩子感到痛苦并且怨恨，从而更厌恶学习，就开始走下坡路了。

另一种可能是，你给孩子拥抱，鼓励他找到具体问题，帮他找到解决方案。如果这对你来说是一个正反馈，孩子看到进步时，慢慢就会往上走了。

习惯的力量对于克服压力也有着极大的作用。比如，一位高二的学生焦虑不安，睡不着觉，怎么办？

如果高二的学生因过于焦虑而睡不着觉，一个习惯的回路就会出问题。当你非常焦虑，睡不着觉时，这样的情形往往带来消极的暗示——我怎么办呢？我肯定睡不着觉了。你的大脑就会不断地收到这样的暗示，而这种消极的自我暗示只会加剧焦虑，形成一个恶性循环。

另外一个可能的回路是，我一定要努力让自己睡着。对于高二的学生或者家长而言，我们要做的最重要的一件事就是改变这种消极的暗示，让所有的一切由它去吧，我先睡觉，让自己从容一些，慢慢地找到焦虑、睡不着觉的原因。如果有这样的行为，最后的奖赏是什么呢? 奖赏是当你发现不再为睡觉而焦虑时，第二天的精神状态好了，精力充沛了，上课就能够跟得上老师的进度，能准确地回答出问题了，从而得到老师的表扬。

我在抖音的第一场直播讲得不太好，也是有焦虑的。那天晚上，我 11 点多回去，我做的第一件事就是告诉自己：由它去吧，我先睡觉。那天晚上也是我很少有的 12 点以前睡觉。我当时想，如果我 12 点前不睡觉，到夜里 2 点也睡不着，干脆不如 12 点以前就睡觉。于是，我关上手机，一会儿就睡着了。第二天早上，对我来说又是元气满满的一天，正反馈就这样发生了。

所以，当你觉得很焦虑，睡不着觉时，一定要暗示自己，由它去吧，天塌下来也不管它，先好好地睡觉；你要有一个惯常的行为，那就是你一定要睡觉优先、精力优先；要让你的大脑形成一种奖励的回路。具体来说，就是你终于能够睡好觉了，至少你能保证自己第二天有一个很好的状态。

我们在上小学的时候，老师会特别强调 3 种能力：记忆能力、理解能力、应用能力。我们到了初中、高中，需要练就其他 3 种能力:分析能力、评价能力、创造能力。如果你把这 6 种能力连起来看，记忆和分析某种意义上就是一种暗示，理解和评价某种意义上就是一种惯常的行为，应用和创造某种意义上就是我们所认为的奖赏机制。因此，习惯对于教育的作用是极其重大的。

《习惯的力量》的核心点是告诉我们习惯是怎么养成的，分成 3 部分：第一是我们的暗示，也就是一件事情的发生，会在我们的大脑当中调动起我们的某种行为模式，从而决定我们要运用哪一种习惯；第二是我们的惯常模式，也就是我们在面对一个问题时，到底要采取什么样的行为模式。比如身体方面、思维层面、情绪层面等；第三是我们的大脑会根据我们对处理这件事情的一种反应，决定要不要把这种行为模式确定下来、存储下来，最后成为我们再发生类似事件时的一个调用模式，这是非常关键，也是非常重要的。

直播分享于 2023 年 2 月 17 日

高效卓越的密码

——读《高效能人士的七个习惯》

史蒂芬·柯维写的《高效能人士的七个习惯》出版于 1989 年，迄今已经畅销 34 年，霸榜过各种各样的排行榜，经久不衰，成为一个世界级的现象。

这本书，我曾反复阅读，每一次都有新的收获和感悟。在写这篇读书笔记之前，我又认真地读了六七个小时，这让我想起第一次读这本书时，也是读了六七个小时，后来再翻看时，只花几十分钟就能把握书里的所有要点。

我们都知道，人生最宝贵的是生命，而生命最宝贵的是时间。我们每个人拥有的时间是有限的，也是不可逆的。怎样才能用好时间？怎样才能让你的时间创造更大的价值？这正是这本书教给我们的方法，也是我看重这本书的原因。

首先，我们来看一看这本书的要点。高效能人士和普通人之间之所以有很大差异，是因为高效能的人拥有 7 个非常好的习惯：

第一，积极主动；

第二，以终为始；

第三，要事第一；

第四，双赢思维；

第五，知彼解己；

第六，统合综效；

第七，不断更新。

接下来，我会跟大家一起逐一拆解这 7 个习惯的底层逻辑。

之前我跟大家分享《习惯的力量》时曾说过，习惯可以分成 3 个部分：第 1 部分是暗示，即告诉你的大脑应该使用什么样的回路，启用什么样的行为模式和习惯；第 2 部分是你的惯常行为，就是碰到一件事情的时候，你一般会怎么样去处理，比如当有人对你咆哮时，当有人朝你扔砖头时，当有人对你恐吓时，你到底应该唤醒大脑当中哪些惯常行为，而这些惯常行为往往会引导你如何行事；第 3 部分是奖赏，也就是当你面对一件事情做出一些行为时，如果你最终得到了奖赏，大脑就会对这种行为习惯进行存储，让你有足够的动力强化这种习惯。

我之所以不断地重复"习惯是什么"这个问题，是因为我们的大脑会把这个定义记录下来，从而形成我们人生的思维范式。

除此之外，我还有另外一种对"习惯"的定义。我们每天都学习不同的知识，同时也学习很多的方法，我们每天都会有一种"我们要不要去做某件事"的意愿。当你拥有一定的知识，掌握了一定的方法，同时你有一种强烈的渴望去做这件事情，它们的交集点就是你的习惯。

如果你说，你已经学会了做某件事情，也掌握了相关的方法，为什么你还没有形成做这件事情的良好习惯。那是因为你缺乏一种渴望，缺乏一种野心，缺乏一种真正的执行力，你没有把你所学到的、所掌握的东西落地执行。我们以学钢琴为例来说明这一点。我们学习了弹钢琴的知识和技巧，然后夜以继日不断地训练，慢慢地就养成了弹钢琴的习惯，慢慢地，我们就成了钢琴高手。如果我们只是掌握了弹钢琴的知识和技巧，没有刻苦训练，也没有一直弹钢琴的渴望，我们在这件事情上就会半途而废。

一
变化世界中的 10 个人生问题

在我们继续说《高效能人士的七个习惯》之前，我想在这里问你 10 个问题，我相信会对你有所帮助，对你的人生也会有启发。

1. 你恐惧吗? 你有不安全感吗?

如果你有恐惧，你有不安全感，那恭喜你，说明你是个非常正常的人。但是，恐惧和不安全感应该保持在恰如其分的程度，如果你一直深陷恐惧之中，总是被不安全感困扰时，你就会怀疑；当你不断怀疑时，你就会彷徨；当你不断彷徨时，你就会迷乱；当你不断迷乱时，你就会纠结；当你不断纠结时，你就不能够做出正确判断，你就不能够产生价值。

消灭恐惧的最好方法就是找到可以相互依赖的人，你可以跟他合作。当你发现你依赖别人的同时，别人也依赖你，当你发现有人愿意跟你合作时，你的恐惧感就会大大减弱。我们经常说，当有烦心事或者特别痛苦时，最好找一个人唠唠嗑，找一个人哭诉，而这个人通常是家人。

2. 你是不是经常有这样的想法: 那个东西真好，我现在就想要；或者那个东西真好，但为什么不是我的?

我首先要反问你，为什么这个东西是你的? 世界变化如此之快，即使你现在能够得到这个好东西，三五年之后还是你的吗? 所以，如果你想得到好的东西，最好的方法就是延迟满足。

有一个我们大家都耳熟能详的实验。斯坦福的教授找了一批 4 岁的孩子，告诉他们: "你可以马上吃一颗棉花糖，或者你也可以不吃棉花糖，几分钟之后让你吃两颗棉花糖。" 在这个实验当中，他们观察到，有的孩子忍不住吃了棉花糖，也有 30% 的孩子忍住了，没有马上吃棉花糖。这些斯坦福的教授跟踪研究了几十年，发现这 30% 能够忍受当下诱惑的延迟满足的孩子，他们长大后学习成绩相对比较好，抗打击能力、同别人协作的能力也非常强。

3. 你在日常生活中会抱怨吗?

在日常生活中,每个人或多或少都会有所抱怨。当我们抱怨时,就是在被负面情绪困扰,负面情绪会给你带来精神内耗,进而有可能让你彻底崩溃。

如何解决精神内耗呢?

我来讲一个故事。一位阿拉伯人养了两只羊,他把一只羊放到草原上吃草,而把另外一只羊关起来,避免被狼吃掉。结果过了一段时间,被关起来的这只羊死掉了。在我们的生活当中,我们是不是有时把自己困在了某个地方。比如,你可能想:如果我能上个更好的大学就好了,如果我的老板不那么变态就好了,如果我是富二代就好了,如果我们家的孩子再聪明一点儿就好了……当我们做很多假设时,某种意义上会带有抱怨的色彩,同时我们的情绪也被外界扰乱,结果我们就可能面临自己的世界崩塌的局面。

我们要明白,精神内耗是因为我们总想去改变别人,但别人是改变不了的;我们总想改变过去,但过去是改变不了的;我们总想改变未来,但未来是改变不了的。因此,我们应该转换心智模式,坦然接受自己——我就是我,我可以的,我就是最好的。

消除抱怨的方法之一就是找到一个可以信赖的人。当你找到一个可以信赖的人,感觉可以有所依靠,那时你的抱怨可能会大大减少。你可以试着去找到一个能够真正信赖的人,相信他,让他帮助你走出困境。

4. 你有时候会感到绝望、感到无助吗?

我是感受过绝望无助的。高途是 2014 年 6 月创办的,2016 年公司账面上就没钱了,大家也没有信心。我去办公区转的时候,看到伙伴们都低着头。之前他们看见我会高兴地喊我的名字,但当他们不开心、感到没有希望时,他们见到我都是低着头,绕着走。那时候我的心理压力蛮大的。

有相当长一段时间,我每天晚上两三点睡觉,睡一个小时就会被噩梦惊醒。我就坐在窗边发呆,漫漫长夜,看不到希望的光亮,我觉得这个世界怎么对我那么残酷。从那时开始,我变得更有同情心和同理心,更加懂得人为什么会情绪低迷，甚至会走向极端。我更加意识到，我必须走出黑暗、走出绝望，我的生命必须自己来主宰。

当你觉得自己绝望无助时，你要告诉自己，你才是自己生命的创造者，你才是自己生命的主宰，你才是自己生命真正的主人。"永远记住，谁也没有办法去让别人改变，因为我们每个人都有一扇门，这扇门是从内而外打开的，而这扇门只能够我们自己打开。"

5. 你有没有在某些时候感觉到人生失衡了?

比如说，你觉得工作、家庭、生活等很多事情都是一团糟。如果你觉得人生一团糟，大事小事都在做，眉毛胡子一把抓，也就表明你没有真正抓住重点，说明有些地方出了问题。这时你要做的一件事，就是分清轻重缓急，做最重要的事，一切就会慢慢变好，失衡的人生会重获平衡。

6. 你有点儿迷失吗? 你的人生定位在什么地方?

如果是这样的话，你可以找到一个组织，找到一个"我们"。当你能够把"我"变成"我们"的时候，我相信你的人生定位就会更加清晰了。比如说我在高途，经常会说"我们"，而很少说"我"。今天，我作为高途的创始人，以直播形式和大家沟通分享，我的认知在很大程度上要感激高途的数万名伙伴，是他们让我有了今天这样的激情，是他们让我有了今天的认知，是他们让我有了对于未来的畅想，是他们让我拥有了和所有人面对面的勇气，让我能够如此从容地和大家沟通。

如果你能够真正找到你自己，如果你能够真正找到"我们"，如果你能够真正融入一个"我们"当中，你的人生就能够平衡。如果你能够使自己融入家庭当中，融入亲情、爱情当中，融入工作、团队当中，融入社会当中，融入大自然当中，我相信你会找到自己的人生定位。你看那朵花是为你开的，那阵风是为你吹的，那片雪是为你飘的，那朵云是为你展示的……一切美好，其实就在那里。

不少人的人生目标是财富自由，我说说自己的看法。我很久以前就实现财富自由了，但为什么还要辛苦地创业呢？这与你是以什么为中心密切相关的。

人生以什么为中心？按照这个问题的答案，通常可以将人们划分为10种人：

第1种，以老公或老婆为中心的人。如果你的人生以老公或老婆为中心，那么你可能会忽略友情、事业等其他重要的人生拼图。

第2种，以家庭为中心的人。这种人认为家庭是最大的，其他的人或事都要让步给家庭，这可能也会引发工作与家庭的冲突。

第3种，以金钱为中心的人。如果实现了财富自由，就什么也不干了，那不就是在坐等死亡的到来吗？

第4种，以工作为中心的人。这种人满脑子都是工作，工作和领导在他们心中排在第一位，从而忽略了家庭和其他，这可能也是致命的。

第5种，以名利为中心的人。人生只为求名求利，任何东西都斤斤计较，这种人也是不可取的。

第6种，以享乐为中心的人。这种人下班后就追求享受，要跟朋友玩乐，抱着这种想法，他可能浑然不顾工作和家庭。

第7种，以竞争对手为中心的人。当你以竞争对手为中心，每天都咬牙切齿，可能没有伤到别人，结果却伤害了自己。

第8种，以朋友为中心的人。当你完全以朋友为中心时，为朋友两肋插刀，你会忽略家庭、忽略工作，最终忽略个人的发展。

第9种，以宗教为中心的人。你信奉宗教，如果有一天你信奉的宗教要求你放弃尘世，你又该如何抉择呢？

第10种，以自我为中心的人。所有的事情都是以自我为中心，"我"是最大的，其他都不重要，这样的人实际上是孤独的。

优秀的人应该是以原则为中心。你要确定人生的原则是什么？你秉持什么样的价值观？你想要成为什么样的人？

当别人问我怎样做到家庭、生活和工作的平衡时，我想，我有一个重要的原则，那就是和我老婆结婚的第一天，我就告诉她，我有很多缺点，尽管这些缺点我很难改变,你也不要试图强制改变我,但我自己一定会努力变得更好。同时,我也有很多优点,我希望能够成为一个更好的自己。从这个意义上说,我慢慢地就有了今天的状态。

7. 在生活当中,你有没有觉得别人总是误会我们,而我们总是渴望被理解?

如果你渴望被别人理解,我建议你首先尝试去理解别人,当你更多地理解别人、更多地倾听别人时,你会发现身边的人都开始理解你了。这是因为当你渴望得到别人的理解时,你没有真正打开你的心扉,没有真正去聆听,没有真正去欣赏。

8. 你在生活中有没有遭遇很多冲突和分歧?

如果遇到这种情况,意味着我们有创造性合作的机会。

9. 你在生活当中有没有觉得自己有点儿停滞不前,好像不进步了?

当你感到个人不进步的时候,最好的方法就是去学习、去交往。

10. 你生命当中最重要的事是什么?

我在这里给大家一个答案,请永远记住:

你生命当中最重要的事,永远不是你的工作。

你生命当中最重要的事,永远不是金钱。

你生命当中最重要的事,永远不是名声。

你生命当中最重要的事,永远是你的爱人,永远是你的家人,永远是那些真正值得你去爱的人,这才是我们每一个人应该真正去关心的。

二
高效能人士的 7 个习惯

高效能人士面对各种人生场景,往往都能够恰当地处理问题,并且转化为积极的人生推动力,这要归功于他们的 7 个习惯。

第 1 个习惯:积极主动。

什么叫积极主动？那就是你能够对自己的人生负责，对你自己的生命负责，对你自己的时间负责，对你的每一年、每一个月、每一个日子负责。如果你对每一个日子负责，就要对工作负责，对和你协作的伙伴负责，对你想要的东西负责。

第 2 个习惯：以终为始。

说到以终为始，不少人觉得难懂，觉得困惑——自己的人生为什么那么忙乱？问题的核心就是你没有以终为始。如果你能够找到一生的目标，知道你想要成为什么样的人，你就知道了清晰的人生方向。如果你知道北斗星在什么地方，朝着它的方向前进，你就不会迷失。

你有自己人生的北斗星吗？你有这一辈子想要做的大事吗？25 岁会迷茫，35 岁也会迷茫，请你在迷茫时记住，有一条路就在那儿，北斗星就在那儿。当你能够找到你的北斗星，以终为始时，你也就走在了成功的大道上了。

不同的人怎样找到自己的北斗星呢？

有的人以家庭为中心，有的人以金钱为中心，有的人以工作为中心，有的人以名利为中心，有的人以享乐为中心，有的人以朋友为中心，有的人以宗教为中心，有的人以自我为中心，而最重要的是以原则为中心。当你以原则为中心时，就会找到你的北斗星，你就能够真正以终为始。将出发的原点对着终点，就是一条直线，而所有的一切也都变成了"捷径"。

第 3 个习惯：要事第一。

要事第一，就是永远先做最重要的事。当你永远先做最重要的事，你就不会让自己天天陷于急迫的境地。

我们可以把日常生活中的事情分为 4 类，有些事是重要并紧急的，有些事是重要但不紧急的，有些事是不重要但紧急的，有些事是既不重要也不紧急的。我们每个人处理这些事情的方式不同，决定了我们做事的成效会天差地别。

重要并且紧急的事情，第一是危机，第二是迫切问题，第三是在限定的时间内必须完成的任务。如果我们每天做的都是紧急并且比较重要的事，可能会焦虑、恐慌、痛苦，说明自己还不是那么成熟，还需要提高。

作为高途的创始人，我日常做的事其实不是重要并且紧急的事，更多是重要但不紧急的事，比如预防性的措施、培育产能的活动，建立关系，明确新发展机会，制订计划和休闲等。当你要做到要事第一的时候，你要问自己，什么是当下最重要的事，并且它同时还不紧急。

如果你每天做的都是重要但不紧急的事，就很少会做那些重要又紧急的事，或者不重要也不紧急的事。所以，我在自己的生活中是做减法的。比如说，消磨时间的娱乐性活动，我很少参加，因为它既不重要也不紧急。

不重要但紧急的事，比如接待访客，某些电话、信件、报告、会议等，这些迫切需要解决的问题蛮多的，但它们都属于琐碎的工作，我不会做，而是授权给别人做。

以上我们分析了高效能人士的前3个习惯：积极主动，以终为始，要事第一。这3个习惯是连在一起的，是我们依赖别人成长的一个阶段。

我们每一个人的成长分成3个阶段：第1个阶段是依赖期，就是依赖别人的时期；第2个阶段是独立期，就是真正靠我们自己打拼的时期；真正的高手要进入到第3个阶段，也就是互赖期，它是相互依赖的时期。在相互依赖的这个阶段里，还有另外3个重要的习惯。

第4个习惯：双赢思维。

很多时候，之所以总是感觉到挫败，就是因为你总想赢。我们先看看在交往当中的几种模式：

1. 利人利己。这肯定是好的。

2. 损人利己。这肯定是不好的。

3. 舍己为人。这肯定是很厉害的，比如雷锋。别人也会真正去感谢你。

4. 两败俱伤。这就是损人又不利己，简直就是"人渣"模式了。

5. 独善其身。我就自己一个人玩，想怎样就怎样。经常有人问我，陈老师，你很有钱了，为什么你还在做分享？为什么你不去享受人生？我说，那不是我的人生，我并不想独善其身。

6. 好聚好散。不苛求自己，也不苛求他人，以顺其自然的态度跟人交往。

我的建议是，不管你是在职场上、在家庭中，或是在其他社交场合，待人接物最重要的是要有利他思维，要有双赢思维。

第 5 个习惯：知彼解己。

如果我们常常觉得别人不懂我们，因此而感到痛苦，可能真正的原因是我们不懂别人。所以我们要做到知彼解己。

怎样才能够让别人走进我们的内心? 我们看看沟通中的 3 个层次：第 1 个层次是相互之间的信任度比较低、合作程度比较低，彼此容易相互抵触；第 2 个层次是相互之间的信任度高、合作程度高，彼此相互尊重；第 3 个层次是相互之间非常信任，彼此特别融入，这样才容易实现双赢。

第 6 个习惯：统合综效。

统合综效就是通过协作、通过团队一起努力，从而达到省力的效果。没有一个人能够依靠一己之力成功，只有通过团队、通过组织、通过社会而获取成功。所以，我们要统合综效，就必然要互相依赖。

上面这 3 个习惯——双赢思维、知彼解己、统合综效，讲的是我们人生成长进入到互赖期的好习惯。

第 7 个习惯：不断更新。

从依赖到独立，再到相互依赖，当我们完成了这样一个循环时，还有一点是很重要的，也是这本书的重点，这就是高效能人士的第 7 个习惯，即不断更新。

今天的社会瞬息万变，如果你不能不断地刷新自我，是跟不上时代发展的。

我们每个人的成长是可以分为两个维度的：一个是个人域的成长；另一个是组织域的成长，即我们通过家庭、组织、团队、公司、社会来成长。

在这里，我想把这 7 个习惯提炼成比较简单化的语言：

第 1 个习惯：乐观。

你的人生你做主，你的人生你说了算。

第 2 个习惯：目标。

当你有了明确的人生目标，就不会迷失方向。

第 3 个习惯：专注。

请记住要事第一，聚焦当下，排除杂念。

如果你能够保持乐观，有明确目标，聚焦于当下最重要的事，你在个人域的成长就会超越想象。

第 4 个习惯：付出。

当我们进入到一个社会、组织、团队中，首先就是要付出。付出就要有双赢思维。我们想赢，别人也想赢，我们唯一的方法就是要先付出，通过奉献来获取。

第 5 个习惯：倾听。

希望别人能够懂你，但如果别人不懂你，怎么办？这时你就要倾听别人，倾听是职场当中非常重要的一种能力。

第 6 个习惯：协作。

在组织域的成长，需要通过和别人协作来实现。

第 7 个习惯：刷新自我。

当你具备了乐观、目标、专注、付出、倾听、协作这 6 种习惯，此外，你还要不断地刷新自我，通过不断地刷新自我来探寻生命的意义。

所以，当有人问我："陈老师，你算是一个成功人士了，为什么还如此努力？"我会说："我从来不认为今天的我就是成功的，因为我还活着，我还要成长，我还要通过挑战新的事情来探寻生命的意义。"

关于我们自己的成长，要从以下 4 个维度来看：

1. physical，身体层面

我们要投入，让我们的身体更好。

2. mental，智力层面

我们要多读书，提高我们的智力水平。

3. emotional，情绪层面

人与人之间的差距，很多时候不在于身体，也不在于智力，而是在于情绪和管控情绪的能力。情绪控制得好，乐观积极，既不抱怨，也不内耗，这样的人生就有可能达到一定的高度。

4. spritual，精神层面

精神层面就是你的心灵层面的东西。

最后，我们总结一下今天分享的 7 个习惯：

第 1 个习惯是积极主动。你能够为你的人生负责吗？

第 2 个习惯是以终为始。你能够拥有清晰的人生目标吗？有人生的北斗星吗？

第 3 个习惯是要事第一。你能够专注聚焦于最重要的事吗？

第 4 个习惯是双赢思维。你能够做到利他吗？你能够通过奉献来获取，通过利他来利己吗？

第 5 个习惯是知彼解己。你能够拥有倾听的能力吗？

第 6 个习惯是统合综效。你能够通过协作、通过组织而获取成功吗？

第 7 个习惯是不断更新。不断更新才能让自己处于不断反思、不断反省、不断提升当中。

我们每个人都守着一扇从内向外开启的智慧之门、改变之门，改变是要从我们自己开始，从我们的习惯开始，从我们的每一天开始。我们的每一个行为都会给我们一种暗示，给我们一个奖赏，最终形成我们大脑的回路，让我们的大脑构建一种省力的模式，从而让我们的大脑寻找一种最佳状态，让我们的每一天都过得精彩。

三
励志类书籍的阅读方法

很多励志类书籍的特点，就是提出一些众所周知并且看起来非常美好的道理，但事实上，这样的道理要么不具有可实践性，要么厉害的人早已用自己的方式在亲身实践，而不思进取的人即便早就知晓这些道理，你说得再多，对他们来说也是做无用功。所以，励志类书籍给人的印象大都是中看不中用。

励志类书籍之所以会有市场，是因为有很多人渴望改变自己的人生，但又总是感到无从下手。所以，他们愿意尝试任何方法，即使很希望渺茫。不过，确实也会有不少人从阅读中受益，直接或间接地发现改变自己的一些方法。

因此，阅读励志类书籍的时候，我们没必要抱着读完就能去全部实践，然后马上就能改变自己这样的心理。否则，读之前的期待和读完之后的失落会形成非常鲜明的对比。更多的时候，如果幸运的话，读完之后能发现一两个对自己有启迪的方法、概念或者是句子，从而照亮自己的思维盲区，发现自己的行为缺陷，改进自己的行为习惯。在我看来，这就是励志类书籍最大的价值所在。

读书的意义是什么? 抛去功利性的目的，我们不要过度关注读书会有什么结果，而应关注阅读和思考的过程。比如，我们一起读了《高效能人士的七个习惯》，我想我们读的不仅仅是一本书，而是在读我们的故事和我们的人生，读我们当下的这个时刻。

我希望:通过阅读，我们能找到内心的那份爱，能聆听内心的那份触动，能够回归初心，能够打开精神的世界，让我们的人生更加丰盈。

直播分享于 2023 年 2 月 18 日

成功中的刻意练习

—— 读《刻意练习》

今天，我要和大家分享的是《刻意练习》这本书，英文原版的名字是 *PEAK, Secrets from the New Science of Expertise*，直译过来就是"顶峰，来自专业技能的新科学的秘密"，中文版把它翻译为《刻意练习》。

一
杰出人物的 3 个特征

我想，凡是读过这本书的朋友可能都会有这样深切的体会，expertise 意思是专业技能，有一定的专业技能，不就是高手吗？没有掌握任何专业技能时，不就相当于一个刚出生的 baby 吗，不就是新手吗？

任何一个高手都要从新手做起，那怎样从新手到高手，从而获取那种巅峰体验呢？其中一个密码就是"刻意练习"。

首先，我在这里想问大家 3 个问题：

第一，你有一种冲动和愿望，想变得更加优秀吗？

第二，你愿意从新手到高手吗?

第三，你是否困惑，为什么你没有达到高手状态?

如果你是家长，我特别建议你认真地琢磨和推敲这 3 个问题。

人们通过研究发现，那些杰出的人物在成长过程中都具备这样 3 个要素:

第 1 个要素，那些杰出的人物在童年时，父母就为激发他们的兴趣做了很充分的准备。在他们玩的时候，体会其中快乐的时候，父母就给他们种下了一颗种子，激发了一种欲望、一种向往，最终帮他们培养出了一种兴趣。在孩子的启蒙期，父母就让他们在玩耍中找到了自己的乐趣，找到自己的方向。

第 2 个要素，那些杰出人物在成长过程中，父母扮演着非常重要的导师或者榜样的角色，要么是父亲，要么是母亲，要么二者都是。在陪伴孩子时，他们懂得怎样表扬孩子，怎样鼓励孩子，怎样让孩子更加自律，怎样让孩子更加刻苦，怎样地让孩子更加奋进。这所有的一切，都是父母在陪伴的过程中，通过言传身教，起到了榜样的作用。我们经常说，榜样不是教育孩子的最好方法，而是唯一方法。

第 3 个要素，那些杰出的人物，他们在成长过程中，自己就能够找到一种感觉——在玩耍的时候，他们也在训练自己的特长、兴趣、爱好。

以我自己童年的经历为例进行说明。我小时候蛮调皮的，但是我的父母曾经做了一件事，他们鼓励我去做数学题，还会夸我数学不错。我记得有一次，我在父母身边，父亲对母亲说:"咱家向东的数学真的非常好啊!"我不知道他是有意还是无意提起的，但在那时给了我特别大的激励。

我父亲是"老三届"毕业生，没能上大学，然后就回到农村教书。恢复高考后，他还想考大学，就在家里学习和复习，非常努力，给我留下了深刻的印象，父亲也成了我学习的榜样。我妈妈是特别善良的一个人，特别爱帮助别人，生活非常简朴。他们给了我很好的家庭教育。

我小时候放学后，是需要去割草放牛的，干完活儿后，有很多时间都是自己的，而我父母也不会过多干预我的业余时间，因此我就有了充分的时间和空间，尽可能地发挥自己的天性。

所以在这里，我也建议一些爸爸妈妈可以问自己两个问题：在孩子比较小的时候，能给他们很好的兴趣激发吗？孩子是我们的一面镜子，在孩子成长的过程中，我们能以身作则，从而让孩子懂得价值观、人生观，以及那些奋斗、艰苦、自律的品格吗？因为越早养成的习惯，才越可能在未来开花结果。

我们都熟知的天才神童莫扎特，他在 4 岁时就能演奏各种和弦，当时很多人都认为他是天才。但他真的是天才吗？他的技能，其他孩子都学不会吗？后来人们做了一个实验，揭开了这个秘密。2014 年，日本心理学家榊原彩子对 24 个 2 ~ 6 岁的孩子进行了实验，训练他们辨别和弦。经过一年半的训练之后，24 个孩子都能辨别出 14 个和弦，每个人也都具有完美音准。从这个实验中可以发现，原来任何一个孩子，只要他有一定的天赋，给予严格的训练和刻意的练习，都可以成为音乐高手。后来人们了解到，莫扎特的父亲是一位中等天赋的作曲家，早在莫扎特 4 岁以前，他的父亲就开始训练他。莫扎特进行了大量的刻意训练后，最终成为一个有完美音准的才华横溢的音乐家。

我想，我们每个人在某一个方面经过刻意训练后，都可以成为高手。

跟大家讲讲我的故事。我是农村孩子，小时候没学过音乐，不会唱歌。我 14 岁到师范学校上学时，才开始有音乐课。唱简谱时，我们班同学唱的是 re、do、do、re、mi，我唱的是 21123。同学们都笑话我，说："陈向东，你唱的啥？"我说："我咋了啊？"同学们说："唱错了，2 唱 re，1 唱 do，你怎么唱的是 2、1，应该是 re、do。"

当时我很自卑，于是告诫自己，陈向东，从今天开始，永远不要在公众面前唱歌，因为唱歌将使你自卑，唱歌将使你难受，唱歌将使你丢人。后来有 10 多年的时间，我从来没有在公众面前唱过歌，因为我不敢。一直到了 2002 年，我 31 岁时当了武汉新东方校长，员工都起哄，说"陈老师唱歌，陈老师唱歌"。第一次，你拒绝，没事儿；第二次，你再拒绝，也没事儿；到第三次，你内心就难受了。那时候我想，我一定要学唱一首歌。于是我去买了一盘磁带，里面有张雨生的《大海》这首歌。我一上车，就开始放《大海》，放了半年，我还是不会唱，结果我的司机都会唱了，我仍然不敢唱。

后来，有一次开年会，所有老师都起哄让我唱歌的时候，我实在没办法了，于是第一次演唱了《大海》。结果，我唱完之后，一个女老师激动地跑过来说："陈老师，我太爱你了，我要拥抱你。"我说："怎么啦？"她说："陈老师，你的歌唱成这样还敢唱，那以后我也可以唱歌了。"那个瞬间，我觉得好幸福呀，因为即便我唱歌很难听，但是能鼓舞别人了。

今天我在唱歌的时候，倒不觉得太丢人。虽然现在我唱歌仍然跑调，但是无论如何，我已经没有那种心理障碍了。当然我也必须说，毕竟我没有那么多时间去学习唱歌，所以我今天还是唱不好。但我已经可以自信地在大家面前唱歌了，也就是今天的我已经丢掉了内心的羞愧，丢掉了内心的懦弱。

后来，我慢慢地还是学了几首歌，但是你们可能还会嘲笑我："陈老师，到今天你的歌唱得还这么难听。"但是我毕竟也经过了很长时间的训练，以前不敢在大家面前唱，现在已经敢唱了。我觉得，如果大家都在某一方面进行刻意训练的话，我相信每个人都可以成功的。

我在这里想告诉大家的是，不要怕别人嘲笑，很多事情其实只是你自己在乎而已，别人并不在乎，别人只是嘿嘿笑笑就完了，而你的心才是你自己的，它就在那里陪着你，为你敞开着。记住，我们每个人都拥有一扇只能从内向外开启的勇气之门，而这扇门只能由你自己来打开。

二
刻意练习与心理表征

《刻意练习》这本书最触动我的一点是，它讲述了一个被忽视的事实：从新手到高手，从没有掌握技能到掌握技能，从来没有那么被别人关注到。很多人往往只关注开头和结尾，所忽略的中间最重要的过程，这个过程就是刻意练习。那怎样进行刻意练习，有什么样的好方法进行刻意练习呢？

有一位诺贝尔奖获得者叫赫伯特·西蒙，他曾经研究过那些国际象棋大师，想看看他们的大脑和新手相比有什么区别。经过多年研究，西蒙发现在国际象棋大师们的大脑里，会存储 5 万~ 10 万个"棋局小组块"。也就是说，一位国际象棋大师，他经过很多年的训练，一般需要 10 年，才能够在他的脑子里形成 5 万~ 10 万个棋局组块。这些组块越多，他在下棋时的反应就越灵敏，判断就越精准，在单位时间内思考的步骤就越多，出棋速度就会越快，最终就会达到一种巅峰状态。

所以，在《刻意练习》这本书里，作者提出了一个概念，叫作"心理表征"。心理表征是一种与我们大脑正在思考的某个物体、某个观点、某些信息或者其他任何事物相对应的心理结构，或具体，或抽象。

比如我们背一个单词，在背会之后，就会在我们的大脑里留下一个小模块，这个小模块就是心理表征。如果你背了 6000 个单词，你的大脑里就有 6000 个这样的心理表征；如果你背了 1000 个好句子，那在你脑海里就有 1000 个这样的心理表征。你看过《蒙娜丽莎》这幅画，就会在你的脑海里形成一个小模块，这个小模块就是你的心理表征；如果你比较厉害，一提起蒙娜丽莎，你就能在脑海中"看"到她是怎么坐的，穿着什么衣服，是怎么笑的，那你的心理表征可能就更多了。

换句话说，在日常的生活、工作、交往、训练、向上的过程中，我们有意识地进行训练、改善、努力，不断地去让自己和高手过招，我们如果善于学习，就会在我们的大脑中形成不同的心理表征。

三
刻意练习的特点

那大家都很好奇，"我也想拥有很好的心理表征，我怎样才能够拥有好的心理表征"呢? 毫无疑问, 我们要进行有目的的练习, 要怎么做呢?

第1步, 设置一个定义明确的特定目标。我们在做任何训练时, 都要设立一个目标, 这个目标越清晰, 我们就越能够对它产生憧憬。比如, 你设定的这个目标领域有一些榜样, 有很多成功人物, 很多竞争者, 很多优秀的教练, 他们都可以成为你的目标。如果我们想成为钢琴家, 也是有衡量标准的, 在钢琴方面优秀的老师很多, 都可以成为我们的榜样和目标。

第2步, 专注训练。我们在做任何一件事时, 必须专注, 不能分心。当我们越发专注时, 才能越发与目标进行对话并融入, 最终产生一种心流状态。

第3步, 寻求反馈。我们真正有目的地进行训练, 是需要有反馈的, 让标杆人物给予你相应的反馈, 这样你才能知道你达到了怎样的水平。

第4步, 走出舒适区。比如, 虽然我在很早以前就财富自由了, 但还是选择自己辛苦创业。这与我的成长经历是分不开的。

我小时候家里很穷, 房子曾经塌过两次。等到我17岁工作时, 家里的房子还没完全修好, 冬天北风凛冽, 屋里和屋外是一样的温度。所以我从小就告诉自己, 我一定要赚钱。在很多场合, 我都毫不避讳, 我说我刚开始工作时, 就是想多赚点钱。那怎样才能多赚钱呢? 一定要把工作做到极致的状态。那怎样把工作做到极致呢? 就是要向别人学习。我非常努力地在县城和小镇工作了10年, 27岁时才到北京的中国人民大学读硕士和博士, 才有资格和在北京的人一起去喝咖啡, 谈论人生。

在北京奋斗了16年之后, 我也算是财富自由了, 但那时我有了更大的梦想。2014年, 伙伴们和我创办了跟谁学, 后更名为高途教育科技集团。2019年, 高途在美国上市了, 当时还创造了不少纪录。高途是全球A轮融资后直接上市的科技教育第一股, 是中国在美国纽交所上市的K12在线教育第一股, 是经过5年创业在纽交所融资规模最大的科技教育第一股, 连续6个季度的收入增长都超过了300%, 等等。高途有了这样的故事, 在高途市值最高的时候, 很多人给了我一个称号"千亿富豪", 说我可以不用再奋斗了。

但我为什么今天还在奋斗？我必须非常坦诚地承认，我在年轻时，有相当长的时间是非常渴求财富的。我工作后第一个月的工资就给了我爸妈，让他们把房子修起来。我第二个月的工资给了我弟弟，让他可以更安心地读书。这大概是我很长时间内的奋斗动力。后来我自己开始做管理者，当校长，后来创办高途。我一直对伙伴们说，我们做管理者最大的尊严，就是能够让我们的员工的收入水平高于市场水平，如果员工赚的钱低于市场水平，这是一个管理者最大的耻辱，是一个管理者最大的羞愧，是这个管理者不称职的具体体现。

当慢慢地赚钱越来越多时，每个人都会有变化的，你会想，你未来的人生会有怎样的可能。

有件事我印象特别深刻。2012 年，我在哈佛商学院学习"真诚领导力"的课程，课程的主讲教授叫 Bill George，他曾把一家公司的市值从 10 亿美元做到了 600 多亿美元。他到 60 多岁时，突然不做 CEO 了，董事会挽留他，询问他原因，他说自己希望去教书，希望能够改变更多的人。在课上，他问了我们一个问题：如果你有 5000 万美元，你会不会放弃从事当下的工作？当时班里有超过 80% 的人都举了手，说他们不会做当下的工作了。我是少数没有举手的，那天晚上我就睡不着觉了。然后我就一个人绕着哈佛大学旁边的查理斯河走路，我问自己：为什么我没有举手？我到底在恐惧什么？

后来，我大概想明白了，我问我自己，陈向东，你有没有勇气放弃当下这么高的工资，放弃这么高的职位，放弃所有人对你的尊敬，从而一无所有地重新出发？

我问自己的内心，等到有一天老了，会不会后悔没有创业？我反复地问自己，发现自己"会后悔"，于是就下定决心：我肯定是要创业的。后来的故事就非常简单了，我们遇到了在线教育和科技革命，我看到了巨大的机会，所以毅然决然地在 2014 年开始创业了。

我在小时候是如此热烈地追求金钱，但我真的有钱了之后，其实我的生活特别简单。我在年轻时，也会去买一些比较贵的衣服，也买过比较贵的手表，拿来衬托自己的身份，我觉得这个阶段是没办法跳过去的。但是现在，我穿的很多衬衣基本就是八九十块钱的，手表基本不戴了，我觉得这是一种非常好的状态。

其实我现在这么努力地工作，我没感受到我是在工作，因为我觉得这就是我的生命，这就是我的人生，这就是我人生的意义。只有不断地跳出舒适区，才能不断地训练自己，提高自己。

我们刚才提到，那些天才只不过是因为他们受过了大量刻意的训练，又如果我们也能够在很早的时候进行刻意的、正确的、有针对性的训练，我相信每个人也都能够获取成功。

那么，我们进行刻意练习时，会有哪些现象出现呢?

第一，我们在进行刻意练习时，应该有一个特定的行之有效的方法。换句话说，你要学新东西，要先找到一个行之有效的方法，再开始进行训练，效果会更好一些。

第二，刻意练习一定是在你的舒适区之外的。如果你的工作完全在你的舒适区之内，其实是达不到效果的。

第三，刻意练习有非常具体的、特定的目标。你要达到什么样的目标，达到什么样的高度，是有量化指标的。

第四，刻意练习一定是有意而为的，它是本我的、渴望的、主动的、自发的。

第五，刻意练习一定要有反馈。你在做训练时，一定要有人给你反馈。要么是父母给你反馈，要么是老师给你反馈，要么是教练给你反馈，通过不断反馈来提升整体的训练效果。

第六，刻意练习会产生一些心理表征。同时，我们还要依靠这些心理表征，不断地产生新的心理表征，然后再次依靠—产生—再依靠—再产生，通过这样的循环往复，能够将训练不断地向前推进。

第七，刻意练习需要持续改善。重点关注并有针对性地提高获取的技能的某些特定方面。

当我们践行刻意练习这 7 个特点时，任何领域的训练都会在我们的大脑里形成神经回路，而这种神经回路不断增多，就会不断形成模块。我们进行了更多的训练，模块就会变得更多，最终，它们组合起来就会使我们获得巨大成就。我们认为的那些天才，那些杰出人物、成功人士，他们只不过是能不断地增加这样的模块，同时在需要的时候能够快速提取，最后，他们就能不断地组合这些模块，形成化学反应。这些其实都特别值得我们思考，特别值得我们去不断地观察。

四
生活中运用刻意练习的 4 个步骤

在《刻意练习》中，我们还发现那些杰出人物、成功人物，他们在生活中运用刻意练习的 4 个步骤。

第 1 个步骤，找到一位好导师。

如果你在做事过程中，能找到一个好导师，其实就相当于你找到了一个标杆，相当于找到了行之有效的方法。我经常说 3 句话：上学时最好能够找到一个真正的好老师或好校长，因为好老师能启迪你的品格，好校长能让学校里有很多这样上进的、奋斗的好老师；一定要考一所好大学，如果学校没有那么理想，一定要在学校里找到一个优秀的人生偶像；工作时，一定要找到一个好老板，或者追随一位好上司。我觉得这 3 句话对大家会特别有帮助。

我跟大家讲讲我成长中的一些经历。

从小到大，我遇到了很多好导师。上小学时，我很幸运，小学老师是我的父亲。那时，我觉得父亲就是我的灯塔，他也是一个好导师。上小学五年级时，我遇到了数学老师高老师，那时的我特别调皮，她教育我时，特别有耐心，有方法，也是一位特别好的老师。上初中时，我遇到了另一位数学老师陈老师，还有外语老师。他们都特别关心我、特别爱我，都是我的好导师。

我到师范学校上学时，遇到了敬爱的陈明杰老师。他比我大40多岁，但是我们却成了忘年交。那时候，他会经常让我到他家里吃饭，学业上，他对我一路帮助。我到今天提起他，有时候还是会潸然泪下。

我17岁就工作了，那时候，我工作的学校是铁门一中，遇到了一位非常好的校长。他非常敬业，非常勤奋。他每一次讲课都非常有激情，以至于自己唾沫横飞，嗓音沙哑，我到今天对那个画面都记得特别清楚。

后来，我到了北京，到了中国人民大学，非常幸运地遇到了我的导师。他学问做得很好，对学生也特别好。在他面前，学生是无拘无束的。他的身体不太好，但是他永远是那么乐观，给我留下了很深刻的印象。

创业之后，我也遇到了很多人，他们给了我很多帮助。所以，我的这些经历印证了刻意练习的第一个阶段，要找到一个很好的导师。

但我们在工作和生活中，身边找不到这样老师怎么办？没有榜样怎么办？如果没有导师，你一定要通过读书，通过你身边的人，试图让自己进入到学习榜样的一种状态。

我举两个小例子。我在读初一时，班里有个男生作文写得特别好，老师上课总是念他的作文。下课之后，我就找到那个男生说："你的作文怎么写得那么好？"这个男生告诉我，他爸爸帮他订了一份报纸，叫《作文报》。在40年前，父母能给孩子订《作文报》，其实是一件很奢侈的事情。另外，我还看到他有一本名言警句的小册子。当时我就求他："能不能把你的《作文报》和名言警句的小册子给我看看？"于是他就借给了我。等到同学们都回家了，我就一个人在教室里抄《作文报》和名言警句，还把它们带回家背诵。两个月后，我的作文就被老师表扬了，并在班里朗诵。于是，我就进入到正反馈，更加喜欢写作文，更加喜欢上语文课了。我大概12岁时，身边是没有导师的，但是我在身边找到了一个人，把他当成了我的榜样。他的做法，我迅速就学到了。

另一个小例子是，在那些杰出人物的家庭中，总有一些非常优秀的家庭成员，会对他形成榜样作用，尤其是优秀的兄弟姐妹。当然这对现在很多独生子女来说，相对会比较难一点。不过，亲戚朋友家里都有孩子，实际上也会有同样的效果。

我有一个姐姐和一个弟弟。今天想来，姐姐对我的品格的塑造起到了非常大的作用。她比我大两岁，是我们家里的学霸。她特别守纪律、特别守时，做作业也特别认真整洁，在小学和初中时，每一次考试都是 100 分。所以，我们家里每天受表扬的都是姐姐，每天挨打的都是我。从小，父母夸我姐姐时，我总会在脑子里记着，会去学习姐姐做的好的地方。耳濡目染之下，我学到了她的很多优秀的品质。

我还有个弟弟，他也是博士毕业。弟弟比我稍微内向一点。我从弟弟身上学到的也蛮多的。他非常厚道，非常善良。现在，他已经是一位大学教授，给人一种与世无争的感觉。我在他的身上学到了一份豁达、一种从容。

现在，我觉得他们俩的生活过得比我好得多。有一次，我问他们："你们晚上睡觉失不失眠？"他们说从来不失眠，晚上睡觉从来都非常踏实。于是我非常感慨。因为在 2015 年到 2016 年，大概两年时间里，高途创业遇到了至暗时刻，所以我经常失眠，经常在深夜发呆。

就在那时，我懂得了成功的意义，并不是你创办了一家公司就是成功，并不是你有钱了就是成功。真正的成功有两个定义：第一个定义，你能够与你的内心非常融洽地相处，你能够和家人以及身边的人融洽地相处，晚上能够踏踏实实地睡觉；第二个定义，如果你爱的人，他也爱你，你爱的人，他会更加在乎你，等到你 70 岁、80 岁，年轻的容颜不再有，财富可能也没那么重要的时候，爱你的人依然爱你。我想，这些大概才是真正的成功。

今天在讨论所谓的成功时，我一定要告诉大家，成功是由我们每个人塑造的，每个人都是自己的英雄，每个人都是成功的。可能从财富角度或者其他某些角度来说，你觉得还有提升空间。但是，你有你爱的人，难道不成功吗？你有爸爸妈妈疼你，难道不成功吗？你有一个可爱的孩子，难道不成功吗？你此刻能够和陈向东一起在书中度过一段时间，难道不成功吗？你晚上能够很惬意地面对着明月，去背诵几首诗词，难道不成功吗？你能够享受一个闲暇的周末，难道不成功吗？我觉得，每个人都是成功的。

我们要善于找到自己最好的状态，善于找到自己内心自洽的状态，假以时日，我们会真正地找到我们的幸福。其实，我觉得成功的感觉也是需要进行刻意练习的。

第2个步骤，专注和投入。这是非常重要的。

做一件事时，如果你能够专注，不断地投入，最终一定会取得成功。

以前我们有一个同事，他本来是应聘当老师的，但是他发现自己的表达能力不行，于是就先做了教室管理员，坐在教室门口，负责管理学生和服务学生。他在做教室管理员时，会听老师讲课，然后不断地在家里进行自我训练。结果一年多后，他走进了教室，当上了老师，后来成了非常优秀的口语老师。

其实这很简单，他自己有目标，然后找到了一个很好的老师，通过专注和投入，以及大量的训练，最终慢慢收获了他自己的成功。

第3个步骤，跨越停滞阶段。以新的方式挑战自己，攻克特定的弱点。

我们在做事时，一段时间之后就容易坚持不住，就想放弃。而人和人的差距就在于坚持，人和人的差距就在于面对挫折时候的抗挫力，人和人的差距就在于面对困难时的复原力。这时候，我们怎么跨越停滞阶段呢？我觉得有两个好方法：一是我们可以尝试用一种新的方式来挑战自己；二是我们先确定我们的弱点是什么，然后不断地去攻克弱点。

第4个步骤，我们要保持动机。

有时候我们想放弃，主要原因是我们做这件事的动机没有那么强大了，所以，我们要么强化做这件事情的动机，要么弱化停下来的动机。怎么能够保持动机呢？我给大家提3个妙招。

第1个妙招，强化信念。当你想放弃时，你要告诉自己："不能放弃，稍微坚持坚持，我就赢了。"其实很多奇迹是在你准备放弃的时候，继续坚持下来，最后就赢了。

第2个妙招，加入群体。你做的这件事，肯定有其他人也在做，可以通过互联网找到这些人，大家组成一个志同道合的小组。比如，现在有各种各样的打卡群，大家在群里相互鼓励，相互监督，一起坚持。再比如，在15天里，你每天都可以准时和陈向东一起读书，那该是一件多么美好的事情，每个人都可以做到。

第3个妙招，给自己即时小奖励。我们要善于在漫长的旅程中，把大目标拆分成小目标，把小目标拆分成更细的目标，把更细的目标拆分成月目标、周目标、日目标，不断地拆分，不断地细化，最后，我们就能通过取得一个个小目标的成功，直至取得整个大目标的成功。同时，我们在取得每一个小目标的成功时，要善于给自己小奖励，从而形成正反馈。

还记得日本马拉松冠军山田本一的故事吗？他在自传中，揭秘了自己是怎么取得冠军的。他写道，每次比赛前，都要乘车把比赛的路线仔细看一遍，并把沿途比较醒目的标志画下来。比如，看到一个红房子，便把它记下来，看到一个银行再记下来……比赛开始后，他的第一个目标是先跑到那个红房子，然后，第二个目标是跑到那家银行，这样，整个赛程被分解成了很多个不同的小目标，跑起来轻松多了。就这样不断完成了10公里、20公里、30公里、40公里，最后轻松地到达了终点。而如果一开始就把目标定在40公里之外，跑着跑着就会觉得累了，会被前面遥远的路程吓到，可能就崩溃了。

所以在漫长的旅程中，当我们有一个大的目标时，不妨把它拆分成小的、细的目标，然后不断去实现这些小目标，慢慢就会取得成功。

很多人，觉得自己好像奋斗一年了，怎么还没有成功。在这里我想和大家聊聊一个人们所熟知的定律，叫作"1万小时定律"。意思是说，你在某个领域坚持做1万个小时，就能够成为顶级专家。当然"1万小时"只是一个概数，对不同工作来说，有些工作可能需要几千个小时就可以了。西蒙研究发现，那些国际象棋大师一般需要经过10年的训练，大概需要5万个小时才能达到顶级水平。

以我自己为例，到今天已经工作 35 年了。我可以很自豪地讲，在过去的 35 年里，我基本上没有休过假，很多休息时间也都是去看书、去考察，每天的工作时间应该有 16 个小时，35 年基本上没有休过假。估算一下，我已经工作约 20 万个小时了。我在工作 20 万小时之后，还依然在努力，依然在训练。即使做了 35 年的老师，我第一次在抖音直播和大家互动时，仍然非常紧张，不熟练。在做直播的这些天，我也一直在练习。如果有朋友看过我第一天第一场的直播，就会发现，今天我在直播时，肯定有一些进步，以后，我的进步可能会更多。

在这里，我想对各位朋友说，如果你有了一个目标计划，请记住以下 4 点：

第一，核心的关键，是要行动起来；

第二，当你行动时，一定要坚持；

第三，当你坚持时，要鼓励自己，你可以的；

第四，对目标的实现要有永远的信心。我们往往容易高估 1 年之内取得的成绩，往往会低估坚持 10 年而取得的成就。

五
杰出人物的成长路径

为什么有的人可以取得成功，成为杰出人物，成为高手？

因为那些杰出人物已经改变了他们大脑中的神经回路，创建了高度专业的小模块和心理表征。很多人都很羡慕那些杰出人物，都很渴望成功，我想说的是，不妨去刻意练习，通过大量的训练，通过 10 年乃至 20 年如一日的训练，让自己形成很多独特的神经回路。比如，你背会了一个单词，就构建了一个神经回路；你完成了几行代码，就构建了一个神经回路；你帮助别人出色地做了一件事，就构建了一个神经回路。你构建的神经回路越来越多，最终就能够实时调用这些回路，实时抽取这些回路，实时组合这些回路，实时叠加这些回路，并且让这些神经回路相互之间产生化学反应，那将会产生多大的奇迹啊！

很多人会问，那些杰出人物成长的路径是什么？我要想成为杰出人物，我的成长路径是什么？杰出人物的成长路径图，一般分成以下4步：

第1步，产生兴趣。你应该对你所追求的目标有真正的热爱，有真正的兴趣。我们经常说，兴趣是最好的老师，很多聪明的家长教育孩子取得了成功，不是因为逼迫孩子，而是因为激发了孩子的兴趣，激发了孩子的动力，激发了孩子为自己奋斗的热情，激发了孩子内在的伟大的潜能，激发了孩子自己从内到外打开了勇气之门、改变之门和向上之门。

第2步，认真做事。你既然选择了做一件事，就要认认真真地去做，就要时时刻刻地爱上这件事，真正严肃地对待这件事。其实我发现很多人的失败，不在于他的兴趣有没有被点燃，而是在于他有没有"当真"。如果总是用一种玩的心态做事情，怎么和那些专业人士比？怎么和那些顶尖高手比？比如，为了参加乒乓球、足球、滑雪等比赛，那些专业运动员都在很认真地训练，如果我们只是抱着玩一玩的心态，那永远不可能比过他们。

第3步，全力投入。做任何一件事，都要一心一意 all in 来做。如果你能够 all in，那到最后会产生难以想象的成果。即使你1年不成功，两年不成功，3年不成功，10年之后，说不定就成功了。我看到那么多人，他们在前30年是没有什么名气的，但是后来，突然一下就成功了。这就叫作厚积薄发，他的"薄发"是前面的"厚积"所积淀的。

第4步，开拓创新。假设我们在做人生的攀登，通过一个梯子向上爬，如果到了一定高度，后面没有梯子了，怎么办？我们就要搭建一个自己的梯子，然后继续往上爬。所以我们要不断突破自我、提升自我、创新自我。

将以上几条结合在一起，才能助力我们取得更大的成功。我们看那些杰出人物，他们的大脑中已经形成了非常完美的神经回路，从而养成了非常好的习惯。而我们要想成为杰出人物，就要坚持读书，也是为了在我们的大脑中形成很多神经回路。

我相信今天读了《刻意练习》这本书，在你的脑海当中肯定会形成很多独特的神经回路，而这些神经回路将会不断地让你变得更加优秀。在需要这些知识时，你就可以把这些神经回路提取出来；当你困惑，想放弃时，这些神经回路会提醒你别放弃；当你开始骄傲，变得不认真时，这些神经回路会告诉你不要骄傲；当你停滞不前时，这些神经回路会告诉你要找到你的弱点；当我们对人生开始感到绝望，不相信别人时，这些神经回路会告诉你，其实你自己才是最好的。

　　人这一生始终都在追随着很多东西，渴望得到很多东西。其实到最后我们会突然发现，我们所要追求的东西就是我们自己，就是我们的心，就是陪伴着我们能够穿越风雨的，那颗柔软而又非常坚韧的、脆弱而又非常坚强的心。

　　　　　　　　　　　　　　　　　　　　　直播分享于 2023 年 2 月 19 日

读苏东坡，也是读人生

——读《苏东坡传》

今天，我和朋友们分享的是《苏东坡传》。这本书特别经典，也特别精彩，尤其是书中讲到的人物——苏东坡，是谜一般的存在，也是几乎无法被超越的存在。

每个历史人物得到的评价往往都是有差异的，但是当说到苏东坡时，人们对他的评价却出奇地一致。

一
读苏东坡的 3 个原因

我推荐这本书的原因有 3 个。

第一，苏东坡到底是一个什么样的人？他对我们每个人的成长有什么样的启迪？有句话说得特别好，"以铜为鉴，可以正衣冠；以史为鉴，可以知兴替；以人为鉴，可以明得失"。读苏东坡这个人，我觉得对我们的人生是非常有帮助的，特别是我和苏东坡在很多重要事件节点上的年龄非常吻合，这让我特别开心，特别激动。

第二，《苏东坡传》这本书的作者是林语堂。我们都知道，林语堂也是一位大师级的人物，他喜欢苏东坡到什么程度呢？林语堂去美国的路上带了很多书，多数都是关于苏东坡的。他在这本书中，对苏东坡做了一个非常有意思的评价：

苏东坡是个禀性难改的乐天派，是个悲天悯人的道德家，是黎民百姓的好朋友，是散文作家，是新派的画家，是伟大的书法家，是酿酒的实验者，是工程师，是假道学的反对派，是瑜伽术的修炼者，是佛教徒，是士大夫，是皇帝的秘书，是饮酒成癖者，是心肠慈悲的法官，是政治上的坚持己见者，是月下的漫步者，是诗人，是生性诙谐爱开玩笑的人。可是这些也许还不足以勾绘出苏东坡的全貌。我若说一提到苏东坡，总会引起人们敬佩的微笑，也许这句话最能概括苏东坡的一切了。

林语堂在描述苏东坡的时候罗列了他那么多的特质，但最后他却说，这些特质其实都不足以描述苏东坡的全貌，而最能够概括苏东坡全貌的描述应该是：在提到苏东坡时，人们都露出了敬佩的微笑。

因此，我们在看苏东坡时，可以想一下，我们的一生应该是怎样的一生。

第三，我自己特别喜欢读书。我从农村到城市里来，创办了公司，经历了很多变化。我觉得自己对于生命的认知，到现在这个年龄后也完全不一样了，看到这本书时，有一种怦然心动的感觉。

我在这里主要跟大家分享的是《苏东坡传》的卷一——童年与青年，以及卷三——老练。

二
苏东坡的童年和家庭教育

苏东坡原名苏轼，字子瞻，号东坡居士。

苏东坡家里出了三位非常伟大的人物，也就是著名的"三苏"：苏东坡的父亲苏洵，苏东坡，以及苏东坡的弟弟苏辙。他们三人同列"唐宋八大家"。唐宋八大家的其他5人分别是唐代的韩愈、柳宗元，宋代的欧阳修、王安石、曾巩。唐宋两代一共出了8位散文大家，他们一家就占了3个，这不由得让人感慨。

说到这里，我想起在分享《刻意练习》这本书时提到，那些杰出的人物都有3个共同的特征：第一个特征，在年纪很小时，他们的兴趣就被激发了出来，他们找到并热爱自己的兴趣点，在玩中学习；第二个特征，在相对比较年轻时，父母都给了他们非常好的引导，在他们的品格方面给了很多灌输，在自律、勤奋、善良、诚恳、诚信等方面，给了他们很多教育；第三个特征，他们的父母都能够在孩子玩的时候，不断地激发他们找寻人生的目标。

这3点，在苏东坡身上的验证尤为明显。苏东坡的父亲苏洵，在苏东坡还很小的时候进京赶考，之后多在外游历。那段时间，主要是苏东坡的母亲担起了教育的重任。那时候，苏东坡的母亲教他读《后汉书》，教他做人，教他上进，教他奋发。其实孩子教育的成功，父母的作用是非常重要的，特别是对苏东坡来说，母亲的奉献和牺牲是非常大的。我觉得，我们也应该向这位优秀的女性致敬。后来，人们都很佩服苏东坡，却很少能想到，他的父亲很厉害，他的母亲也很厉害，才能教出这么厉害的苏东坡。

我每次读到这里都感叹不已——一个优秀的家庭里，肯定有一位伟大的母亲。有一位伟大的母亲，家才会幸福，孩子才能感受到爱，才能有踏实感，才能够找到人生的发展方向。我们要记住，幸福感来自两个地方：一个是去爱，一个是被爱。如果你永远都不去爱别人，如果你永远没有被任何人所爱，你的人生就是没有意义的。你不会有幸福感，甚至是非常绝望的。我们为什么要活下来，还要活得很好？因为我们有爸爸妈妈、亲戚、朋友。我们有爸爸妈妈爱我们，有很多人关心我们，那我们也要去更多地爱别人，更多地对别人有所帮助，这些也能够反哺我们自己人生的成长。

而在苏东坡的人生之路上，还有一个人，也是非常重要的，就是苏东坡的弟弟苏辙。

苏辙也是唐宋八大家之一，文学成就很高。很多人都说，苏东坡的成功，很大程度上是因为他有一个好的弟弟。网上也有很多人说："好想有一个苏东坡同款的好弟弟。"苏辙怎么好呢？有很多小故事。比如，苏东坡在最落魄的时候，仍乐善好施，自己没有钱，只能让弟弟给他掏钱。而苏辙其实生活也不宽裕，却一直支持苏东坡。

苏东坡有一首大家都非常熟悉的词，叫《水调歌头·明月几时有》：

明月几时有？把酒问青天。不知天上宫阙，今夕是何年。我欲乘风归去，又恐琼楼玉宇，高处不胜寒。起舞弄清影，何似在人间。

转朱阁，低绮户，照无眠。不应有恨，何事长向别时圆？人有悲欢离合，月有阴晴圆缺，此事古难全。但愿人长久，千里共婵娟。

这首如此之美的词是苏东坡写给弟弟苏辙的，而从这首词中可以看到弟弟在他心中的分量，在他人生中的分量。在一生中，如果你有一个好弟弟、好姐姐，一个很好的家，或者一帮好朋友、好同事，都是很大的福分。

有学者发现，很多杰出的人物在童年的成长过程中，都有兄弟姐妹陪同他们一起成长。当然现在很多人是独生子女，不过在一个大家庭中，还是会有很多堂兄弟、表姐妹等，或者周围还有父母、朋友的孩子，孩子们可以在相互扶持、相互帮助中成长。

苏东坡就是在这样的环境中，成了诗词书画样样在行的一个人，最终成为唐宋八大家之一。

三
苏东坡的老练时期

林语堂先生在书中对苏东坡的成长分成了4个阶段。按照林语堂的划分，25岁以前是苏东坡的童年与青年时期，25岁到43岁是他的壮年时期，43岁到 57 岁是他的老练时期，57 岁到 65 岁是他的流放时期。

苏东坡在 25 岁以前，也就是他的童年和青年时期，总体成长还是非常顺利的。在他 25 岁到 43 岁，也就是壮年时期，虽有波折，但总还算安全。但是，在 43 岁时，他的人生发生了重大变故，就是历史上著名的"乌台诗案"，让他差点儿丢掉性命，最终被流放各地。

人的成长，都是需要时间和经历的，即使是像苏东坡这样厉害的人物也不例外。他 40 岁时，人生之精彩几乎达到了巅峰。那一年，他在徐州修建黄楼可算作标志性事件。不过盛极而衰，因为乌台诗案，苏东坡的人生发生了很大的变化。

而当一个人面临着不断被贬、被流放，甚至频频经历生死考验时，他的人生到底该怎样度过？他该怎样面对未来？这就是人生的考验。苏东坡 43 岁时的遭遇，让我想到了自己。

因为，我创办高途时也是 43 岁。我在 42 岁时离开了工作多年的公司，休息大半年后开始创业，到现在已经 9 年了。我在想，好神奇啊，我在 43 岁以前也算取得了一点儿成绩，然后开始把自己清零，放下一切，重新开始。我开启人生向上的年纪，居然和苏东坡是一样的。我在读《苏东坡传》时，这是让我内心非常激动的一点。

苏东坡的老练阶段是从 43 岁开始的，我认为我也是在这个年龄开始相对老练的。我创办高途快 9 年了，今年马上就 52 岁了，这 9 年里，高途人员规模最大时有近 4 万名员工，我也做过很多场万人规模的讲座。而在今年 2 月 16 日，我做第一场抖音直播时，依然很紧张。今天我还没有那么流利，讲得也没有那么好，但却一直在进步。即使我更加老练了，也始终还在学习，学习怎样让更多的朋友能够收获知识，一起成长。

苏东坡被贬之后，给他弟弟写过一首别弟诗，他说，他的生命"犹如爬在旋转中的磨盘上的蝼蚁，又如旋风中的羽毛"。这时他是迷茫的，但后来他的人生就有了变化。他在被贬之后，开始沉思自己的个性，心境逐渐旷达，务农赏景，也做了一些善事，并逐渐热爱美食。

后来，他写出了很多非常著名的词作，比如在 45 岁时，他写了一首《临江仙·夜归临皋》。

"夜饮东坡醒复醉，归来仿佛三更。家童鼻息已雷鸣。敲门都不应，倚杖听江声。"这句讲的是苏东坡喝醉了，回到家里已经很晚，门童都已经睡着了，怎么敲门都敲不开。于是他就靠着栏杆，听江声、浪声、水声、风声、鸟声……

"长恨此身非我有，何时忘却营营？"让他非常愤恨的是，这个身躯并不完全属于自己，什么时候能忘却为功名利禄而奔竞钻营？

"夜阑风静縠纹平。小舟从此逝，江海寄余生。"这句描述的情境则是说，夜已经深了，江面非常平静，水纹就像是细纱一般平稳。如果我要是坐上一只小舟，这一生都在江湖之上，该有多好呀？

这首词描述了当时苏东坡的一种心境，他被贬后的心境在其中表现得淋漓尽致，非常令人感慨。当人到了一定年龄，面临挫折和打击时，他的认知会发生重大的变化。

四
危机对杰出人物的心境塑造

之前，我们在分享《习惯的力量》这本书时讲到，很多时候，对一个人的成长起到非常重要的重塑作用的，就是面临危机。

对一家公司而言，成长最快的时候，也是它面临着重大危机的时候。所以各位朋友，如果你的人生中碰到了重大危机，请记住，这可能是你人生中一次非常重要的重塑的机会。

在我们人生的行为模式中，有一个非常著名的 ABC 法则：A 是 adversity，困境；B 是 belief，相信；C 是 consequence，结果。

A 代表着我们人生中可能面临的困境，B 代表着我们的相信，C 代表我们的结果。说明当我们面临困境时，关键取决于我们的相信。如果我们相信这只是暂时的风雨，我们未来的人生会阳光灿烂，那最终就会有一个正向的结果。

那些优秀的人，他们只不过是把遇到的那些困境当作必经之路，当作人生的修炼、成长，最后他就能获得一个好的结果。但是如果一个人看到困境时，他觉得"完蛋了，天要灭我"，于是他就放弃自我，放弃努力，最后的结果肯定是糟糕的。

苏东坡在被贬之后，写出了那么多著名的诗词，这也是让我非常钦佩的。通过那些诗词，我看到苏东坡居然如此坚韧。

有人问，你是不是也是一个不服输的人。其实我觉得不是我不服输，而是我觉得我们每个人都应该不服输，因为我们所遇到的每一天，其实并没有绝对意义上的好坏之分。

还记得那个故事吗？一个老太太有两个儿子，一个儿子是卖伞的，一个儿子是卖布鞋的。下雨的时候，老太太就哀叹，卖布鞋的儿子的鞋卖不出去；天晴的时候，她又哀叹，卖伞的儿子的伞就卖不出去了。她永远处在一种负面情绪中，永远处在哀叹中。而一个幸福的老太太可能是这样的，下雨的时候，她觉得太好了，这个儿子的伞卖得多好呀；天晴的时候，她也觉得太好了，那个儿子的布鞋卖得多好呀。

这个故事特别简单，但是我想问各位朋友，你觉得在日常生活中，自己能做到这样吗？

比如，我们上班时，主管心情不好，撑了我们一句，我们会不会因此就不开心？会不会觉得"主管为什么撑我，我又没犯错"？会不会因此产生情绪，发火？那最后吃亏的是谁？很可能是你自己。你可以这样想：我是不是可以做点儿什么，纾解一下主管的情绪，或者调节一下工作气氛；我是不是可以把工作做好，拿结果给主管看。我觉得你抱着这样的心态，会给爱人、朋友、同事等身边的人带来欢乐。

我在职场多年，发现一个有趣的现象：一个团队的幸福指数，往往是由这个团队里最乐观的那个人的思想境界的高度决定的。

在工作中，如果你的方向非常正确，工作非常努力，同时也非常乐观，就能够点燃你的激情和影响力，感染到你身边的同事，激发团队的激情。这种乐观能够让你自己每时每刻都能量满满，让你的才华和美好喷涌而出，让你身边的人都对你有正反馈，更加爱你，给你阳光、灿烂和美好。当你回到家，把这种能量带给家人时，家庭也会非常美好。

我认为在职场中有两类人：一类人，工作能力非常强大，但他只会自己工作，并不能影响到很多人；还有另外一类人，能量场非常大，能够通过他自身的眼神、行为、言语、状态等，感染到身边的人。能量大的人所带来的效益，远远厉害于那些只是工作能力强的人。

那怎样提高能量场呢? 能量场的训练要从你的乐观开始，从你的相信开始，从你面对挫折、面对困境、面对打击开始。而后，你人生的精彩就会在某个刹那绽放。

苏东坡在 43 岁被贬之后，他的心境发生了很大变化，变得更加豁达，更加从容，更加丰盈了。他的很多伟大的诗词都是在他被贬后写出来的，就比如刚刚讲到的《临江仙·夜归临皋》这首词，它就是苏东坡在自己 45 岁时的真情实感。而我们每个人读到这些诗词时，感触都不一样。即使这些诗词，我们在中学时代就背过了，但今天回头再看，还是会有不同的感触。

我自己对此深有体会。我在 43 岁创业时也是蛮难的，公司差点儿关闭，面临着至暗时刻。之前有人说，我是"年度最惨富豪"，因为当年按照高途达到的最高市值来计算，我的身价能达到 1000 多亿人民币，后来由于各种原因，高途的股票价格暴跌，因此，很多人就说我是"最惨富豪"。但是我真的没有感受到我是最惨的，高途的伙伴们同心协力，最终走出了艰难时刻，我觉得我的日子过得很好。所以我特别欣赏罗曼·罗兰说的一句话：世界上只有一种英雄主义，就是在看清楚了生活的真相之后，依然热爱生活。

各位朋友，你怎么看待你的生活? 上了一天的班，你的心情好吗? 你感觉老板对你满意吗? 你忙忙碌碌地回到家里, 家人对你欢迎吗? 我想, 如果你发现有些好像让你不太舒服的地方, 很可能不是别人出了问题, 而是自己的心境出了问题。我们明白了生活所有的真相, 还依然能够去热爱生活时, 我想, 我们就是英雄, 就是生活的主人。

不要太在意别人怎么看, 不要太在意别人怎么评价, 不要太在意别人的眼光, 重要的永远是做最优秀的自己, 做最真实的自己, 做最善良的自己, 做最向上的自己。假以时日, 别人自然会发现你的精彩。生活中总是会有很多外部的不可控的事件, 而我们需要做的, 就是永远地热爱我们的生活。

就像苏东坡, 被贬之后, 依然心境旷达, 依然能够写出那么多优秀的诗词。

有朋友问, 现在一直在基层做一些小事, 时间长了就会有很多不好的情绪, 该怎么办?

其实, 那些成功的人也都是从基层做起来的, 每个人都会经历基层工作的。所谓的基层其实就是一线, 就是在最贴近用户的地方。而你在最贴近用户的地方时, 你就处于人生特别茂盛的成长期。我们都知道, 在一家公司里, 你存在的唯一理由就是能够为用户创造价值。作为一个优秀的一线员工, 你存在的最大理由也是你能够为用户创造价值。

大家永远不要担心, 认为在一线做的都是很基础的工作。如果你能把基础的工作做到极致, 做到最高级的状态, 能把一线工作做到最好, 你肯定就会被发现, 也就有机会再上台阶。如果现在你正在基层工作, 请记住, 这是你人生中最宝贵的时刻。

以我自己为例, 我17岁师范学校毕业就开始教初中, 做班主任, 后来又教高中。我在新安县的小镇和县城工作了10年, 直到27岁才到北京。到今天, 我都非常感激在家乡工作的10年。那10年, 是我专注把教学工作做到最好的10年, 是我训练基本功的10年, 是我卧薪尝胆的10年, 是我鸿鹄之志被激发的10年。我每天夜里都在畅想, 有一天我会到北京, 干一番大事业。那10年, 是我面壁10年图破壁的10年, 也是我厚积薄发的10年。

我到北京后，第一次开始教出国留学的 GRE 课程，经过不到半年的训练，我的课程的打分就能排到第一名了。在那个时刻，我是如此感激于曾在小镇和县城教学 10 年的积累和训练。

现在有很多朋友，可能也是在小镇上，或者是在县城工作，可能你和我一样，也是一个农村的孩子。请记住，永远不要灰心，永远不要放弃，永远不要绝望，永远不要对自己失去信心，学会厚积，有一天你才会薄发。

那么，怎么做到"厚积"呢？读书就是一种非常好的方法。读书能够让人提升力量，因为知识就是力量。有人会说：我读书了，怎么没有看到改变？我读书了，怎么没有涨工资？我读书了，怎么没人发现我的价值？我读书了，怎么没有那么多人认识我？我读书了，怎么没有看到别人鼓掌？读书的效用不是那么急功近利的，需要时间去沉淀，需要时间去转化为你自己的能力。有一句话，机会偏爱有准备的人，只有你准备好了，机会来的时候，才会是你的。问题是，你准备好了吗？

被流放后，苏东坡在诗词上的成就登上了另外一座高峰，这也是他多年读书积累与人生际遇相融合的结果。我们来看一下这首词，是他在 45 岁的时候写的。

念奴娇·赤壁怀古

大江东去，浪淘尽，千古风流人物。

故垒西边，人道是，三国周郎赤壁。

乱石穿空，惊涛拍岸，卷起千堆雪。

江山如画，一时多少豪杰。

遥想公瑾当年，小乔初嫁了，雄姿英发。

羽扇纶巾，谈笑间，樯橹灰飞烟灭。

故国神游，多情应笑我，早生华发。

人生如梦，一尊还酹江月。

还有下面我们大家都非常熟悉的这首诗：

题西林壁

横看成岭侧成峰，远近高低各不同。

不识庐山真面目，只缘身在此山中。

我在这里就不班门弄斧做解释了。这两首诗词分别是苏东坡在45岁和47岁的时候写的。如果你在20岁的时候把这些诗词背会，把它们装进你的脑袋，变成你脑袋中一个模块，这些诗词也就变成你自己的了，苏东坡47岁的人生智慧也就变成你的了。随着年龄的增长，我们能更加懂得这些诗词里的意境，更加懂得这些诗情画意，这不就是我们人生的丰盈吗？

五
迷茫时的人生态度

每个人的人生都不应该被辜负，每个人的青春都不应该被辜负。很多年轻的朋友问我，青春怎么样才能不迷茫呢？我想说，每个人的人生都会迷茫的，每个人的青春都会迷茫的。当你迷茫的时候，说明你是向上的，说明你是想改变的，说明你是要做一个更加优秀的你。当你迷茫的时候，说明你正在探寻人生的方向，说明你在不断地调整自我，不断地向上冲锋，说明你正活力四射，想去找到一片自己的人生天地。

谁的青春不迷茫呢？我也迷茫，但是那些优秀的人和普通人的差异，就在于面对迷茫的时候，他们总是在快速校验、快速检讨、快速验证、快速迭代，快速让它融入心灵，来作为人生的出发点。有人总是感慨和嫉妒别人"撞了狗屎运"，他可能没有看到，别人在经历了迷茫之后，快速行动，不断迭代，而他自己却还总在抱怨，还在迷茫，还在纠结，还在后悔，人生的差距就这么拉开了。

如果把迷茫定义为困境，会给我们造成什么样的结果呢？是让我们变得更有力量，还是让我们一蹶不振，坠入深渊，关键在于我们是如何相信的，我们的信仰是什么，以及我们对于未来的期待是什么。

如果我们相信一切都会好起来的，任何困难都只是前进路上的一些坑坑坎坎，任何磨难都是成长中的磨刀石；如果我们相信终将成功，勇敢行动，不断突破，我们就会拥有更精彩的人生。

我在很多年前读《苏东坡传》，很感动，但那时候的收获并不深刻。等我到了今天这个年龄再来读这本书，就觉得读懂一点苏东坡了。

我们最后来看苏东坡在 48 岁时写的一首诗《惠崇春江晚景》，写的是春天的场景：

竹外桃花三两枝，春江水暖鸭先知。

蒌蒿满地芦芽短，正是河豚欲上时。

我们每个人都如此地渴望着春天，期待着春天。因为春天代表着绿色，春天代表着精神昂扬，春天代表着无限的希望；春天代表着播种，春天代表着开始，春天也代表着我们每个人对生命的那份美好的期许。我觉得，我们每个人都值得在这个春天的日子里，拥有更精彩的自己。

直播分享于 2023 年 2 月 20 日

请驯养我吧

——读《小王子》

今天，我和朋友们分享的是《小王子》。这本书是在 1943 年出版的，当时作者安东尼·圣埃克苏佩里刚好是 43 岁。巧合的是，我本人是 43 岁开始和伙伴们一起创办高途的，所以我觉得和这本书以及它的作者特别有缘分。

今天我特别开心能够和各位朋友一起来聊一聊我在读书过程中的一些故事，聊一聊我个人的一些成长，也聊一聊我们在职场中所共同面临的很多困惑。

在《小王子》的扉页，作者非常有意思地写了一段话，他说："我要把《小王子》这本书送给谁呢？我要送给莱翁·维尔特，一个大人。"为什么要送给他呢？作者列了 5 个原因：

第一，这个人是我世界上最好的朋友，所以我要送给他；

第二，这个人知晓一切，并且他还能读懂孩子的书；

第三，这个人住在法国，他现在又穷又饿，需要别人的安慰；

读到这里，我心里不禁一动，这本《小王子》应是送给一个特别需要别人帮助的人吧。是谁呢？是我们吗？是你吗？是他吗？

第四，如果上面的理由还不够，那我们就把这本书送给小时候的他；

最后，作者给出了另外一个原因，我们很多大人都忘记了一点——我们也曾经是一个孩子。

很多人可能都读过《小王子》这本书，或者我们听别人讲过《小王子》的故事，或者很多人的内心深处都有一个小王子。不管现在你是一个七八岁的孩子，或者是一个中学生，或者是一个大学生，或者已经在职场打拼了很多年，或者你已经为人父母，我相信你都会喜欢《小王子》这本书，都会憧憬小王子的那段旅程，并且，我相信每个人都会真正地热爱自己那个曾经和小王子一样的梦想。

一
小王子的 7 个星球之旅

当我读《小王子》这本书时，我不禁会想：我究竟是谁？我从什么地方来？我到什么地方去？今天我在和大家聊《小王子》的时候，我想，我从《小王子》里读到了一些不一样的东西。

所谓不一样东西就是小王子对于人生美好的追求。其实小王子他要的东西并不多，比如"你给我画一只绵羊吧"。一只绵羊，就足以激发他对美好的无限向往。

我们每个人的生命中都会有美好，我们每个人都在期待着美好，我们生命中的每一天都可以去创造美好。我们对美好总是有期待的。如果我们今天工作不开心，那么很快就要让它过去，我们永远有积极的、正向的能量，就能重新唤起我们对于美好的向往。我们也不要把抱怨、委屈带回家，而回到家时，我们就应处于一种乐观的状态，我相信美好就在这儿。这样的时刻，我们可能就拥有了小王子的那份美好吧！

小王子的身上是永远充满希望的。在到达地球前，他去过 6 个星球。

第 1 个星球，住着一个目空一切的国王，他的权力欲非常大。

第 2 个星球，住着一个爱慕虚荣的绅士，他爱慕一切外在的东西。

第 3 个星球，住着一个酗酒成性的酒鬼，他有非常大的恶习。而他陷入非常恶劣和糟糕的习惯中，无法自拔。

第 4 个星球，住着一个唯利是图的商人。他只想着赚钱，把钱当作最重要的东西，不断地算钱，不断地要赚更多的钱，结果忽视了身边的很多美好。

第 5 个星球，住着一个墨守成规的点灯人。他一成不变，从来只会一板一眼，不敢越雷池一步。他总是固守在别人画的圈内，一生也从来没有精彩，总是在一个地方，没有去过其他人去过的地方。

第 6 个星球，住着一个足不出户的地理学家。他总是坐井观天，然后根据别人的汇报来得出判断和答案。

第 7 个星球，地球。

我在这里想恳求各位朋友来思考，小王子走过的这 7 个星球，它们分别对我们做出了什么样的人生提醒？

小王子去过了那么多星球，他在做他人生的探索，他在找他人生的榜样，他在找他人生中应该去爱的人，他在找他人生中应该去热爱的事情。

很多人都说：我的人生很迷茫，我的青春很迷茫。如果你问我，我的青春迷茫吗，我的回答肯定也是"迷茫"。每个人的青春其实都会迷茫，谁的青春不迷茫呢？而在你迷茫时，你要记住，谁都会迷茫，而那些优秀的人，他们在面对迷茫时，总是对未来保持乐观。他们总是会充满希望，他们总是会给自己设定一个目标。所以你看那些优秀的人，他们总能做到下面这 7 件事。朋友们，你们能够做到吗？

第 1 件事，他们会设置一个人生的大目标，甚至会设置一个让自己变得好 10 倍的目标。

第 2 件事，他们会寻找一个导师，或是寻找一个榜样。书中提到的小王子，他身上的气质、他的体验、他的感受，何尝不能成为我们的一个导师呢？

第 3 件事，我们要找到一些同行者，找到一些和我们一样奋力前行的人。

我们为什么要上一个好学校？因为我们想找到优秀的同行者。我们为什么要到一家好公司？因为我们想找到优秀的同行者。我们为什么要加入某一个社团，加入某个协会，加入某一个组织？因为我们要找到优秀的同行者。我们为什么要组建家庭？因为我们想找到优秀的同行者。我们为什么要教育孩子，让孩子更好、更快地成长，让孩子有出息？某种意义上说，我们也是想找到优秀的同行者。

第 4 件事，我们一定要努力，一定要付出不亚于任何人的努力。因为你热爱一件事情，你就要付出。付出之后，不断地得到正反馈，你就会不断地把自己推向人生的另外一个高度。

第 5 件事，学习，学习，再学习。当我们共同来学习这本书时，我相信我们也是在进步、成长，我们也是在做自我对话。

第 6 件事，反思，真正地、不断地反思。什么地方我做得还不够好？什么地方我观察得还不够透彻？什么地方我洞察得还不够敏锐？小王子曾经到过 6 个星球，一路走来所见的一切，他都会反思。慢慢地，他才能找到自己人生的真北，找到人生真正的方向，找到人生真正的目标。

第 7 件事，乐观。不管再大的灾难、再大的委屈，他们总是会把它化成一种积极的影响，让人生冲向前去。小王子不就是这样，才能一直保持勇气吗？

二
小王子的 5 个特质

我觉得每个人的心中，都有一个小王子，每个人，也都是一个小王子。如果你是女孩的话，就是一位小公主。在读《小王子》的过程中，有 5 个方面对我触动特别大，这也就是小王子的 5 个特质。

第一，小王子对于美好的追求。

第二，小王子身上有着对于人们、对于未来的一种希望。他走过了那么多星球，探索了那么多未来，最终还是找到了他真正的热爱，并且朝着他的热爱走了下去。

第三，小王子在探索的过程中总是欢乐的，即使他经历了一些不好的事情。他总是保持欢乐，总是保持开心，总是保持一种积极向上的状态。

我们想想，人生其实也是同样的状态，我们总会面对来自外部的各种各样的打击，总会面对很多挫折。那怎样才能从挫折中走出来呢？那些从挫折中走出来的人和在挫折中不能够自拔的人，最大的差异又是什么呢？我想，最大的差异就是，他们在面临困境的时候，有些人相信自己，"我没问题，我能走出来"；但是还有一些人却想着，"这就完蛋了，糟糕，我崩溃了"。最后的结果就是相信自己的人，他真的成功了，而不相信自己的人就走向了失败。

在日常生活中，我们上了一天班，当我们回到家里，面对家里的人，比如和爱人、孩子在一起时，我们是一种什么样的状态呢？我们是一种什么样的情绪呢？如果今天你上班时不开心，那你回到家，面对家人，你应该用乐观的情绪，还是用负面的情绪来开始今天的家庭时光呢？最后，你自己能真正地达到内心的一种什么样的状态呢？

第四，《小王子》这本书中讲到的最重要的就是勇气。我在读《小王子》这本书时，对勇气的感触特别多。

勇气的表现有很多，有勇气发现自我，有勇气承认自己的错误，有勇气走出自己的舒适区，有勇气去探索自己的边界，有勇气直面恐惧……其实读《小王子》这本书，会给我们很多很多的人生启迪。我特别欣赏小王子的特质，就是他的这份勇气。

各位朋友，你内心有恐惧吗？你的恐惧能够化成你的勇气，化成你的呐喊，化成你对于未来的信念，化成你对这个宇宙的回应，化成你的自我存在，而你成为你生命的主宰了吗？

刚才我讲到小王子，在他的生命中，他有很大的勇气，而勇气是丰盈而有意义的人生的源泉，勇气是全面体验人生的最佳伙伴，勇气是支撑我们更加强大的力量的底层基石，勇气是我们走出舒适区边界的成长。

第五，小王子身上真正展示出的那份力量，让我特别喜爱、特别敬慕、特别向往。

三
tame 和 rose

在《小王子》整本书中，我喜欢其中两段英文，一段最触动我的是狐狸和小王子的对话。当时狐狸说，请你驯养我吧，小王子就问什么叫作驯养。我们可以看看这段英文。

—What does that mean—"tame" ?

—It means to establish ties.

If you tame me, then we shall need each other. 如果你驯养我，那我们将会相互需要。

To me, you will be unique in all the world. To you, I shall be unique in all the world…那对于我来说，在这个世界上你将是唯一的。对于你而言，我也将是唯一的……

小王子问：What does that mean—"tame" ?

狐狸回答说：It means to establish ties.

驯养意味着什么？意味着建立关系。狐狸说，你看，以前你不认识我，我也不认识你。但是如果你驯养了我，给了我陪伴，和我玩耍，和我对话，给了我很多阳光，最后你就驯养了我，那我就和你真正地建立联系了。

说到这个"驯养"的话题，我特别喜欢 tame 这个单词。tame，驯养，文中就是我们要建立关系的意思。

对我们自己来说，跟他人建立关系，首先都是从家庭开始。出生后，我们和爸爸妈妈、爷爷奶奶建立了关系。在家里，爸爸妈妈抚养我们，其实某种意义上讲，我们也在"养"着爸爸妈妈。爸爸妈妈生育了我们，养育了我们，我们作为小王子、小公主，反过来也在精神世界里"养育"了爸爸妈妈。当然这个"养育"可以加上引号。

同样，我们会去读小学、读初中、读高中，其实也是一种关系的构建。老师 tame 我们，我们和老师建立关系，我们和同学建立关系。

更重要的是，工作后，进入了职场，我们会发现在职场中，最重要的就是要和别人建立联系，和别人协作，和别人沟通。当我们在职场中，建立的联系越密切、越深入、越有质量，最终我们就会和伙伴们真正产生相互"驯养"的感觉，工作起来就会非常顺利。

在生活中，是谁在驯养你呢？在工作中，是谁在驯养你呢？我们在出去玩的时候，是谁在驯养你呢？你真正地驯养过一个人吗？你为一个人真正地付出过所有时间吗？

再跟大家分享一下"玫瑰"这段英文：

But in herself alone she is more important than all the hundreds of you other roses: because it is she that I have watered; because it is she that I have put under the glass globe; because it is she that I have sheltered behind the screen; because it is for her that I have killed the caterpillars (except the two or three that we saved to become butterflies) ; because it is she that I have listened to, when she grumbled, or boasted, or even sometimes when she said nothing.Because she is my rose.但是对小王子而言，他的玫瑰，比其他成百上千的玫瑰都更加重要。为什么对他而言，这朵玫瑰花要比那成百上千的玫瑰花更重要呢？他说：因为这朵玫瑰花，我给她浇了水；因为是我给她戴上的玻璃罩；因为是我给她挡的屏风；因为是我给她杀死了毛毛虫（除了特意留下的两三条，好让它们变成蝴蝶）；因为是我聆听她的嘟嘟囔囔，聆听她的吹嘘，甚至聆听她的沉默寡言。因为她是我的玫瑰。

这也是这本书中特别触动我的一段话，我强烈建议每个朋友一定要停顿下来，一定要把这段话读完。

如果你问我更喜欢小狐狸还是更喜欢玫瑰，其实，小狐狸是在他的旅程中的一段经历，我想每个人肯定更喜欢那朵玫瑰，想要找到自己的玫瑰。对玫瑰付出的心血，最终也会得到你的玫瑰给你的一切。

《小王子》这本书给我的震撼是非常大的。我想，如果人生就是一段旅程，在这段旅程中，我们去驯养谁呢？我们又会被谁驯养呢？我们该如何建立关系呢？我们该如何让我们的人生充满更多的丰盈，充满更多的精彩，充满更多的向上，充满更多的惊奇呢？

各位大人朋友们，在这里，我想问大家 5 个问题：

第 1 个问题，各位大人朋友，你今天还记得自己孩童时的模样吗？

第 2 个问题，各位大人朋友，你觉得再过 10 年、20 年，你还依然是个少年，依然是个孩子吗？

第 3 个问题，各位大人朋友，你在日常生活工作中，会依然保有童年的那份纯真、那份纯洁吗？

第 4 个问题，各位大人朋友，如果你有了孩子，你会去激发孩子的那份纯真，让孩子的纯真保持足够长的时间吗？

最后一个问题，各位大人朋友，我知道你们非常忙碌，当你忙于赚钱，当你忙于升职，当你忙于应酬，你真正地想过生命中最重要的是什么吗？什么是你人生的那朵玫瑰？什么是你真正珍惜的玫瑰？什么是你人生中一辈子要去守护的玫瑰？你这一辈子要成为什么样的人？

当我今天在这里和大家分享《小王子》这本书时，我也想问自己，心中还有小王子吗？还有小王子的梦想吗？在教育孩子时，是把孩子当成小王子了吗？你是怎样不断地让高途的每位老师的心中都有一个小王子，并且让每一个高途人都能够变成小王子的？

我觉得，我还是有一个小王子的梦想的，我不害怕，我没有真正的恐惧，我一往无前。

请驯养我吧 —— 读《小王子》

这两段原文中有两个英文单词是最触动我的,一个单词是 tame,驯养。狐狸说,你驯养我吧。小王子问,什么叫 tame？什么叫作驯养？小狐狸说,它意味着建立关系,如果你驯养了我,那我也驯养了你,我们的关系就不一样了,我们就建立了一种关系。于是,我每天都会期盼着你的到来,当有一天你的脚步声响起的时候,我就会把你的脚步声当作音乐。

小狐狸说,我原本对麦子是不感兴趣的。但是我们建立了关系,我就会喜欢金黄色,因为麦子是金黄色的,你的头发也是,我看到麦子的时候,我就看到了你。当你驯养了我,我驯养你,那该多好啊,那我就静静地等你一个人,我就静静地给你唱歌,我就静静地听你的脚步声。你的脚步声就是我的人生音乐。

另一个单词是 rose。Rose 是小王子的玫瑰。他说："因为是我给她浇的水,是我用玻璃罩给她做的遮挡,是我用屏风给她挡的风,是我为她杀死的毛毛虫,她在吹嘘的时候,她在抱怨的时候,她在默不作声的时候,我都在聆听。"那么多"is she that"的强调句,不断地突出作者对这个世界的充分表达。我们要建立关系,才会有爱；我们要建立关系,才能够被爱；我们要建立关系,才会有爱的充盈和爱的丰盈；我们要建立关系,才能够把世界的边界打开；我们要建立关系,才能够成为我们自己心中的小王子,或者是小公主。

当晚上回到家,面对家人,你真的和你爱的人建立关系了吗？你对你爱的人真正地付出和奉献了吗？有人说,我的人生好像没有目标,其实我们不妨把那些所谓的大事放一放,先做点儿小事。那些幸福的人往往都是把小事做得非常棒的人。哪些小事呢？你回到家后拖个地、刷个碗,陪孩子做作业,给爱人一个拥抱,跟父亲、母亲能多聊几句,读一本好书,等等。

我真的是特别喜欢《小王子》,在读《小王子》时,我读到了小王子的纯洁、纯真和纯粹,我也读到了小王子对于大人的一份忠告。他告诉大人说,你们大人啊,别忘了你曾经也是个孩子；你们大人啊,当你执迷不悟地只是赚钱、赚钱、赚钱,工作、工作、工作,喝酒、喝酒、喝酒,要权力、要权力、要权力，然后墨守成规、坐井观天的时候，你知道你当小孩的时候，其实并不是这样的吗？他也告诉大人说，大人们，你们总是在教育我们小孩子，其实你应该好好地爱我，真正地好好驯养我，我也会好好地爱你，驯养你。这样你爱我，我爱你，就会真正地让我们建立一种关系。你就是我的玫瑰，我就是你的玫瑰，我们是彼此世界的独一无二。

在读《小王子》的过程中，我在思考的是，那么多优秀的我们怎样能让自己做好家庭教育？那么多优秀的我们怎样能让自己的生命更丰盈？那么多优秀的我们怎样通过读书找到自己内在的那份勇气？

四
你也应该有勇气成为小王子

我相信每个人心中都有一位小王子，每个大人曾经也都是一个小王子，或者说，我们不管多大年龄，其实都是一个小王子。那你怎样能够做人生的真正的小王子，永远能够出发呢？

各位朋友，人生不是来认输的，人生不是来认怂的，人生是不怕丢脸的，人生是让我们自己做主的。我们自己的人生，我们自己要成为它的主人。我们自己的人生，我们要成为它的主宰。

我们今天读《小王子》，读到了小王子的纯真，读到了小王子的抱负，读到了小王子的反思，读到了小王子的旅行，读到了小王子怀念的那朵属于他的玫瑰，读到了小王子还要回到自己的星球去拥有他的那朵玫瑰。我想，小王子的故事告诉我们，我们的勇气应该永远在这儿，我们的勇气能够让我们永远出发，我们的勇气能够让我们永远在路上，我们的勇气能够让我们永远驯养别人，和别人建立关系，而最终赢得我们人生的成功。

我们在之前讲到高效能人士的 7 个习惯，在我们的人生中，要养成很多好的习惯。我们要学会乐观，或者说学会积极主动。什么叫作乐观？乐观就是你为自己负责，乐观就是你相信你能做成，乐观就是你要做自己人生的主人；乐观就是你一直在往前，不断地总结，最后你相信你就是你自己。

除了乐观，我们还要去定义人生的目标。如果你是乐观的，如果找到了你的目标，接下来就要专注于你的目标，找到你的玫瑰花，然后一心一意地给这朵玫瑰花进行浇灌。

注意，在《小王子》中，它说的 rose 指的不一定就是你爱的那个人，可能是你爱的那份事业，也可能是你爱的那份人生的意义。如果每个人都是对自己人生负责的，是乐观的，如果每个人都有清晰的人生目标，如果每个人都能专注于目标，假以时日，我们就能够在个人域获取人生的成功。当然我们每个人都是一个个体，要想获得更大的成功，一定要建立关系。建立关系，是要通过工作、团队、公司、组织、社会来完成的。那我们在整个组织域、社会域应该怎样成长呢？

第一，要有付出。当你能够为你的那朵玫瑰花去浇水，为你的那朵玫瑰花戴上玻璃罩，为你的玫瑰花遮风挡雨，你的付出才能够让那朵玫瑰真正成为你的玫瑰，才能够让你成为她的唯一，才能够让她成为你的唯一。这样的付出，是通过奉献来索取，通过利他来利己。

第二，要有倾听。通过倾听懂得别人，你越懂得别人，别人也就越懂你；别人越懂你，你也会越懂别人。最后你们就能够更好地协作，一起创造更大的业绩。在工作中，如果我们能够付出，能够倾听他人，愿意与别人协作，肯定会取得成绩。当我们工作一天，晚上回到家，面对家人时，能不能为家人帮忙，去付出？可能孩子今天犯错了不开心，可能爱人今天在工作上不顺心，我们能不能静下心来听他们说话，倾听家人的感受，倾听家人的情绪。

第三，学会协作。不管在工作中还是在家庭中，大家做好分工，能够相互补位，这个家庭就是幸福的，这份工作做起来就是开心的。如果我们在个人域获得了成功，在组织域获得了成功，只有相互连接起来，面对这个变化的时代，不断地刷新，不断地改善，才能不断取得成功。

有人问我，陈老师，你都这个年纪了，怎么还这么拼？我想有 3 个原因：

第一，我今天这么拼，我不觉得是为了别人。因为这就是我，这就是我的人生，这是我的人生意义，我的人生我做主。

第二，到现在为止，高途有 1 万多名员工，他们在驯养我，我也得驯养他们，我得配得上他们，所以我得继续努力。

第三，到今天我还在坚持读书。今天，我为了给大家讲《小王子》这本书，先用了几个小时进行了重读。我在很多年前读过这本书，那我今天是不是随便读读就完了？不是的。我今天在读这本书时，感受是完全不一样的，感觉如此美妙，仿佛归来仍是少年，觉得自己更年轻了，觉得生命的每一天都非常美好。我也有很多缺点，有很多毛病，有很多短板，我觉得我要不断地努力，让自己每天变得好一点点，那我就能不断成长，我不就成为我心目中的小王子了吗？或者说，我回到了最初的童年时光，我就是自己的小王子。

五
一个人成长的五重境界

有人说，人在成长过程中有五重境界，这个说法我特别喜欢。

第一重境界，看山是山，看水是水。小时候觉得，父母说的都对，父母就是权威。这是人生的第一个阶段。

第二重境界，看山好像不是山，看水好像不是水。随着长大，自己有了一些判断，开始觉得父母说的好像不对，老师说的好像也不对。

第三重境界，看山不是山，看水不是水。这时候我们就开始叛逆了，觉得父母说的全都不对，我的人生我做主，他们为什么一定要在我的耳边碎碎念？这段时期和父母的矛盾也会增多，让父母伤悲，让父母流泪，让父母痛苦，也是一段非常痛苦的时期。

第四重境界，看山好像还是山，看水好像还是水。随着自己成年后的经历增多，觉得父母有些地方说的好像还是对的。

第五重境界，发现山就是山，水就是水。人生到了老年时，发现父亲就是父亲，母亲就是母亲，父母说的很多都是对的，只是以前不能深切体会，不能理解。但这时父母已经老了，或者父母可能已经离我们而去了。

我们今天读《小王子》这本书时，我觉得和上面提到的五重境界也是完完全全一样的心境和心情。小时候读《小王子》，我们读到了小王子的纯真，读到了自己的童年；中学时代候读《小王子》，我们读到了那份冲突，读到了父母对我们的不理解；到了中年读《小王子》，我们经历了事业上的困惑和迷茫，经历过苦苦探索的过程，就和小王子走过的7个星球是一样的：从目空一切的国王的星球，到了爱慕虚荣的人的星球，到了酗酒成性的酒鬼的星球，到了唯利是图的商人的星球，到了天天点灯的点灯人的星球，到了足不出户的地理学家的星球，最后到了有着那么多人的地球。其实，那就是我们人到中年的状态。等到了老年时，我们读《小王子》，会觉得小王子就是我们的人生，小王子就是我们曾经的探索。在告别这个世界时，我们可以问自己：这一生到底是怎么走过来的？我们是否在坚守自己？我们是否回归到了初心？我们是否能够面对自己？我们是否永远是最初的那个孩子？

在这里我想特别强调，人这一辈子，说长不长，说短不短。永远记住，人生就是你的游乐场，人生是用来玩的，而不是沉浸在工作中的。有人会说，不对，如果不工作，怎么能够享受生活呢？我在高途一直提倡一种哲学理念，叫作"开心工作，幸福生活"。我们的工作一定是要开心的，生活一定是要幸福的。

怎么能够做到开心工作呢？"开心"是什么意思呢？开心的"开"就是打开，"心"是指你的心扉。如果能够打开你的心扉，在工作时，你不就能和身边的伙伴们建立联系了吗？书中说的tame不就在你的人生中实现了吗？你工作起来不就开心了吗？

怎么能够生活幸福呢？幸福的"幸"是幸存的意思，"福"是福份的意思。如果你能将你的福分幸存下来，你每天不就幸福了吗？每天有人对我们微笑，有人给我们拥抱，我们能吃上一碗热气腾腾的面条，这些不都是我们的福分吗？这些福分，如果我们能够珍惜，那不就是我们人生的幸福吗？

我也特别喜欢一种观念，叫作"人生如戏"。人生就是一场游戏，而游戏有两个特质：

第一，游戏是一定要赢的。如果游戏不赢，那就没人愿意玩了。如果在工作中，我们能够取得成绩，能够服务好我们的用户，让用户满意，那多好啊！那我们不就赢了吗？

第二，游戏一定要玩得开心。如果不开心，大家肯定不玩了。如果我们通过某个游戏，每天都能够体会到开心的感觉，那将是一种多好的人生体验呀！

另外，我们在人生中都会遇到一些外部环境带来的不好的事情。那些不好的事情发生时，我觉得关键是我们要保持情绪的稳定。

人的能量主要来自4个维度：第1个维度，身体一定要健康；第2个维度，思想要独立，要有尊严；第3个维度，情绪要平和；第4个维度，精神要乐观。

在前面我们详细提到过，小王子身上有5种特质，是我特别欣赏的：

1. 小王子身上是有着美好的，他是希望创造美好的。

2. 小王子永远抱有对未来的信心，并且他相信那朵玫瑰就在为他盛开。

3. 小王子希望给人们带来欢乐，而这个欢乐将会永远和他在一起。

4. 小王子身上有一份勇气，能够让他保持最纯真的状态。

5. 小王子身上展示出了让我特别喜爱的、敬慕的、特别向往的那份力量。

这5种特质中让我受益最大的，是勇气。我想，勇气是每个人对自我边界的一种探索，是我们走出舒适区时内心的坚定，是我们内在的丰盈生命的一种真诚的表达，是我们直面恐惧时的一种技能；勇气是能够让宇宙为我们雷鸣电闪，让宇宙为我们鼓掌喝彩，让宇宙为我们升起太阳、洒遍月光的一种力量。

我希望我们都能够有勇气。

直播分享于 2023 年 2 月 21 日

青春迷茫时，也是疯狂生长时

——读《少年维特的烦恼》

今天，我和大家分享的这本书是《少年维特的烦恼》。

这本书大家可能都很熟悉。这是一本拿破仑曾经读过 7 遍的书，据说他随身携带，经常翻看。这本书的第一个中文译本是郭沫若先生翻译的。他在翻译时，特意把这本书的名字翻译成《少年维特的烦恼》，实际上，在德语中，这个"烦恼"的准确翻译应该是"劫难"。所以，与其说这本书是关于少年维特的"烦恼"，不如说是关于少年维特的"劫难"。

这本书的作者是歌德，从某种意义上讲，他在这本书中投射了自己的情感和内心世界。但我却觉得歌德有点儿自私，他把整本书的结局写得太过悲惨、太过悲痛，让人读后感到非常难受和压抑。

刚开始看这本书的时候，我们可能心中充满了激动，随着阅读的深入，仿佛身临其境，被带入了一个真实的世界。想象一下维特第一次踏入舞会的场景，当他看到那个美丽的女孩时，他完全被她的魅力所吸引，无法自拔。他仔细地观察她的每一个动作、每一个微笑、每一个姿态和每一个语气，甚至连她最美的瞬间都不愿错过。此时，我们也不禁回想起自己的初恋，那个我们深爱的男孩或女孩，他们也曾让我们如此心动、如此着迷。

如果总结一下《少年维特的烦恼》这本书，我觉得大概讲了3件事：

第1件事，一个叫维特的少年爱上了一个女孩，但是这个女孩已经订婚了，这让他非常痛苦。

第2件事，少年维特为了躲避这样一份没有可能性、没法去实现的爱情，他出去工作了。但是，他在职场中非常不顺利，工作弄得一塌糊涂。

第3件事，维特又重新回到了那个他爱慕的女孩——绿蒂的身边，但是绿蒂已经结婚了。后来这个叫维特的少年选择了一种悲剧性的结局，自己结束了自己的人生。

一
成长的"蟑螂修炼法"

我强烈推荐大家阅读这本书。如果你在少年时读这本书，你可能会在其中找到自己对爱情、事业和美好生活的向往，或许还有对生活的不满、迷茫和挣扎，甚至是对放弃的渴望。这本书仿佛一面镜子，反映出你在那个年纪所有的情感和思考。

如果你是一个成年人，我觉得你可以再翻一翻《少年维特的烦恼》，回忆你的年少时分，回忆你的初恋，回忆年少时的那份信仰，回忆你过往人生中的挫败和迷失。

如果你是一个中老年人，像我今年52岁，今天再读这本书时，可能会更加超脱。年龄上的少年状态，我已经回不去了，但是我大概还能够回想起自己少年时的那种状态。

我想到20多年前，我在北京的一所大学演讲，现场大概有几千人，当时我讲了一个"蟑螂理论"。"蟑螂理论"讲的是一个虚拟化的场景。

在你大一时，到食堂吃饭，发现饭里有只蟑螂。你看到蟑螂十分愤怒，把饭扔掉不吃了，就开始绝食，开始抱怨，那时的你完完全全不成熟。

到了大二时，你到食堂吃饭，发现饭里有只蟑螂。你看到蟑螂很愤怒，把饭倒掉，重新打份饭，这时，你不那么愤青了，有那么一点点小进步了。

到了大三时，你到食堂吃饭，发现饭里有只蟑螂。你看到蟑螂后有点儿愤怒，把蟑螂扔出去，然后继续吃那份饭。这时，你就有点儿进步了，有点儿乐观了。

到了大四时，你到食堂吃饭，发现饭里有只蟑螂。你一边看着蟑螂，一边吃饭，说蟑螂啊蟑螂，你在考验我，我心不能慌，继续吃饭。这时，你就稍微成熟点了，大致可以毕业了。

当你读硕士时，你到食堂吃饭，发现饭里有只蟑螂，你说："哇，蟑螂，把它拿下。"这时候，你就拥有了人生更大的智慧、更大的成熟、更大的自信、更大的优雅。

当你读博士时，你到食堂吃饭，发现饭里没有蟑螂。但是一看，边上一个小师妹的碗里有只蟑螂，你把小师妹碗里的蟑螂拿下。那是人生真正的大智慧、大成熟。

其实，这里所说的"蟑螂"就是智慧、冲突、矛盾、纠结，就是被别人所不理解、所陷害。而你能忍受多少苦，能忍受多少委屈，能忍受多少别人的质疑，能忍受多少别人的考验，你就能够在多大程度上成为一个真正的勇者和智者。

想想我们的爸爸妈妈，他们可能为我们承受了多少的委屈；想想我们身边的那些我们真正敬重的、想成为的那些标杆人物，在他们的成长过程中，又有什么样的酸甜苦辣；再想想我们自己：成长到今天，我们有痛苦吗？有纠结吗？有挣扎吗？我们是怎样走到今天的？

如果你要问："陈老师，你在少年的时候有什么烦恼呢？"我会跟你说，其实每个人都是有烦恼的。我少年的时候，因为家在农村，家里特别穷，小时候肚子都吃不饱，这就是一个很大的烦恼。

还有，小时候在农村没有书可读，不过我们村子里有一个人，他们家有小说和连环画。我那时为了读连环画，有时候会偷偷地拿我妈妈烙的饼，去跟他换连环画读，但是我们家的晚饭可能就没了。妈妈那时还是会埋怨我的，这也是一种烦恼。

还有一个烦恼，我那时候说话不太清楚，也经常做恶作剧，挨打挨得最多，并且觉得我爷爷不太喜欢我。

我还有一个很大的烦恼，父亲当年上高中时，由于时代原因没能上大学，就回去务农。回到农村之后，他很内向，也不怎么会做农活儿，别人看不起他，那也是我的一个烦恼。

这些大概就是我的成长环境。但是我在小时候还是能够深切地感受到父母对我的那份爱。因此，我把这种烦恼转化为上进的动力，我觉得，自己一定得争口气，将来有一天要会说话，能走出农村，上个好大学。小时候，父亲教育我最多的一句话就是"穷山沟里出凤凰"，就是因为这样，我才一点点不断地往前走，走出了农村，最后走到了北京来。

但维特的一生是悲剧的，最后，他选择了以一种特别的方式结束了自己的生命，令人唏嘘不已。大家可能都会想：我的人生该怎么去走呢？我该怎么去筹划我的未来呢？

二
成为自己情绪的主人

在职场中，有一个著名的"情绪 ABC 理论"：

A 代表我们每个人都会遇到的一个诱发性的事件，叫作 activating events，这件事大概率是一件比较悲情、比较灾难、比较负面的事。

B 代表我们每个人都会有的一种信念，叫作 beliefs，就是你相信什么。

C 代表结果，叫作 consequence。

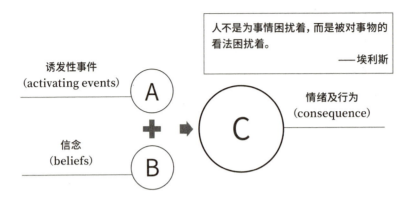

人不是为事情困扰着，而是被对事物的看法困扰着。

——埃利斯

诱发性事件
(activating events)

A

信念
(beliefs)

B

情绪及行为
(consequence)

C

情绪 ABC 理论（美国心理学家埃利斯）

举个小例子。有一天，丈夫回到家，妻子发现丈夫不开心，这是一个诱发性的事件。然后，妻子可能会说："你怎么不开心了？对我有什么意见啊？我在家里辛辛苦苦帮你做饭，忙里忙外的，你还有啥意见？"于是两个人就开始吵架，这个家庭就陷入纷争。妻子觉得丈夫不开心，是因为他对自己有意见，于是就发生冲突了。

但是我们理一理：丈夫今天回家不开心是个事实，但他为什么不开心呢？可能是工作太累了，可能是在单位受了点儿小委屈，可能他有件什么事没完成。总之，他并不一定是对妻子有意见。这时候妻子怎么做比较好呢？她的 beliefs 应该是什么？我想，应该是"老公上一天班真的不容易，今天不开心，那我跟他说说话，好好地去给他进行心灵按摩"。最后的结果就是丈夫慢慢开心了，妻子也开心了，家庭就和睦了。

再举一个例子。孩子放学回到家时不开心，有的妈妈就会想：孩子为什么不开心？是不是在学校里犯错误，让老师生气，被老师批评了？于是妈妈就说："哎呀，你怎么这么不争气啊！我本来就够烦了。我忙了一天，今天回来你又被老师批评了。"于是就开始责怪孩子，那孩子是不是就更加崩溃了？接着孩子可能会摔东西，妈妈也摔东西，之后家里就乱成一团粥了。

其实，孩子今天不开心可能是有其他原因，作为妈妈，应该相信孩子。他可能是遇到了问题，所以不开心。他也许需要帮助，这时候妈妈应该帮助他、开解他。最终的结果会是孩子变得特别开心，也有一个相对比较好的状态。所以，不要烦恼。

换句话说，代表着 activating events 的这个 A，在很多时候，它可能是个事实，也有可能是个假象。但是我觉得，如果这个 A 是你自己感受到的，不妨把它当作一个事实；如果是你看到的，不妨把它当成一个假象。

我在前面说过，歌德写《少年维特的烦恼》的时候有点儿自私，他把这本书写得太悲剧化了。少年维特的命运太悲惨了，我想可能也是这个原因，这本书在相当长的时间之内，在很多国家都被列为禁书。

我们可以想想，维特最后的结局为什么是个悲剧？我想，是因为维特遇到了两个重大的灾难性的事件，也就是所谓的"诱发性事件"：一个是他爱的那个人订婚了、结婚了；另一个是他的工作做得一塌糊涂，他在职场中其实不开心，没有什么成就。

当他爱上一个女孩，女孩没法爱他，同时他的工作一塌糊涂，那他还能相信什么？他可能以为自己的生命就到这里了，没有什么希望了，没有必要继续往前走，所以最后他选择了结束自己的生命。我们每个人在想到自己人生的时候，想想自己会喜欢什么东西，又会选择什么东西。

我在前面的分享中提到过罗曼·罗兰说的一句话："生命中只有一种英雄主义，那就是在看清楚了生活的真相之后，依然对生活充满热爱。"维特的生命最终是以悲剧结束，我想核心的原因是他看透了自己生活的真相。女孩不爱他，工作也做得不好，但是他没有毅然决然地选择去热爱生活，而是选择了结束自己的生命。这就是维特的悲剧。

今天，我们一起在这儿读一本好书，一起分享，一起见证我们的成长。然而，在成长中，能够守护你的最大的力量是什么？能够让你越发相信的那束光在什么地方？能够激发你内心的那份喜悦，能够激发你从黑暗中走出来的那种永恒的内在的小确幸、小成功在什么地方？

对于美国心理学家埃利斯所讲到的著名的 ABC 理论，我想到了 4 个场景：

第 1 个场景，如果有一天你自己不开心，那这只是一个 A。B 是你觉得这个不开心其实是由于自己没有调控好情绪。而你的结果 C，就是不开心很快就过去了。

第 2 个场景，如果你发现你的老公今天不开心，这是一个 A。B 是你觉得老公蛮不容易的，你要关心他。结果 C 是你拥有一个非常幸福的家庭。

第 3 个场景，A 是孩子回来之后噘着嘴。B 是你觉得孩子经过一天的学习，今天他可能在什么地方遇到困难了，特别需要温暖，需要爸爸妈妈的帮助，那你作为爸爸或者妈妈，要帮帮他。最后的结果 C，就是孩子今天会变得开心起来。

第 4 个场景，A 是在工作时，看到老板或者主管好像在发火。B 是你会想这个主管发火的原因是什么，我是不是有哪里没做好。那你就专心把工作做好。最后的 C，就是你把工作做得很好，主管满意，你也会很开心。最后回到家时，又把你的开心带给了家人。

高途佳品在招人时，我问过很多候选人，你们找工作的感觉怎么样。大家普遍反馈说，年后找工作蛮难的，这是一个 A。B 就是你相信，如果你具有足够的真诚，做好了足够的准备，足够努力，你会找到一份适合自己的工作。C 是最后你肯定找到了一份自己喜欢的工作。

但是，如果你这样想：现在的老板都是变态，老子不干了，我要躺平了，我要放弃自己了，我就是浑浑噩噩了。那 C 的结果是什么呢？结果就是你自己越发不自信，越发痛苦，越发焦虑，家庭可能也会受到影响，最后人生就崩溃了，就遇到了少年维特的烦恼。

拿我自己举例来说，今天我跟大家分享我内心的无穷无尽的动力，其实也是一种信念。高途佳品的团队刚开始还很小，就 20 多个人，后来我亲自做高途佳品的 CEO，其实是一个项目经理。那我为什么要去做一个创新项目的项目经理呢? 其实在我的内心有一种信念, 我相信今天在这个短视频直播互联网时代, 有一个 activating events。如果诱发性的事件是我们要在这个时代有所作为, 那我的信念就是这件事是如此重要, 需要创始人全力以赴、身先士卒、以身作则, 需要创始人把自己真正地投入进去, 贴在地上, 真正地接地气。最后的结果就是, 到目前, 高途佳品做得还算是不错的。

我们可以把 ABC 理论广泛应用在生活中。你每天都会遇到很多事件, 这些事件就是 A, 而你的那份相信 B 其实就是你的玫瑰。只要有你的玫瑰在, 最后的结果 C 就会是美好的, 你的心也是美的。

三
要爱情还是要工作

我们每个人都有迷茫的时刻。我想, 维特在遭遇第一件事后, 一定也是迷茫的。但可惜的是, 他并没有想清楚, 就急急忙忙地投入到工作中去了, 把工作当成自己的解药, 结果工作也没做好。

其实有时候迷茫也可以是一件好事。我 20 多岁在县城教书时, 想到北京读研究生, 但是考了两次没考上, 也没有北京的相关资讯, 真的非常迷茫。而我到了北京之后, 当时想过出国留学, 但是没有钱, 那时候也是非常迷茫。创业之后, 经历了那么多风风雨雨, 那时公司账上快没钱了, 员工也陆续离开, 其实心里也非常迷茫。虽然经常会迷茫, 但是我想, 谁的青春不迷茫呢?

当我们迷茫时, 说明我们正在往上走; 当我们迷茫时, 说明我们正在自我突破; 当我们迷茫时, 说明我们还是心有不甘, 仍有一把火在内心燃烧; 当我们迷茫时, 说明身边有很多榜样和标杆, 在激励我们不断往上走; 当我们迷茫时, 恰恰是应该静下心来, 放慢节奏, 认真思考我们应该做的事情。

迷茫时应该怎么做呢? 从具体行动的维度来看, 要做好 4 件事:

第一, 不妨找一个你身边的标杆, 找一个你认为非常不错的人, 努力成为他；

第二，付出你的努力，付出于不亚于任何人的努力去执行，去思考，去推进；

第三，不断地学习，利用各种机会学习；

第四，不断地反省自我，不断地提升自我。

当你迷茫的时候，说明你是在上进。从心理的维度来说，我给你3个建议：

第一，迷茫时，可以先停下来，静下来。还记得那个大家都很熟悉的故事吗？有一个小孩去找自己的手表，翻箱倒柜地找，就是找不着，最后非常气恼、非常愤怒，于是坐在地上开始喘气。他安静下来后，却听到了手表滴答滴答的响声，于是就把手表找到了。当你停下来、静下来，你就能听到自己内心的声音，会听到风在我们的耳边吹过，会听到花在悄悄盛开，会听到蝴蝶就在离我们不远的地方扑扇着翅膀，会听到萤火虫就在我们头顶触手可及的地方萦绕。

第二，迷茫时，不妨先做件小事，建立信心。做一件你觉得能够完成的事，而不是做很大的事。很多人失败就是因为他只想做大事，想一口吃成个胖子，但是谁又能一口吃成胖子？有人想减肥50斤，但谁又能够一天减50斤呢？其实先定个小目标，先做小事，把小事做好了，把每一个细节做好了，就会发现自己有了做事的信心，不就能开始做大事了吗？就像你想考研，英语要考到60分，那你可以先从背一个单词开始。你每背一个单词，就会获得一个小成功，这个小成功会在你的大脑里形成一个神经回路。你背2000个单词有2000个回路，背5000个单词就有5000个回路。这些回路慢慢多起来了，你也就积累了足够多的学习英语的自信，然后再读句子、做阅读，英语水平也就提升了。

第三，永远乐观，永远不要放弃，永远不要失去自我。请记住，当前的迷茫只是对我们人生的一个考验。如果事件A是一个负面的activating events，而B就是我们的信念、我们的乐观。我们永远的 believe in the future, believe in yourself, believe in your every hour, every minute, every moment, believe in your beauty，hope，cheer，courage, and power。永远相信，你才能够拥有人生伟大的、辉煌的成功，最后才能获得一个积极的结果 C。

而在维特的这个年纪，他没有想明白自己是应该追求爱情还是应该追求事业。我倒是觉得要随缘，世界上最美好的境界就是水到渠成。在人生的成长过程中，不要刻意追求爱情或事业。我认为最好的状态是你尽管用心地往前走，很自然地会遇到一个人，你爱他，他爱你，爱情自然而然地就发生了。

当然，如果你暂时没有遇到那个人，别着急，用心地做好你的工作，在工作中积累自信，在工作中积累认可，在工作中获得晋升。慢慢地，你就有了更大的魅力，有了更大的责任心，然后你会发现，你的吸引力更大了，会获得很多人的喜欢和青睐，爱情也就会自然发生了。

谈论完了爱情，我们再来谈论工作。

3 种工作观

差事 (job)	• 工作时赚钱谋生的劳动 • 工作的生产性、积极性、满足感不高
职业 (career)	• 工作的目的是获得地位和名誉 • 对待工作有热情，目标达成力高
使命 (calling)	• 工作是为了更重要的意义和目的 • 对工作抱有更高的满足感，以自己的工作为荣

在职场中，根据对待工作的不同态度，可以分为 3 类人：第 1 类人，只是认为现在拥有的这份工作是一份 job，是一份差事，工作是为了赚钱糊口，把

肚子填饱;第 2 类人,会认为工作的目的是获取地位和名誉,对待工作有热情,目标远大,有达成目标的能力,这类人会把工作作为职业,叫作 career;第 3 类人则会发现,工作有更重要的意义和目的,对工作有了更高的满足感,并以自己的工作为荣,这类人会把工作作为职责和使命,叫作 calling。

这是英文中关于工作的 3 个最重要的单词,job(差事)、career(职业)和 calling(使命)。

那么,你的使命在什么地方?如果你在人生很早的时候就非常幸运地有了这样一种使命,它在心里呼唤着你一直往前走,你这一生肯定能获得很大的成就。

我觉得自己很早就有了这样一种使命,所以非常感恩,我太幸运了。小时候家里穷,读不起高中,上了师范学校,17 岁就在教书了。但是我的幸运就在于 17 岁时开始教书。我到北京读研究生后,继续兼职教书。后来我能够管理几万人的教育公司,然后创办的在线教育公司高途,拥有几万名员工,到现在,大概有几千万学生走进过高途的课堂。今天在直播间,我又和大家分享好书,你会发现,过去 35 年我就做了一件事,那就是当老师做教育。所以当老师就是我的使命。我今天和你们分享读书,就是我人生的使命召唤。我总对自己说:陈向东,这就是你的人生成长;这就是你的人生意义;这就是你的人生舞台;这就是你必须把你的生命全情投入的地方。

尽管我在第一次直播读书分享时也会紧张,尽管我工作很忙碌,尽管我有时候也有负面情绪,但我仍然要坚持把读书分享这件事做下去,我非常享受和大家的分享,因为这也是在做教育,也是我的使命。

四
建立异乎寻常的能量场

我们都看到了这本书的悲惨结局,那我们在遇到负面事件的时候,应该怎样建立强大的内心呢?下面我们来看一张著名的霍金斯能量等级表。

霍金斯能量等级表

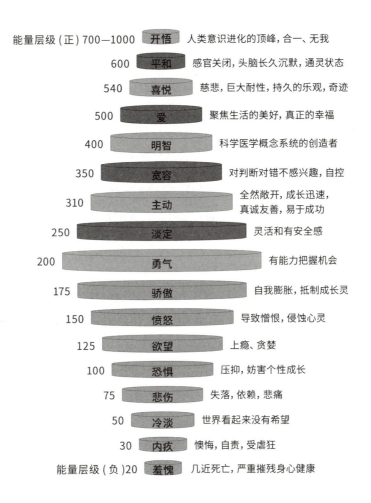

能量层级(正)700—1000 **开悟** 人类意识进化的顶峰,合一、无我

600 **平和** 感官关闭,头脑长久沉默,通灵状态

540 **喜悦** 慈悲,巨大耐性,持久的乐观,奇迹

500 **爱** 聚焦生活的美好,真正的幸福

400 **明智** 科学医学概念系统的创造者

350 **宽容** 对判断对错不感兴趣,自控

310 **主动** 全然敞开,成长迅速,真诚友善,易于成功

250 **淡定** 灵活和有安全感

200 **勇气** 有能力把握机会

175 **骄傲** 自我膨胀,抵制成长灵

150 **愤怒** 导致憎恨,侵蚀心灵

125 **欲望** 上瘾、贪婪

100 **恐惧** 压抑,妨害个性成长

75 **悲伤** 失落,依赖,悲痛

50 **冷淡** 世界看起来没有希望

30 **内疚** 懊悔,自责,受虐狂

能量层级(负)20 **羞愧** 几近死亡,严重摧残身心健康

在这张图表中,能量最低的层级是什么?是羞愧,能量值只有负 20。当你羞愧时,你的内心是一种接近死亡的状态,会严重地摧残身心健康。

能量值为 30 的是内疚。内疚会让你非常地懊恼,非常地自责,非常地受虐。

能量值为 50 的是冷淡。冷淡会让你觉得这个世界真的没有希望了，真的要完蛋了。

面对困境时，我们不能羞愧，不能内疚，不能冷淡。

能量值为 75 的是悲伤。悲伤会让你很失落，想依赖他人，让你非常悲痛。我们会悲伤，但是我们要让悲伤的时间短一些。

能量值为 100 的是恐惧。恐惧会让你非常压抑，妨害你个性的成长。我们会恐惧，谁不会恐惧呢？但是我们要尽量地让恐惧快速消失。

能量值为 125 的是欲望。欲望会让人上瘾，让人贪婪。我们都会有欲望，我们都会有贪婪，我们都会有贪嗔痴，谁没有呢？我们要做的是学会控制欲望，节制欲望。

能量值为 150 的是愤怒。愤怒导致了憎恨，侵蚀了你的心灵。我们都会愤怒，我们都会有情绪，但是我们要思考的是如何控制自己的情绪，不让愤怒导致憎恨，不让愤怒侵蚀、毒害我们的心灵。

能量值为 175 的是骄傲。骄傲就是自我膨胀，会抵制个人的成长。我们每个人都会有骄傲感。今天我和大家做读书分享时，看到有那么多朋友一起在听，我也会觉得蛮骄傲的，但是我不能以这份骄傲自我膨胀，这会抵制我的成长。

能量值为 200 的是勇气。一个优秀的人的向上生长，最终是要到勇气这个阶段的。如果有勇气，就有能力把握机会。

能量值为 250 的是淡定。淡定会让你灵活而有安全感。

能量值为 310 的是主动。主动就是全然敞开自己，让自己迅速成长，保持真诚友善，这样才易于成功。

我们在分享《高效能人士的七个习惯》的时候，讲到了积极主动。积极主动就是负责，就是你的人生你做主，你有勇气为你的选择去做决定；积极主动就是你觉得这就是你的人生，这件事你可以把它做好。所以我们会看到每个人在面对逆境时，积极主动是一种非常重要的状态。

能量值为 350 的是宽容。宽容让你有更强的自控力，不再纠结于判断是非对错。

能量值为 400 的是明智。明智的你能够运用科学去做一些事，甚至能够在科学领域有创造性的发现。

能量值为 500 的是爱。如果你能够爱别人，聚焦生活的美好，那就是幸福。

能量值为 540 的是喜悦。喜悦也是一种人生境界上的明智。你的喜悦，你的慈悲，你的巨大耐性，持久的乐观，都是创造奇迹的源泉。

能量值为 600 的是平和。平和会让你的头脑长久静默，不会被世间的纷纷扰扰牵绊，如同关闭感官，进入通灵状态。

能量值为 700—1000 的是开悟。开悟就到了人类意识进化的顶峰，与宇宙万物合一，进入无我状态。

如果你要问我在哪个阶段，我觉得我是有勇气的。你看，今天我在做高途佳品的 CEO，我不怕失败。

我也是淡定的。我已经做成一家上市公司了，我只需要继续往前跑就行了。今天我在这里读书，做分享，我就安安静静地读我的书，我是很淡定的。

我也是非常主动的，积极主动地担起了肩上责任。我经常想，有那么多伙伴的滋养、驯养、助力，有那么多伙伴让我今天有这样的成长和舞台，我为何不好好珍惜机会，去主动担起责任？

宽容我也有，自认为做得还不错。

明智，还有爱，觉得自己都能做到。我今天不错的状态也得益于此。

我读了那么多年书，做了那么多年管理，我也特别开心和大家分享好书，因此，喜悦的层级，我觉得自己应该也达到了。

但从慈悲、耐心、持久的乐观和奇迹，到平和、开悟的层级，我觉得自己还需要相当长的时间才能达到。今天我坐在这里读书，能够感受到一种平和的状态。我仍然在试图找到真正的自己，以及我存在的意义、人生的意义，这还有很长的路要走。

我们今天分享的是《少年维特的烦恼》，并由此延伸讲到了情绪 ABC 理论和霍金斯能量等级表。好的人生如同煲汤，需要细水长流般文火慢炖。日子，不是总盯着伤心难受盯出来的，而是昂首挺胸朝着我们想去的地方，一步一步走出来的。我也特别开心有这么多朋友，一起走过这段读书分享的时光。

　　　　　　　　　　　　　　　　　　　　直播分享于 2023 年 2 月 22 日

修复自己的性格缺陷的最佳路径

—— 读《原生家庭》

今天我跟大家分享的这本书，名字叫作《原生家庭》。我觉得这本书特别精彩。如果你已为人父母，我强烈建议你一定要读一读这本书；如果你是一个在职场打拼的人，我也特别推荐你读这本书；如果你当下有很多困惑、迷茫和焦虑，内心充满纠结，内心有很大痛苦，我更加强烈建议你读读这本书。

对于我个人而言，我有些遗憾地发现，我读到这本书，还是稍迟了些。如果我能更早地与它相遇，我在教育孩子的过程中或许能避免许多错误，并且在面对许多困惑时，我也能更快地找到正确的方向。

我们都知道，如果一个人的童年和少年时期过得非常幸福，可以治愈他的一生，可以让他在人生中遇到艰难和挫折时能够相对轻松地挺过去。但是，如果一个人的童年过得比较痛苦，那他的一生都会过得非常艰难。

我们今天分享的《原生家庭》这本书，英文名字是 *Toxic Parents*，中文的直接翻译是"有毒的家长"，这个书名比较刺耳，因此中文版书名翻译成了《原生家庭》，同时加了一个副书名——如何修补自己的性格缺陷。

这本书之所以非常好，我觉得它有 3 个维度的特点：

第 1 个维度，它不仅是写给孩子的一本书，也是一本写给爸爸妈妈的书。我觉得，这本书的价值比写家庭教育的很多书的价值都要好得多。

第 2 个维度，我坚信，这本书有这样的魅力和魔力，它对你在职场中的困惑，婚姻中的不幸福，或者是很多地方的受挫和不自信进行归因，能够帮助你从中走出来，让你走出内心的痛苦。

第 3 个维度，当你观照内心，做人生的检讨，复盘人生，做自我迭代时，这是一本非常好的参考书，值得大家认真阅读。

一
童年时，深深影响我们内心的 7 个场景

首先来看看下面这些问题。我们回忆一下，在童年时期，你与父母的关系怎么样？

1. 父母说过"你很糟糕"或者"一无是处"之类的话吗？他们骂过你吗？训斥过你吗？

2. 父母曾经对你进行过体罚吗？

我小时候，父母是打过我的，后来在我教育儿子的时候，我也打过他。当有一天，我发现儿子特别叛逆，就发现自己犯的错误太大了。

他说："爸爸，你还记得小时候你打过我吗？"我说："那不是因为你小时候不听话吗？"他就反问说："不听话就应该打我吗？"我说："那不就是为了让你变得更好吗？我不就是对你好吗？"令我没想到的是，我儿子到了 15 岁，都还记得 5 岁时我打他的场景。

3. 你的父母曾经酗酒吗？你对此感到过迷茫、不安、恐惧、伤心甚至羞愧吗？

如果你的父亲酗酒，当他酗酒时，就可能会失态，可能会打人；当他酗酒时，就可能控制不住情绪；当他酗酒时，就可能会醉倒，没有办法关照你，

会让你感到恐惧。

4. 父母曾经因感情问题或是身体疾病，从而情绪严重低迷，对你不闻不问吗？

在童年时期，如果父母的身体不好或者感情不和，经常打架、吵架，其实对孩子的影响非常大。

5. 你曾经因为父母出现状况而反过来照顾他们吗？

6. 你是否曾在很长一段时间里对父母心怀畏惧？

7. 你是否不敢表达自己内心对父母的愤怒？

如果我们在小时候对父母有不满，有愤怒，但是却不敢表达，这种愤怒就会堵在心里，容易自闭。随着成长很有可能会懦弱、内向甚至抑郁。

这 7 个问题背后的本质，是在成长过程中，童年的经历会让人的内心产生一种映射。我们以为的感受只是内心对于外界的事物所产生的反应，但真正的感受其实源自内心的观念。很多情况下，童年时的经历会在我们的内心慢慢地形成一种观念，形成我们的价值观、判断，最后就内化为内心的一种认知，变成内心的一种反应。所以当你看到外界的事物时，你的认知不完全是来自事物本身，更多源自内心的观念。

因此我们也说，孩子是父母的一面镜子，映射出的是父母及其童年的经历。

我们讲过很多次，一个人做任何一件事，要想做得好，一定要多练习，要想做到出类拔萃，一定要刻意练习，要想成为顶级专家，可能需要 1 万小时、5 万小时、10 万小时的训练。但是非常遗憾，很多人都是第一次做父母，甚至很多人自己还是独生子女。虽然我们都是第一次学做父母，但很多事情没有第二次机会。我们在教育孩子时，如果没有教育好，等到孩子慢慢长大了再去弥补，其实是很难补回来的。

我们在教育孩子时，是怎样拥有教育孩子的知识的？其实很大程度上，我们是根据自己父母的教育来教育我们的孩子。

我儿子在 15 岁时，曾经和我发生过这样的对话：

儿子："爸爸，我觉得你很陌生。"

我："怎么就陌生了呢？"

儿子："因为你就没怎么陪伴我。"

我："那我难道就没有陪伴过你吗？"

儿子："爸爸，你还记得小时候，你打我吗？"

我："那是多大时候的事了？"

儿子："小时候5岁的事。"

我："5岁时我打过你，你怎么今天还记得？"

儿子："你还做过别的吗？你不就是5岁的时候打我了吗？所以我心里烦的时候，当你跟我说话的时候，我就会想到你打我的那个场景。"

我："儿子，爸爸小时候淘气，你爷爷奶奶也打我啊，我也挨打啊。"

儿子："爷爷奶奶打你，那是他们不对。你为什么要打我？那我就觉得你不对。"

我："你看爷爷奶奶打我，我不就成功了吗？那么今天我打你，不是也希望你成功吗？"

儿子认为我打他，是让他恐惧，让他内心有阴影，让他觉得每次面对我时，他就要和我有冲突。到最后我才发现，其实很多时候我们说孩子叛逆了，让我们很痛苦，实际上如果说孩子的叛逆是个结果，我们得想想它的因到底是什么，我们只有找到这个因，最终才能去解决孩子叛逆的那个果。

二
长大后，深深影响我们内心的 10 个场景

我们经常说，幸福的童年能够治愈人的一生，而不幸的童年可能需要一生来治愈。当我们看到一个孩子出了问题，很多时候是因为他的童年的教育、童年的家庭方面可能出了问题。当我们看到一个人在职场中有各种各样稀奇

古怪的表现，不太合群，非常内向，非常孤独，在很大的概率上是因为小时候他的家庭环境出了问题。我们觉得没有自信，内心彷徨迷乱，然后去审视我们的内心时，往往会发现，其实不是外部出了问题，而是我们的内心世界出了问题，我们内心的观念出了问题。

刚才我们谈到了童年时深深影响我们内心的 7 个场景，现在我们作为一个成年人，这些就不会对我们产生影响了吗? 我们一起来看看下面的 10 个场景在你身上有没有发生。

第 1 个场景，你觉得自己与他人的关系具有伤害性或者毁灭性吗? 比如在工作中，有一个人和你的关系非常糟糕。他会伤害到你，他会威胁到你，让你不安全吗? 如果有的话，其实可能并不是别人要伤害你，而是你内心的观念认为有人要伤害你。某种意义上讲，很有可能是童年发生的某一件事触发了你这样的心理反应。

第 2 个场景，你相信如果你与别人过于亲密，他们就会伤害你或者抛弃你吗? 在你的生活中，你总不想和别人过于亲密，因为你认为如果过于亲密，你付出了很多，别人肯定就会抛弃你、伤害你。因此你就把自己封闭起来，把自己变成了一个很害羞、不怎么说话、不怎么社交的形象。如果有这样的事情发生，其实还是要回溯到童年，找到家庭中发生的一些对你造成了这样伤害的事情。

第 3 个场景，你觉得人们会用最糟糕的方式对待你吗? 生活中的你总是遇到倒霉事吗? 你在上班时开心吗? 有没有一些事情让你觉得特别烦心? 你觉得你的主管如此变态，"他怎么能用这样的方式来对待我? "你觉得朋友说话不算数，"明明说要送我一个好东西，怎么就没有送我? "如果你有这样的内心世界，很有可能是你在童年时期的相关事情映射到了当下。

第 4 个场景，你觉得弄清楚自己的身份、感受和愿望很难吗? 当你发现工作没有意义时，实际上是你没弄清楚你是谁，没弄清楚你要做的事，没弄清楚你这一辈子要往什么地方去，没弄清楚你要实现的目标。当你发现你没有目标，对很多事情不能想得很清楚时，大概率是你在童年时的自主能力比较弱，很多时候是需要别人给你做判断的，小时候的你可能过分地依赖别人。

第 5 个场景，你是否担心人们知道真实的你之后，就不再喜欢你了？我们看到工作中的一些人，他们很安静，也不怎么和别人交往，不怎么说自己的故事。他们特别害怕和别人谈论到他们的家庭，因为他觉得如果谈论到自己的家庭，可能是件很丢人的事情。如果谈到他自己的一些故事，别人可能就不再喜欢他了。如果是这样，很有可能也是由于童年时心理阴影造成的。

第 6 个场景，当你取得成功时，你会感到焦虑吗？你害怕别人说你是个骗子吗？如果你获取了成功，但是又不敢让别人知道，总担心别人说你是个骗子。我觉得很有可能是小时候发生过这样的场景，试想一下，你取得了不错的成绩，欢天喜地地回到家说："爸爸，我考了 99 分。"结果你爸爸马上说："是不是抄别人的呢？是不是作弊了？滚一边去，爸爸忙着呢。"我觉得很多时候，这些问题也许来自原生家庭。

第 7 个场景，你会无缘无故地感到愤怒或者伤心吗？你会不会觉得：我怎么这么痛苦呀？我怎么这么难受啊？怎么所有的人都对我这么不好呀？很多时候我们被负面情绪困扰纠缠，走不出来，很大的程度上也是因为童年的类似经历。所以，你应该回到你的童年去找到它，然后去消灭它。

第 8 个场景，你是个完美主义者吗？这个世界上，如果你事事都追求完美，偶尔犯下一个错误，就会纠结，就会拖延。试想一下，如果小时候做一件事情时，被父母批评了，说你做得不够好，能不能再好一点儿，能不能再用点脑子，于是，你可能就开始追求完美了。为了达到完美，你会用更多的时间去不断打磨，最后还不敢提交成果。于是，你就会不断地拖延，结果遭到父母的责骂。他们质问：为什么拖延？为什么没有按时交作业？为什么被老师批评？最后，你的内心就崩溃了。

第 9 个场景，你觉得放松下来尽情玩乐很难吗？如果你总是担心，不能放松，时刻告诉自己一定要努力，一定不能辜负生命，一定要利用好每分每秒，一定要把工作做到最好，总是绷得很紧时，就像是一个橡皮筋，拉得太紧容易崩断，这样，你不就生病了吗？那为什么你总是不敢放松，不敢尽情地玩呢？其实这与你的童年也是密切相关的。

第 10 个场景，你是否觉得自己有时明明是出于好意，行事却与你的父母如出一辙？你的行为和你痛恨的父母的行为是一样的。如果你痛恨自己所做的这件事情，很多时候是因为你从小觉得父母做得就不对，童年所受影响太深。

在童年时期，你的内心是如此纯净、纯洁、纯粹和真实。自从你来到这个世界，与父母的交流和互动就开始形成。这些交流和连接逐渐塑造了你对外界的认知，并逐渐形成了你内心的观念。当这些观念与现实世界产生交集时，它们就会转化为你的情绪。在这个过程中，对你影响最大的通常是离你最近的父母，是他们塑造了你的情感反应和对外界的认知。

▌ 三
成年后，我们和父母的最佳关系

当我们成年后，我们和父母的关系怎样呢？如果你已经为人父母，我强烈建议你做这样的反问。如果你是一位在职场打拼的人士，我也建议你做这样的反问。如果你在生活中总会有很多痛苦，我建议你来问自己 9 个问题。

1. 父母还把你当成孩子对待吗？

如果回答"是的"，说明有时候你还渴望父母把你当作孩子，也说明你在心理上可能并不觉得很安全。

2. 你人生中的重大决定，大多数还需要征询父母的同意吗？

当你年满 30 岁，面临重大决定时，是否需要征求父母的意见？例如，在选择伴侣时，是否需要得到父母的认可？到了 40 岁、50 岁时，你还需要得到父母的肯定，才能做出重大决定吗？我们观察到许多家庭问题，例如"妈宝男"现象，就是成年后仍过分依赖父母的意见，导致自身缺乏独立思考和决策能力。这种过度依赖会导致个人无法真正独立，进而影响个人成长和家庭关系。

3. 与父母在一起，或者仅仅想到将与父母在一起时，就会有强烈的情绪反应或者身体反应吗？

如果是这样，那就是我们有时候心里想着要陪陪父母，但是一和父母见面就会产生一些情绪，这就属于过度反应。

4. 与父母的意见不一样，会让你感到害怕吗？

请你记住，你已经是成年人了，你已经大学毕业了，你已经工作了，如果回答"是"，我请求你走回自己的童年，好好想想有没有那么一些瞬间对你产生了负面影响。

5. 你已经成年了，你的父母会用威胁或者让你内疚的手段来操控你吗？

你已经成年了，父母会不会威胁你："你要不听我的话，将来咱家的房子没有你的份。""如果你不懂事，以后别再回家了。""如果你不这样做，以后别再叫我爸（妈）。"我要真诚地告诉大家，如果你是一个成年人，如果你发现父母有这样的想法时，建议你要和父母进行沟通，找到一个独立的自己。

那怎么能解决这些问题，走出童年阴影呢？走出童年阴影，实际上是一个很大的话题。我们每个人都有童年，我们的父母可能是第一次当父母，他们所学的教育知识大多是从他们的父母那里学来的。比如，我是农村孩子，我的教育经验都是从我爸妈那学来的。在我小时候，农村孩子调皮淘气时，父母是会打他们的。我妈妈就会拿着扫帚来打我，不过我父亲相对比较温和，有时候还会来哄我，拉着我劝我，甚至有时候会把我背起来哄。我觉得他在家庭中扮演了一个很好的角色。但是非常遗憾的是，等到我有一天也成了父亲，在教育我自己的儿子时，我觉得自己其实犯了很大的错误。我在前面讲过，我儿子15岁时还在问我为什么在他小的时候打他，我的做法也特别简单。

我："对不起，爸爸错了。"

儿子："你真的觉得你错了吗？"

我："真的错了。"

儿子：“你道歉。”

我：“我道歉，我真的错了，我不应该打你。爸爸那时候也不太懂，我也是第一次学习怎么做父亲。”

6. 你的父母会用金钱控制你吗？

"如果你不听话，以后生活费给你断了；如果你不回来看我，以后咱们家的房子、东西都和你没关系了。反正你18岁以后，即使你不在，我们也能养活自己，以后你爱干吗就干吗。"其实这些话给孩子留下的心理阴影非常大。

7. 你要为父母的情绪负责吗？

如果父母不开心，你会觉得是自己的错吗？你觉得哄父母开心是你的职责吗？我觉得，我们可以考虑父母的情绪，但不应该去负责。如果父母的情绪需要你去负责，你就会过度地忽视自己，你的内心就会痛苦。痛苦憋在你的心里，慢慢地会让你的内心发生变化，最后导致你在与其他人的交往中也会有类似的心理。我在生活中看到有这样的例子，母亲比较凶，儿子小时候特别害怕她。他长大后，有时就和他妈吵；结婚以后，也容易把这种心理进行投射，会和妻子争吵，导致家庭生活不幸福。在《原生家庭》里也给了我们很多这样的例子。

8. 你是否觉得无论做什么，总觉得对父母有亏欠？

你有没有这样的想法：我爸妈太不容易了，他们为我付出太多了，我这一辈子无论如何都得好好地报答他们。我觉得，对父母觉得有亏欠是感恩的表现，但如果你任何时候都觉得对父母有亏欠，它就会像一座大山压着你，就像一座大山挡住了阳光，就像一片乌云挡住了月亮，而你看不到光亮，内心只剩下了阴影。当这个阴影过大时，你就会忧郁，内心就会崩溃。所以我们要感谢父母，我们要感恩，但更重要的是要做自己。

9. 你是否觉得总有一天你的父母会变好？

如果我们总是有这样的期许，其实难免会失望。我记得当年教书时，有一个小男孩，他给我讲他的故事，说他上高中时从来不让爸妈去学校看他，如果爸妈去给他送东西时，一定是在离学校比较远的地方见面，因为他爸妈是农村的，穿得特别破，他觉得特别丢人。他心里一直有这个阴影。他也期待父母有一天能像城里孩子的父母一样，但这对于农村父母来说，做起来是非常困难的。

俗话说：三岁看老。意思是一个人三岁时，从他的状态基本上可以判断，这一辈子会成为什么样的人。这样的判断虽然稍微有点儿夸张，但是从某种意义上讲，确实有一定的道理。它其实说的是，在每个人出生后的成长时期，家庭所给你的输入、营养、成长环境以及温暖，会真正地影响你一生。毕竟在我们小时候，家庭就是我们的全部，是家庭教会了我们如何认识周围的人，如何认识自然，如何认识这个世界；是家庭让幼小的我们慢慢形成了正确的世界观、人生观、价值观，决定了我们到底该怎样成长，也就决定了未来的我们会是怎样的一种状态。很简单的道理，如果父母不懂孩子的教育，可能会用上一辈人的方法来教育我们，或者，我们用爸妈教育我们的方式教育自己的孩子，都是会出问题的。

如果父母在教育孩子时，用了一些过分、极端的方法，将可能会使得孩子出现 3 种自我暗示：

第一，"我没有办法相信任何人"。我没法相信任何人，因为在家里，爸妈都不相信我，我也无法相信他们。

第二，"我不值得被任何人关心"。我那么爱我的爸爸妈妈，但他们却不爱我。他们会说："生了你，让我倒了十八辈子霉了，我怎么生下你这个愚蠢的儿子，我怎么会有你这样的傻闺女。"这些其实都会给孩子留下巨大的心理阴影。

第三，"我想我永远都不会成功，我这辈子真的是废掉了"。如果从小爸妈就说你是猪脑袋，老师也说你是猪脑袋，甚至周边的伙伴们也说你是猪脑袋，这样不断地进行心理暗示，就会把你真正地送入"地狱"。

如果在童年时期，我们受到的心理暗示是"任何人都不值得相信""没有人关心我""我永远都不会成功"时，将来步入社会后，怎么会自信呢？怎么会独立呢? 怎么会自强呢? 怎么会自爱呢? 又怎么去爱身边的人呢?

我们发现一般会有两类家长。一类家长懂孩子, 理解孩子, 在孩子成长关键期, 尤其是在孩子叛逆时, 他们会认为孩子叛逆很正常, 不仅不能故意伤害孩子, 还要多鼓励孩子; 但另一类家长可能会认为, 不管怎么样, 孩子都得听从父母的, 任何事都得按照父母说的做, 不然就是错误的, 孩子就应该是安安静静地待着, 老老实实听话就行了。

其实, 孩子叛逆, 说明他有一个更大的事物要探索; 说明他的心智在急剧碰撞, 想寻找到一个人生方向; 说明他是如此孤独, 内心是如此紧张; 说明他太需要爱, 太需要有人懂他, 太需要有人安慰他, 太需要有人拥抱他了。孩子叛逆时是蛮可怜的, 其实他不是为了叛逆而叛逆, 他只是没找到一个发泄口, 没找到一个真正能和他对话的人, 没有一个人能真正懂他。爸爸妈妈总这样说: "你必须读书, 你不读书就会完蛋, 你应该……" 他们会觉得, 自己的世界不应该是这样的, 于是就会开始寻找自己的人生出口和方向。所以在做家庭教育时, 很多父母还是有一些需要改善的地方。

小时候我们只是被父母教育的小孩, 后来我们慢慢长大了, 工作了, 变成大人了。当我们变成大人后, 我们的纠结、悲伤、痛苦, 其实很大程度上还是来自内心的不安全感。我们应该真正地去回顾童年, 去跟我们的童年对话, 去和我们童年的重要角色——父母对话。

如果你的童年没有那么幸福, 我觉得首先要做的是找到一种力量, 让自己能够和爸爸妈妈展开真诚的对话。如果你能够非常坦诚地去和爸爸妈妈对话, 就能够解开困扰自己多年的心结。其次, 你要有力量能够与自己展开真切的、深刻的对话。如果你能够这样与自己对话, 才能准确地知道问题出在哪里。

再和大家讲讲我的例子。我儿子在 15 岁时特别叛逆, 特别痴迷于打游戏。我想了个办法, 先肯定他, 然后再更深入沟通。

我: "儿子你为什么打游戏啊?"

儿子: "我觉得打游戏很爽啊。"

我："那你打游戏时有什么收获呢？打得怎么样啊？让老爸看看。"

然后他就兴奋地给我展示，我一看，他在这款游戏中已经达到了前1%的水平，有时候还能通过游戏赚钱。于是，我就夸奖他说："你这么厉害，居然打到了前1%。"接着，我趁热打铁。

我："你玩游戏，我觉得没问题，但是最终你的梦想是什么？"

儿子："未来我可以做个游戏公司，做一款伟大的游戏。"

我："那你想做游戏的话，只是会打游戏就能做游戏公司啦？那你是不是需要学计算机？要不要学编程？"

儿子："对呀，那我怎么学编程呢？"

当时，我鼓励他到网上找一门编程课，自己开始学。而我提了这个建议之后，其实结果很挫败。后面几个月，他还是继续打游戏，也没有到网上去学习。他倒是尝试在网上报了一门课程，但是当他打开电脑，听了30分钟课，就又去玩游戏了。那时候我才知道，可能真正的原因是我忙于创业，没办法陪伴他。

后来我是怎么做的呢？我跟他说，咱们能不能每天早上一起起床，每天晚上早点儿睡觉，每天你可以和我一块儿上班，一块儿到公司去。到了公司之后，我给你找一个学计算机的伙伴教教你。

我儿子才上高一，我这么做，其实也是为了给他创设一种环境。每天他跟着我一块儿上班，可以在公司里找个房间，自己学习计算机，也就没有玩游戏的环境了。

他学到第3天，就有点儿跟不上了，我就激励他说："不能放弃哦，这可是你的梦想。"慢慢地，他就坚持跟着我到了第7天、第10天、第15天……

最后神奇的现象发生了，他自己慢慢就对计算机课程感兴趣了。自己开始学编程，现在他已经自学了好几门计算机课程，挺让我惊讶和激动的。

孩子只喜欢玩游戏该怎么办？

第一，孩子喜欢玩游戏是非常正常的，但是，如果他只玩游戏的话，你一定要给他换一换神经回路，就是帮他找到他所能够去专注的、热爱的另外一个实践。

第二，帮他找到这个实践后，不断强化这个实践的重要性。

第三，改变他的环境。通过改变环境来改变他的习惯，比如可以把孩子带出去度假，把他带到另外的地方。一般一个习惯的养成至少需要 21 天，当你真正做了 21 天之后，孩子就会有所改变了，也就有一个新的状态了。孩子为什么会玩游戏呢? 原因是孩子在成长的关键时期，没有人陪他，没有人填补他的精神空白，没有人解决他在关键时期遇到的痛苦。在他最需要陪伴时，没有人关注到他。

我再举 3 个小场景的例子。

第 1 种场景。家长每天都拿着手机在那玩儿，却总强迫孩子赶快学习，他能做到吗? 你总是让孩子读书，而自己从来不读书，说"我们的孩子真不听话，他就是不读书"，问题是你自己从来就不读书啊! 所以我经常跟很多家长讲，当孩子在家时，你能不能"装模作样"地读本书? 你拿本书读着，孩子从小就看到爸妈读书，他自然而然也会愿意去读书了。

第 2 种场景。当孩子提出，周末要不要出去爬山，他想去找同学玩儿。这时候，爸爸妈妈有没有说:"爬什么山啊? 赶快做作业，作业没做完呢。"孩子要和同学玩，他们又说:"咱能不能好好地读本书啊?"孩子的兴趣点就这样彻底被堵死了。他想出去玩，你不让他去，他想出去爬山，你也不让他去，他不就喜欢玩游戏了吗?

第 3 种场景。孩子在学校里被批评了，或者考试分数比较低，父母就总会说:"你看人家那个谁考了 99 分，你怎么就考了 45 分?"孩子就觉得特别没有面子。

亲爱的朋友，你想想，谁说分数的高低就是评价一个人存在的重要标准和唯一标准? 谁说分数就能说明这个人未来在社会上有没有出息，有没有成就，有没有才华? 学校教育给出一个分数，家长就只把这个分数作为评判自己的孩子是否争气、是否有出息、自己是否有面子的唯一标准。孩子生下来就是用来给你争气的吗？孩子生下来就是为了给你争脸面的吗？孩子生下来就是为你考高分的吗？孩子生下来有他自己的人生之路，可能喜欢艺术，可能喜欢体育，可能未来有一门独特的手艺，我们不能用唯一的标准来衡量孩子。孩子数学不好，可能是因为某个知识点不懂，但是又没有人帮助他，那他上课就听不懂。上课听不懂，他就会觉得迷茫，可能会被老师批评，没有成就感，还可能会羞愧，甚至觉得整个世界都毫无意义，那他不就自然而然地跑去玩游戏了吗？

所以我经常说，很多问题是由于父母没有在关键时候给予孩子帮助。另外，可能你把孩子抓得太紧了，恨不得让孩子总跟在你身边。但其实这样的一种控制，最终也会导致孩子崩溃的。很多父母确实特别爱孩子，但是爱到最后，却给孩子造成了心理上的负面感受。

四
构建亲密关系的 12 个自我审视

《原生家庭》这本书中提到了一种"共依存型"的人格行为，在这种关系之中，通常包含受助者和助人者两种角色。受助者会在生活等方方面面完全依赖于助人者，但对于助人者来说，反而依赖这种"被需要"的感觉，视"拯救"受助者为己任。共依存对于受助者和助人者来说，都是一种不健康的相互依赖的关系，这种情况在很多关系中普遍存在，尤其是在亲子关系、情侣关系、夫妻关系等亲密关系中。

下面的 12 种情况，大家可以进行对照自检，看看自己有没有在一些关系中存在共依存的情况。

1. 解决他遇到的问题或者减轻他的痛苦，是我一生中最重要的事情——我愿意为此付出任何的情感代价。

这是不是非常可怕？比如你暗示自己说，孩子就是你一辈子最重要的事，为了孩子，你愿意付出任何代价。但是当孩子成绩没那么好时，你却说："孩子，你看你妈我为你付出了所有，你怎么就考不好呢？"这时候孩子的精神该有多紧张？身上的压力该有多大？孩子会有多痛苦？而当孩子总是有着这样一种紧张痛苦又有压力的情绪，背着父母给他的这么大的一个精神包袱时，他怎么能够轻松？怎么能够从容地向前走？

2. 我的好心情来自他的赞许。

你的心情好坏依赖于别人的赞许。这也非常糟糕，比如工作中有员工说不开心，我问为什么，他说："我的主管今天没表扬我，我心情就不好了。我的好心情就是来自主管的表扬，今天主管没表扬我，我就要崩溃了。"

再比如在生活中，有些女孩找男朋友，会很紧张，会过分在意对方的看法："我今天好痛苦，以前男朋友回到家都会夸我漂亮，说我很好看，今天晚上回来没夸我漂亮，所以我觉得他肯定是心里有别人了，心里在想着别的女孩了。"结果她的精神世界就崩溃了。

3. 我保护他不受自己行为所产生的后果的伤害，我为他说谎，替他掩饰，绝不允许别人说他半点儿坏话。

那你把孩子"保护"得"太好了"。你为孩子说谎话，你替孩子去掩饰，你绝不允许任何人说你的孩子半点儿"不"。但你总不能跟着孩子一辈子，等他到了社会上，开始工作时，他就会发现周围人在评价他时开始说他不好了，他犯错误时没人帮他掩饰了，那他该多崩溃？这时候他要找妈妈，妈妈不在，他要找爸爸，爸爸又不是公司的主管，工作中就没办法建立起自信，慢慢地，他在职场中就会往下走。

4. 我尽力让他按照我的方法行事。

当你每天都在试图让孩子按照你的方法行事，而没有让孩子去尝试、去创新、去实践时，最后的结果就是孩子会一直唯唯诺诺，在遇到问题的时候会说"我不会"，在遇到挑战时甚至不会举手。在职场中，我们也发现有的员工不敢去做新的事情，在说话的时候总是观察别人，这与他的家庭也是有关系的。

我见过一对父母，特别优秀，都是清华毕业的。后来他们找我咨询，说："陈老师，我们都是清华毕业的，但是我们的孩子怎么就这么没出息？"我说："这样吧，我能不能约个时间和你的孩子一块儿吃顿饭呢？"后来，我在吃饭的时候就发现了原因。吃饭的过程中，除了妈妈说话就是爸爸说话，话语中充满着带有期待的责备，连我都插不上什么话，孩子只能坐在那里，一直低着头听着爸爸妈妈的喋喋不休。后来我就说："你们能不能先别讲话，要多听，多让孩子讲话？"那天我和孩子聊了不少，发现孩子并不是不愿意表达，只是父母平时太强势了，也不听孩子的意见。从那以后，他们听从了我的建议，开始重视孩子的意见，孩子的话也慢慢变得多了起来。一年之后，这个孩子考上了国外非常好的学校，现在已经毕业回到国内，有一份非常不错的工作。

5. 我从不在意自己的感受和愿望，我只在乎他的感受和愿望。

孩子在很多方面其实都是跟爸爸妈妈学的。如果在孩子小时候，妈妈就只以孩子为中心，从来不在乎自己的感受，甚至没有自我感受，整天都说"孩子，我只在乎你，你开心我就开心，你的幸福就是我的幸福"，那当孩子长大后，他去处对象时，也很难会有自我。他的内在逻辑是这样的：爸爸妈妈教我的，就是从来不要在乎自己的感受和愿望，只在乎对方的感受和愿望就好。结果自己处对象后，发现对方不在乎自己，只有自己在乎对方。当对方有一天突然背叛了自己，抛弃了自己，自己的精神世界是不是就坍塌了？所以，我给很多人提的建议是，我们要在乎自己的感受，要在乎自己内心世界的感知，要觉知到内心的那束光、那种温暖、那份平和、那份力量。如果我们不观照自己的内心，却总是觉察别人的内心，只会把别人放在很重要的位置，而忽视了自己，等到别人消失不见时，我们自己的世界就会遭遇黑暗和抑郁。

6. 只要他不抛弃我，我愿意做任何事情。

这也是特别可怕的。你一不小心遇到了渣男，这时候你说，只要他不抛弃你，让你做啥都行。但是你越是这样妥协，越是这样忍让，越是没有坚持你的价值观，没有坚持你做人的底线，你受到的伤害就会越大。反映在童年经历上，很可能是这样的：小时候在家里，父母不管怎么对你，他们呵斥你、指责你，甚至侮辱你、抛弃你，但你还是愿意或者说不得不待在这个家里。这样到了社会上，你仍然一味地妥协，其实是又把阴影带到现在的生活中了。

所以我的建议是，如果你出生、生活在这样的家庭，你的爸爸妈妈可能不怎么喜欢你，或者说你的爸爸妈妈没有以正确的方式表达对你的喜欢，没有让你感觉到真正的爱，你总觉得自己是被抛弃的，总觉得你在家里有一种难以言说的感觉，你可以和父母进行非常坦诚的对话，聊聊当时你的不开心和你的痛苦。我相信，如果你们都拥有内心的那份温柔，其实很容易就可以和解的。一旦和解之后，你在职场中，你在与恋人的相处中，你在婚姻中，就都会有一个不错的状态。

7. 只要他不生我的气，我愿意做任何事情。这条和上面一条其实是相似的，都是为了他人放弃自我，一味妥协，都是很可怕的。

8. 我认为充满波折和戏剧性的关系会让我更有激情。

9. 作为一名完美主义者，一切差错都让我自责。

这也非常可怕。因为小时候你被父母教育要完美，一旦不完美就会被父母批评，这样你就会有阴影。一旦进入社会，到了工作中，你也会这样，一点儿不完美你就会开始自责，就会不断地有负反馈。我们经常说，一个人在职场中，一定要不断地打小胜仗；一个人在职场中，要不断地有好的朋友、好的圈子，有来自外在的肯定和鼓励。所有的这一切都是为了让你的内心更加清澈，让你内心的观念变得更加清晰，能够让你的内心世界变得更加祥和。但如果你总是认为，你要做一个完美主义者，一旦没有做到，别人就会苛求你，你就开始自责，那么你就会拖延，不愿意提交你的功课。到最后，别人就会因为拖延瞧不起你、处罚你，或者抛弃你，最后你的内心世界就崩塌了。

10. 我常常觉得气愤懊恼，不受重视，被人利用。

这是典型的一种自恋、自我可怜的表现。在公司里经常发现有这样的人，他们总是会这么想："同样的工作，你看老板就喜欢张三，不喜欢我。他就是重视张三，不重视我。我总是被人利用，我好可怜。"我觉得，这可能和他们小时候在家庭里被忽视有关。如果你有几个兄弟姐妹，觉得爸爸妈妈不太喜欢你，却总是重视姐姐、弟弟，你就会有这样的心理阴影。

拿我自己举例来说。我小时候特别淘气，在我们家，姐弟几人的榜样就是我姐姐，而我弟弟又相对更安静一点儿，所以总是我挨打。但是我觉得有一件事，我爸妈做得特别好。我爸曾经在几个特殊的场合说，向东背东西背得特别快，向东的脑子聪明，向东曾经考了第一名，等等。他还常常讲给我妈听，慢慢地我也听到了。其实来自父亲或者母亲的正反馈是很重要的。如果妈妈在家庭中的角色是一个"严母"，那爸爸最好是个"慈父"；如果爸爸是个"严父"，那妈妈最好是一个"慈母"。家庭中，这样的角色分配是非常重要的，也就是在价值观、世界观等方面的教育，一定是一致的，但是对于某一件事情本身的解决，最终的定义和判断是有差异的，是个性化的，是根据不同的角色有不同的处理方式的。

11. 遇到问题的时候，我会装作一切都很好。

这也是一个非常常见的现象。在面对问题时，由于害怕被指责，人们往往选择隐瞒。问题不断扩大，最终无法掩盖，才不得不告知他人。然而，此时问题已经恶化，解决起来更加困难，也会导致更糟糕的结果。

12. 想让他爱我的这种执念支配着我。

如果你在原生家庭里得不到爱，那你就会特别渴望得到他人的爱。当有这样一个人说他爱你，很在乎你，稍微对你付出一点，你就很开心，稍微给你一点爱，你就会感动得稀里哗啦。你特别渴望这种爱能够持续下去，但是你又不确定能不能持续下去。所以，你就会执着于"我一定要让他爱我"。当想让别人爱你变成你的执念，支配你的生活时，人家一个眼神的变化都可能会让你产生心理反应。比如一点点对你不友好的语言，就可能让你觉得他不爱你了。你就会想："他怎么能这样，他伤害了我，而我那么爱他。"最后你就会陷入到一种自责、责怪别人、抱怨他人的情绪中去，自然而然，你也就变成了别人眼中的坏人。

五
我们和父母关系中的 16 个自我对话

这里有一份问卷，它将会帮助你认清那些隐藏在你的感受和行为背后的观念。现在，让我们一起审视，在与父母的关系中是否存在以下观念：

1. 让父母高兴是我的责任。

2. 让父母自豪是我的责任。

3. 我是父母的全部。

4. 父母没有我活不了。

5. 我没有父母活不了。

6. 如果我对父母据实相告（我离婚、流产、喜欢同性等），就等于要了他们的命。

7. 如果我和父母抗争，我就会永远失去他们。

8. 如果我告诉父母他们伤我多深，他们将永远不再理我。

9. 我不应该说任何伤害父母的话，也不应该做任何伤害父母的事。

10. 父母的感受比我的更重要。

11. 和父母沟通没有任何意义，因为那样做不会有好结果。

12. 如果父母可以稍稍改变，我的自我感觉会更好。

13. 我这人太顽劣了，所以我必须补偿父母。

14. 如果我可以让父母了解他们对我的伤害，他们会有所改变。

15. 不管父母做什么，他们都是我的父母，我必须尊敬他们。

16. 父母完全无法控制我的生活，因为我一直都在和他们斗争。

不知道你的内心深处是否抱有上述观念，如果上面列举的这些观念，你符合其中的 1/3 以上，就说明你和父母之间的关系需要改善。比如，你觉得父母就是你的全部，但有一天父母会先我们而去，我们的世界该怎么办？万一父母有点儿不舒服，那我们的工作和生活不就会受到很大影响吗？我们的工作生活该怎么办？如果你深信与父母抗争会导致你永远失去他们，这种担忧可能会对你的心理健康造成负面影响。

这些观念在《原生家庭》中其实有很多案例。我每次看这本书时，都在刷新自己的观念。第一，我回到家和父母对话时，其实有些地方我可以做得更好。第二，如果我现在和我的孩子对话，也会做得更好。明天早上我可以跟孩子通个电话，再次向他道歉。我也会让孩子跟我说说："在你的成长过程中，你觉得爸爸哪些事做得不好？爸爸做的哪件事让你不舒服、伤害了你？你觉得自己做什么事，会担心爸爸不舒服？你有没有觉得当爸爸在场时，自己就要伪装一下，不敢做真实的自己？"

六
重塑我们内心感受的 30 个场景

为了让我们更清楚自己的感受，作者在《原生家庭》这本书中将我们内心的感受分成了 4 类，分别是内疚、害怕、难过和愤怒。

如果下面的说法十分恰当地描述了你的感受，请记得在句子前面画√号。

在我和父母的关系中，我有如下感受：

1. 当我没有顺从父母的期待时，我感到内疚。

2. 当我的行为令父母失望时，我感到内疚。

3. 当我不听从父母的意见时，我感到内疚。

4. 当我和父母争论时，我感到内疚。

5. 当我对父母感到气愤时，我感到内疚。

6. 当我令父母失望，或者我伤害到他们的感情时，我感到内疚。

7. 当我为父母做得不够多时，我感到内疚。

8. 当我不能每件事都按照父母的要求去做时，我感到内疚。

9. 当我拒绝父母时，我感到内疚。

10. 当父母对我发怒时，我感到害怕。

11. 当我对父母发怒时，我感到害怕。

12. 当我要告诉父母一些可能他们并不想知道的事情时，我感到害怕。

13. 当父母威胁要收回他们对我的爱时，我感到害怕。

14. 当我不同意父母的意见时，我感到害怕。

15. 当我和父母抗争时，我感到害怕。

16. 当父母不开心时，我感到难过。

17. 当我知道自己令父母失望时，我感到难过。

18. 当我不能为父母创造更好的生活时，我感到难过。

19. 当父母说我毁掉了他们的生活时，我感到难过。

20. 当我做自己想做的事，却伤害到父母的感情时，我感到难过。

21. 当父母不喜欢我的（丈夫、妻子、恋人、朋友）时，我感到难过。

22. 当父母批评我时，我感到愤怒。

23. 当父母企图控制我时，我感到愤怒。

24. 当父母对我的生活指手画脚时，我感到愤怒。

25. 当父母对我的想法、感受、行为指手画脚时，我感到愤怒。

26. 当父母告诉我该做什么、不该做什么时，我感到愤怒。

特别是对于一个男生来说，如果到了40岁，妈妈还唠唠叨叨说，你要做这个，不要做那个，还是经常被妈妈指手画脚，他还有什么尊严？我觉得优秀的妈妈应该学会适当放手。要厘清这个问题，是蛮困难也蛮痛苦的。

27. 当父母命令我时，我感到愤怒。

28. 当父母企图通过我实现他们自己的理想时，我感到愤怒。

29. 当父母期待我照顾他们时，我感到愤怒。

30. 当父母拒绝我时，我感到愤怒。

愤怒肯定是不对的。但是当你产生愤怒时，一般就是童年的阴影影响了你，父母给你造成了一种心理暗示，导致你在面对这个世界时是如此痛苦。

我觉得，人的一生，说长不长，说短也不短，但是我们人生的每一天都不应该被辜负，更不应该被负面情绪所占据。作为父母，往往希望孩子能够吃好，身体别出问题，学习别出问题，每天都不要有负面情绪，永远乐观。但是在具体做这些事时，很多父母可能在孩子吃好这件事上做得很好，但是在孩子能不能学得更好，能不能更加乐观，能不能更加独立这些事上，做得并不是很好。

所以说，在人生中，遇到很多事情，出现很多问题时，根据《原生家庭》中的观点，大概率你需要寻找到你的童年。那怎样能够走回童年？怎样能够与父母对话呢？

我觉得有两个很好的方法。第一个方法，你可以给父母写封信，信中可以说：爸爸妈妈，我真的很爱你们，但是我今天正是因为爱你们，所以我必须告诉你们，在我的成长过程中有几件事，我今天想起来还会特别难过，它们在某种意义上伤害了我。第一件事，第二件事，第三件事，第四件事……或者你写：爸爸妈妈，我今天的信可能会让你们不舒服，可能会让你们睡不好觉。但是因为我是你们的孩子，我也想更好地生活，我希望有一天你们会更好。我是这么爱你们，所以我必须告诉你们……我相信写信是一种非常好的表达方式。

第二个方法，你不妨说：爸爸妈妈，咱们什么时候一起出去吃个饭啊？如果父母能喝酒，可以稍微喝点儿酒，但是不要失控。之后你可以说，我想说个有点儿沉重的话题，但是我又不想破坏这个氛围。如果这时候他们鼓励你说出来，你就可以跟父母说：爸爸妈妈，有几件事一直在我心里，我想向你们问清楚。我在交女朋友时，总怕女朋友会抛弃我；我在工作时不敢积极地去承担任务，因为我怕被别人批评；在很多事情上，我都拖拖拉拉的，因为我追求完美，就怕完不成，越拖越怕，越怕越拖，慢慢就越来越糟糕。爸爸妈妈，我今天告诉你们啊，可能是童年的一些事情影响了我，第一件事，第二件事，第三件事，第四件事……最后我想说，我真的很爱你们。

但凡这么做的，结果无一例外都是非常好的。

七
我们需要立即归还的 10 个责任

童年的不幸怎么卸掉？如果你不能把童年的不幸解开，反而让它永远像一块巨石压在你的内心，你怎么可能平和？怎么可能举重若轻？你必须卸下为童年的不幸遭遇而承担的责任，归还给应承担责任的人。这就是刚才我给大家的建议。

1. 他们忽视你。

2. 他们让你觉得自己没人爱。

3. 他们残忍而冷漠的嘲笑。

4. 他们对你的侮辱称呼。

5. 他们的不快。

6. 他们自己的问题。

7. 他们选择不去解决自己的问题。

8. 他们酗酒。

9. 他们酗酒后的暴行。

10. 他们对你的殴打。

没有归还的，便会转移。

如果你不想办法解决自己对父母的恐惧、愧疚和愤怒，你将会把这些转移到自己的配偶和子女身上。

今天想来，其实我很感谢我的儿子。因为儿子有一段时间不怎么和我讲话，我意识到肯定有什么问题。我跟他说："我们谈谈吧，我看你目前的状态，有点不太开心。你觉得我有没有哪些方面做得不好的，让你不开心的。"我儿子说出了他的痛苦，说出了他在童年时挨打的事情，瞬间我就都明白了，突然觉察自己在不知不觉中曾犯下了错误。

在日常家庭生活中，有这样两种情况，我觉得值得我们关注。一类是家暴。比如，在孩子小时候的成长环境中，父亲和母亲经常打架，要么是父亲打母亲，要么是母亲打父亲。在家暴中长大的孩子其实是蛮不容易的，他们没有安全感，内心也是很脆弱的。他总是担心失去爸爸或者失去妈妈。生活在家暴环境中的孩子，他们内心的那种怯懦和脆弱会被难以想象地放大。

还有另外一种情况是语言暴力。比如父母会说："我怎么会生出你这个儿子？你要是没生出来就好了啊！""我做的都是为你好啊，你这个白痴！""你看你妈容易吗？我的全部都给你了。""你这个人没有孝心，当心将来有一天你被人千刀万剐。"……语言暴力对人的伤害其实要比棍棒殴打更大，棍棒殴打之后的外伤会痊愈，但是语言的伤害可能会一辈子留在人的内心深处。

对于孩子而言，父母要做的就是两件事，第一件事是爱，第二件事是无条件地爱。但是怎样去无条件地爱，其实是一门深奥的艺术和哲学。有些家长能够给予孩子真挚的关爱、尊重和温暖，而另一些家长却可能对孩子表现出冷漠，甚至责备，导致孩子缺乏自信。

我们再来看这本书时，不妨问自己，今天我们的那些优秀的品格，是在什么样的情况下养成的，那些不好的性格又是怎么形成的。

八
杰出儿童培养中应该做好的 3 件事

教育和影响孩子最为核心的是做好 3 件事：

第一，点燃孩子的兴趣。因为兴趣是最好的老师，一旦帮孩子找到了兴趣，找到了热爱，他自己能够进入正反馈了，最后，这个孩子就会发生翻天覆地的变化。

第二，培养孩子良好的学习习惯。什么叫作习惯？就是知道自己要做什么，什么时候做；就是知道自己一定不能做什么；就是不用思考就会自发地去做需要做的事情，并且日复一日、年复一年地去做。

第三，塑造孩子强大的人格。习惯这件事，我们大家都会关注。因为习惯决定性格，性格决定命运。而性格就是中间的核心。如果一个孩子拥有了好的性格，他可能就不会轻易地诉苦，不会轻易地抱怨，不会轻易地展示负面情绪，而是会更加专注地聚焦于当下的事情。尽管当下的事情可能是非常难的、非常糟糕的，但是他聚焦、专注，不被外界所干扰，他就能够走出来。如果当下的事情做得很好，有正反馈，他就能通过继续投入，继续获得正反馈。最后，他就能够胜利，变得更加自信和优雅。如果有了良好的习惯和性格，就会有坚毅、坚强、坚韧、乐观、潇洒、自如、独立、相信的共通能力。

刚才我说的是家庭教育，是对教育孩子这件事来说的。对于我们很多成年人来说，道理也是一样的。

第一，热爱我们所做的事情，热爱我们的工作。因为热爱才是最好的老师，热爱才是最大的动力。

第二，养成良好的工作习惯。工作习惯越好，越自如，越能够进入到良性的发展轨道中，我们就会有一个好结果。

第三，在工作中，要真真正正地把每一天、每一分、每一秒，当成人生的修炼场。我们就会变得更加豁达、更加包容、更加从容，变得更加能够面对我们未来的一切。

今天，面对我们自己，在我们的状态变得越来越好时，其实我更想去恳求每个人发自内心地问自己：怎样才能找到这一生的热爱？怎样才能让我们的热爱每天都有成果？怎样才能在面对挫折和障碍时，永远都保持乐观？

九
给渴望加速成长的你 9 个建议

我们每个人的人生中最重要的关系就是与父母之间的关系，在与父母建立关系的过程中，我们也一定要对自己负责。最后，我想借书中内容给大家提9 个建议。

1. 成为一个独立于父母的个体。

我们越发独立，父母越会为我们骄傲。

2. 诚实地看待自己和父母的关系。

我们和父母的关系可能有时候没有那么好，没关系，我们坦诚地面对它，才能够在面对他人时，真诚地讲起我们的故事。

3. 面对童年的事实。

每个人都有童年，有的人的童年很幸福，有的人的童年不幸福。如果有不幸福的童年，我们要真诚地面对它，我相信一定能从童年的困惑中走出来，并能从中学到很多东西。

4. 勇敢地承认自己童年的经历和成年后生活的关系。

请你勇敢地面对童年，面对童年的脆弱，面对童年里的不幸，包括不被喜欢、被抛弃、家暴、语言暴力等。当我们勇敢地承认我们的尴尬、我们的难受，我们那一段并不精彩的故事时，我们的内心才会真正变得强大，压在我们内心的石头才能被挪开。这样我们才能轻装上阵，才能在内心的石头搬开之后，让阳光照射进去。

5. 勇敢地向父母表达自己真实的想法。

我们要勇敢地向父母表达自己最真实的想法。找一天，和父母坐下来，告诉父母：爸爸妈妈，我非常地爱你们，但是有些事情让我不舒服，第一件事，第二件事，第三件事，第四件事……最后说，我是爱你们的，虽然这会让你们不舒服，但我必须表达出来。当你表达完之后，其实你就走出来了。

6. 面对并消除父母对自己生活的控制，无论他们是否健在。

父母都是爱我们的，但有时候父母太爱我们了，以至于他们控制了我们生活的方方面面。他们希望我们所有的事情都要经过他们的同意。我们谈恋爱、找工作面试、换个宿舍、和朋友出去吃饭……都得经过他们同意。这些时候，其实你的世界就被堵住了，你也就没有得到内心真正的自由。

7. 当自己的行为残忍、刻薄，伤害到别人时，改变自己的行为。

当我们自己的行为伤害到别人时，我们一定要改变自己的行为。小时候，我们可能受到了一些不良的影响，但是我相信，我们能够通过不断的思考和内省，找到自己不好的地方在哪里，从而改变自己。

8. 找到合适的方式来治愈内心的童年创伤。

9. 重新获得自己作为成年人的权利和自信。

今天我们再来读《原生家庭》时，我读到了很多东西，所以我会反反复复地推荐这本书。如果你是一名家长，如果你是一个孩子，如果你在职场中有很多困惑，如果你的婚姻中有很多不幸福，如果你的家庭中出现了暴力事件，如果你的生活中有很多不如意，如果你在很多事情上都非常恐惧……我强烈推荐你来读一读这本书。

直播分享于 2023 年 2 月 23 日

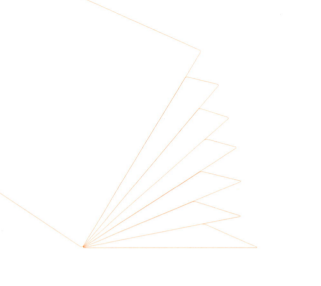

直面内心，勇敢地做自己

——读《也许你该找个人聊聊》

分享是人们对自我认知的一种外在表达形式，其内核是自己的内心在寻找具有共鸣的他人的内心，是以自己内心中的一块很宝贵的东西去触碰另外一个人内心中的一块很宝贵的东西，就像一片云推动另一片云，一棵树摇动另一棵树。

今天，我和大家分享的是和《原生家庭》的主题有些相关，有着类似的底层逻辑，能够进一步直击我们灵魂、直击我们内心深处的一本书——《也许你该找个人聊聊》。这本书非常有意思，给我带来了很大的触动。

这本书的作者是一位经历了失恋的单身妈妈。在这本书中，她讲述了 4 个人的故事：一个人是用刻薄来掩饰丧子之痛的好莱坞制片人；一个人是沉沦在原生家庭中不断酗酒的女孩；一个人是刚结婚就得了癌症的大学老师；还有一个人是因为自己和孩子过往的紧张关系而特别痛苦的 69 岁的老太太。她在讲述这 4 个人故事时，其实也在讲述她自己的故事。也就是说，我们可以认为这本书讲的是 5 个人的故事。

然而，在读这本书时，我们可能也是在读自己，可能也是在读身边的人。

一
敢于直面自己的灵魂

瑞士心理学家卡尔·古斯塔夫·荣格说过一句话："只有直面灵魂的人才会觉醒。"《也许你该找个人聊聊》这本书讲的就是我们如何能够直面自己灵魂的故事。

每个人在人生中可能都会问自己一个问题：我们该如何改变自己？我认为方法只有一个，就是要与别人相处。

为什么爸爸妈妈想让我们上一所好学校？他们是想让我们找到一个相处得更好的群体，让我们有更好的改变。为什么我们想考上一所好大学？是想找到一群和自己的灵魂一样的人，让我们有更好的改变。为什么我们想找一份好工作？是想找到那么一群人，他们和我们有着一样的使命、愿景、价值观，大家可以一起奋斗。为什么我们在这里一起读书、一起成长？不就是想找到一群灵魂一样的人，想一起来改变吗？

那么问题来了，与别人相处时，你可能会感到不舒服；与别人相处时，你可能会感到很痛苦；与别人相处时，你可能会觉得自己格格不入；与别人相处时，你可能会觉得有压力。这个时候，我们应该如何去改变？我们应该如何让自己有所成长？

我们每个人的内心都拥有一扇门，那是一扇能够从内向外打开的改变之门、勇气之门、爱之门。你害怕与别人相处，某种意义上说，是因为你内心的那扇门没有完全打开，可能是你的内心还有一些不安全感，或者还有一些自卑、无助和迷茫。我的建议是我们要承认内心的痛苦，当我们害怕改变时，不妨先承认自己害怕改变。

各位朋友，当你能够承认你的内心没有安全感，有点脆弱，有点卑微和懦弱，并不是特别自信时，这个承认本身就是一种绝对的勇气，让你能够感知到一种爱，感知到一种信任别人的力量。这个承认本身就意味着有一把钥匙能够开启你由内向外打开的那扇勇气之门。

在成长过程中，如果你承认自己的内心有一些问题，你该向谁承认？从某种意义上说，《也许你该找个人聊聊》的核心要义就是你要找到这样一个人，能够和他对话、聊天，能够在他面前承认你内心的那份脆弱。

当你的内心能够与别人沟通、向别人表达时，实际上就相当于你把内心的那扇门打开了。也就意味着你接纳了自己的不完美、接纳了自己的痛苦，也就接纳了自己重新出发的勇气。

两个月前，我还没有入驻抖音；10天前，我还没有开始在抖音做直播。但是你看，现在我就勇敢地出发了，勇敢地站在这儿了，勇敢地站在你们面前了。

每个人都有无限的可能，每个人的内心都有无限的潜能，我们只要真正地聆听内心的声音，把压在上面的巨石推开，你会突然发现，亮光就会照进我们的内心。你会突然发现自己本身就是那道亮光，你走到人群中会闪闪发光，你走到黑暗中就照亮了周边的世界。要永远记住，我们每个人的内心深处都有一扇改变之门，钥匙就在你自己的手中，只有你自己才能够从内向外打开。

荣格曾说，人们会想尽各种办法，使用各种荒谬的办法来避免面对自己的灵魂，尤其是面对自己灵魂里那些特别痛苦的东西。不过，逃避只是一时的，我们不能心存幻想，这个世界永远没有所谓的奇迹，我们终将要直面痛苦。实际上，当我们能够直面痛苦时，当我们能够与身边的人诉说时，当我们能够把痛苦拿出来，放到阳光下面时，痛苦就已经不再压在我们的心上，我们就能够走出痛苦。

二
生活中的不确定性也是人生机遇

尽管我们说，没有什么能比从痛苦中走出来更加令人向往了，可是很多人可能根本不想改变，他们希望这个世界永远处在相对稳定的状态。而生活，却是不确定性的代名词。

亲爱的朋友，我们的生活每时每刻都面临着不确定性。比如，每天的天气是不确定的，同事和主管的心情是不确定的，上班路上出现堵车等意外是不确定的……我们在匆匆忙忙前行中，有人可能会撞到我们，回到家时，家人可能不开心……这些都没有办法控制。

如果我们做的任何事情都已经提前确定了的话，其实做不做也就没有多大意义了，人生也就没有惊喜和精彩了。正是因为生活中充满了不确定性，人生才充满挑战，人生才充满意义。这也是我赞赏的一种人生哲学。

生活总是充满了不确定性，有欢乐也有痛苦，为什么我们不释放掉内心的痛苦，从痛苦中走出来，从而让我们人生中的每一个日子都阳光灿烂呢？

很多人会问：既然生活中存在这么多不确定，我们很可能达不到目标，怎么办？我们在日常生活中做事情时，没有任何曲折就直接达到目标是非常不容易实现的。如果我们下定决心做一件事情，首先，不妨先定一个相对较高的大目标，同时在实现大目标的过程中，再制定一些小目标，让目标更加容易实现。其次，我们在确定一个目标时，可以同时确定达到这个目标要做的步骤。比如，我们的目标是走到浴室去，一共需要5步，怎么做呢？我们肯定是先走出第1步，然后再走第2步，接着是第3步、第4步、第5步，这样就走到浴室。很多人在做决策、制定目标时，只想着一步就跳到浴室去，这往往是不可能的，你怎么可能一步就跳过去呢？如果我们静下心来，先走出第1步，再走第2步，慢慢地一步一步地走，我们就会稳稳当当地到达目标。

一个人获得了成功，他一定是先做一件小事，做得不错之后再做另外一件小事，再做得不错之后，自然也就推动着他去做第3件小事，如此推进，最终就可能做了100件小事。而这100件小事并不是无用功，它们累积起来，从量变到质变，他就做成了一件大事。这件大事也会形成巨大的正反馈，从而不断地在他的大脑中构建神经回路，形成一个正反馈系统。最后，他就会变得愈发自信，面对生活的不确定性的能力也就随之提升。

用我自己做短视频这件事举例。我在 2023 年 1 月 6 日发出第 1 条抖音短视频后，每天坚持发，粉丝数量陆续突破了 100 万、200 万，这让我很开心，我也不断获得正反馈。我期待着我的粉丝数量能够继续超过 300 万、400 万，并不断地增长下去。真正让我在乎的并不是这些表面数字的增长，而是我希望自己能够与更多人交流和分享。当我通过短视频、通过直播和更多的朋友聊天时，我的内心也会更加喜悦、更加幸福。

亲爱的朋友，当你内心孤独时，当你内心痛苦时，当你觉得没有人可以跟你聊天时，我恳求你一定要主动并勇敢地打开心中那扇紧锁的门。你能够和别人聊天，能够把内心的脆弱展示出来，你的那份"真"也就喷薄而出，自然而然地感动你身边的人，赢得更多人的信任。人们常说，你恰当地示弱于身边的同事，他们就会相信你；你恰当地示弱于好朋友，他们就会助力你；你恰当地示弱于父母，他们就会更加疼爱你。

以我自己的成长经历来说。我出生在农村，父亲是一个乡村教师，母亲在村里是非常善良的一个人。小时候，他们给了我非常好的家庭环境，因此，我也获得了很多在我人生中让我能够相信和热爱并为之去奋斗的东西。在我 30 多年的教书经历中，我也理解了很多小时候成长环境没有那么好的孩子，他们是怎样的心境。坦率地说，我仍然无法完全地感同身受，但我从来没有放弃过提升自己的同情心和同理心。特别是当我创办高途，了解了几万个员工的故事，也经历了方方面面的变化以后，我在分享好书时，越发能够感受到自己的责任和义务。我想要和所有的朋友聊天，给你们讲述我的故事，也想听你们说说自己的故事。

生活的本质是什么？生活的本质是变化。人类的本性是什么？人类的本性是抗拒变化。想一想恐龙的故事，因为外在环境发生剧烈变化，恐龙不能适应那种变化，就灭绝了。我们今天的外界环境发生那么多变化，如果我们再不变化，如果我们抗拒变化，我们就会被社会淘汰，就会被社会抛弃。

我在多个场合讲到过一件事情。在 2016 年，我对自己严格要求，不再参加任何访谈，不再参加任何活动，不再上任何电视节目，而是聚焦所有时间踏踏实实地去抓团队、抓业务，完成学生和家长的高期待。算起来，到现在已经有 7 年的时间，外界都没有陈向东的声音，我也没有出版过任何书籍，没有做任何与公司经营不相干的事。

但是，到了 2022 年年底，我突然惊醒了。这几年，高途成为上市公司后，经历了各种外界环境的变化，目前已经"活下来"了，现在各条业务线也做得非常好，这时我突然发现时代变了，现在的时代是伟大的直播互联网时代。

在这个伟大的直播互联网时代，如果高途在其中没有作为，陈向东作为公司的创始人、CEO，没有声音，没有短视频，没有通过视频直播和公众沟通，没有跟上形势变化，我这个创始人、CEO 不就被淘汰了吗？高途不就会被社会淘汰了吗？其实，从某种程度上说，我本身有点儿抗拒这种变化，或者我的"本我"还没有接受这种变化。

所以，我痛定思痛，在做自我对话时说："陈向东，今天你必须应对变化，必须做出改变。"因此，我在 2022 年 12 月 28 日决定做短视频、做直播，于是在 2023 年 1 月 6 日，我发布了第 1 条短视频。

亲爱的朋友，如果生活的本质是变化，而人类的本性是抗拒变化，你能不能成为一个真正的优秀者、真正的创业者，能不能去拥抱那些变化呢？

你内心不自信的原因，就是在你的心上有一个东西把自信压住了，它被阴影遮挡了，光没有照进来，或者在你的心里有一些消极的情绪，阻挠了你内心的行动。今天，我们可以找一个人聊聊，从而走出我们内心的困境。

《也许你该找个人聊聊》这本书，表面是说你要找个人聊聊，内在的核心本质是我们应该如何坦诚地面对我们自己的内心。

书中描述了 5 个人物，不管描述的是制片人、酗酒的女孩、患癌症的大学老师、69 岁的老太太，还是经历失恋且面临着自己人生痛苦的作者本人，所有人的故事背后都是在说我们如何能够面对自己的内心，如何能够面对真正的自己，如何能够有所改变。

我特别喜欢维克多·雨果说的一句话："黑夜降临我们的内心时，也会留下星星。"有时候我们会遇到一些不太顺心的事情，遇到一些黑暗，实际上，同时也会给我们留下"星星"，问题是我们如何来看待它。问题就在那儿，已经很难改变，当我们对待问题的态度发生变化时，我们会发现这个问题可能就不再是问题，而是我们成长路上的垫脚石。

当我们面对个人成长的问题时，可以问问自己：当下我有哪些问题？这些问题我应该怎么解决？

三
自卑和童年

我们生活在这个世界上，每个人都会和身边亲近的人产生亲密关系。亲密关系是人类所拥有的非常独特的一种关系。但是，人们在其中也很有可能会相互伤害，即使是夫妻、父子、母子、伙伴，也是如此。

我认为亲密关系有一个特别之处，就是一旦受到了伤害，只要你尽力去沟通，把问题说开，它是能够修复的。所以我们的问题是，当你和有亲密关系的人之间有了矛盾和冲突，当你的亲密关系发生了急剧的、你觉得难以调和的问题时，你能够及时地认识到问题吗？你该如何面对问题、解决问题呢？

在《也许你该找个人聊聊》里有一个老太太，她有 4 个孩子，她和 4 个孩子的关系都很糟糕，因此直到 69 岁，她仍然一个人生活在孤独之中。她给孩子们打电话，孩子们不理她。毕竟她之前从没真正地去改善和孩子们之间的关系，现在突然想要和孩子们聊天时，难免会被觉得很虚伪，然后被拒绝，因此她很痛苦。后来当她去做心理咨询时，作者告诉她，她应该放下过去，好好地和孩子们聊聊。

当她试图去给她的孩子们道歉，聆听他们的声音时，4 个孩子也开始喜欢她了，给予她很多正向的反馈，她也就重新得到了爱。

所以有时候，当我们感受不到爱时，不是没有爱，而是因为我们没有去爱，爱也就没有真正地来到我们身边。如果我们没有让那束爱的光照到自己的内心深处，又怎么会让别人感受到我们值得被爱呢？爱就在那儿，只是我们拒绝了它。

我们每个人都应该记住，即使在最亲密的家庭关系中，我们也可能会受到伤害。你和谁越亲密，就越容易被谁伤害，也就越容易伤害到谁。而伤害其实不可怕，重要的是我们能不能去修复。

我认为作为父母，在必要时需要真诚地跟孩子道歉，跟孩子说对不起。我今天就给我的女儿打电话，跟她承认错误了：爸爸在有些地方做得确实是不对的，爸爸在有些地方可能没有考虑到你，只是从自己的角度思考和判断。

我是农村出来的孩子，后来考到中国人民大学读硕士、读博士。毕业后我一直在教育行业工作，也算做出了一点儿成绩。后来创办了高途，在美国纽交所上市。我在工作和生活中特别自律，我对孩子的要求也很高，所以，我的孩子是蛮不容易的。我对孩子要求越高，孩子的压力也就越大，而且我当惯了领导，有时候跟孩子说话，一不小心就没有了跟孩子相处该有的同理心，对孩子也是会有伤害的。这是我的检讨。

今天给我女儿打电话时，她正在忙着，虽然就说了两句话，我说"爸爸想你了"，没再多说别的事，但我觉得，有这么一个表达就够了，我在心里压着的那个东西就被拿走了。

在每个人的成长历程中，"家庭"这一因素始终占据着至关重要的地位。有一次，我和高途的伙伴聊天。第一个伙伴说他们家是开饭店的，过去几年生意都不好，所以他要努力工作；第二个伙伴说他的父亲是做建筑的，借了高利贷去承包工程，现在父亲失信了，所以他要努力工作；第三个伙伴的父亲是大卡车司机，身体不好，他觉得心里很难受，所以他要努力工作；第四个伙伴的父母都是公务员，身体也很好，没有任何压力，因此他觉得自己各方面还都挺好的。4个伙伴都是随机聊的，这些真实的经历让我深感责任重大，因为只有高途取得更好的发展，他们才能有更好的未来。

我们没有办法选择家庭、选择出身，但是我认为，我们有办法做一个选择，就是我们能够真诚地面对问题，真诚地面对过往发生的事情，真诚地面对曾经受到的挫败和伤害。

每个人在人生中，受到来自"家庭"的影响是非常大的。可怜天下父母心，有太多的父母费尽心思想让孩子过得轻松点，到头来却让孩子们过得更加辛苦了。

以我的父母来说，他们希望我们姐弟几人都过得好一点。多年来，他们一直很努力、很辛苦，我很感谢他们。当然，他们也不可能每件事都做得面面俱到，在我的成长过程中，曾有一些对我来说比较艰难的时刻。回顾过往，我也有一些不足为外人知道的心理阴影。

我小时候是一个淘气的孩子，经常会挨父母打。一挨打，我就开始怀疑自己是不是亲生的，我想我肯定是捡来的孩子，所以他们才会打我。到了14岁初中毕业时，这种想法甚至更加强化了。因为我本来报考的是高中，但是父亲把我的志愿改成了师范学校，因此我就失去了上高中的机会。那时我觉得自己真的是捡来的孩子。那段时间，这种念头一直在我的脑海中闪现，我一直不敢讲，也放不下。等到我去读师范学校时，遇到了很多像我一样来自贫穷家庭的孩子，看到那么多人因为家里贫穷而不得不读师范学校时，那个荒唐的念头才开始在我的心里逐渐瓦解，我理解了父母，他们当时真的是没有办法。我既然已经到师范学校上学了，为什么不在当下的环境中学得更好呢？慢慢地，我也就走出了那个阴影。

每个人可能都有需要走出来的阴影，但并不是每个人都有幸拥有足够的资源和机会。当我们面临这样的困境时，与他人分享内心深处最痛楚的部分，尤其是那些我们不愿意轻易展示给他人的部分，可能会成为我们突破成长路径的关键。我认为找个人聊聊，或许能找到一个全新的视角，从而开启人生的新篇章。

有的人不自信，可能和小时候挨打比较多有很大的关系。每挨打一次，尽管父母把这当作是教育，但是倘若你年纪很小，并不能够真正理解父母的初心，实际上倒不如说是受到了恐吓。每挨打一次，就是把你心里那份向上的东西打掉了，因此，你会变得畏惧。父母用暴力的方法来做校正时，就会在孩子的内心造成创伤。所以，小时候挨打很多的孩子，如果后面没有被很好地治愈，他的内心就会种下不自信的种子，投射出不安全的阴影，甚至出现暴力倾向。

在《也许你该找个人聊聊》中，作者举了几个例子。比如，如果父母中有一个人喜欢酗酒，并且喝醉酒就会打人，一般在这种环境中长大的女孩，很可能会不自觉地找一个酗酒的男人结婚；如果小时候父母总是争吵，会给她带来不安全感，这个女孩长大之后，就很容易因为缺乏安全感而和伴侣陷入争吵。我们很多时候感受不到，但是这些实实在在地就发生在我们身边。

前面我们也讲过，很多人实际上和父母是有冲突的，和父母的亲密关系是有问题的。但有问题并不可怕，可怕的是我们不能面对问题。

有朋友问："陈老师，我自卑了，该怎么办呢？"

扎根于内心的自卑，一般来说，并不是长大后才产生的，这种自卑的核心起源可能还是来自父母，来自原生家庭。很多科学研究成果，以及在《也许你该找个人聊聊》中讲述的这些故事，同一的指向是：人们自卑的根源来自他的童年。

在这里，我给大家提3个建议：

第一，当你觉得自卑时，需要找父母聊聊，可以是一起吃饭的时候，也可以是一起旅行的时候，把它说出来。聊的时候父母可能会不开心，可能会感到痛苦，但是你要大胆地聊、真诚地聊，同时还要对父母表达爱意：爸爸妈妈，我想给你们讲件事，那件事到今天都让我不自信，但是我必须告诉你们。因为第一、第二、第三、第四……不过，爸爸妈妈，我还是爱你们的，但在那个时候，你们确实让我觉得自卑了。你这样表达后，我相信你的父母也会真诚地和你对话，甚至会道歉，那么你可能就会从自卑的阴影中走出来了。

第二，如果你在中学时代，因为某方面的评价不及他人而产生了自卑感，以致进入社会后，这种自卑仍然如影随形。我的建议是，努力找到或培养一项特长，让自己在某一方面优于身边的人。比如我五音不全，唱歌和画画都不擅长，但是我的写作能力、口头表达能力都不错，并且我始终努力追求进步。这些优点带给我一系列正反馈，也能够让我从自卑中走出来。

第三，当你感到自卑时，有一个非常有效的做法，我们在前面也提到过。你可以先做一件当下的小事，当你把这件小事做好了，就能驱动你做后面的第二件小事。当你不断把小事做得非常好时，这些小事就会在你的大脑中形成很多成功的模块，从而形成成功的神经回路。最后，你不断地用小事件来获取大事件的成功，不断用小成功带动大成功，在这个过程中，你就会慢慢得到更多认可，你将不再自卑，而是不断收获自信。

在生活和工作中，信任关系非常重要，怎么赢得信任呢？有3个最重要的步骤。

第一，自信。信任永远建立在自信的基础之上，如果你自卑，别人怎么会把他的信任建立在你自己都不自信的地方呢？而自信就是在工作中，通过取得一个又一个进步和成功获得的。

第二，付出。在工作中，对你的合作者、团队要毫无保留地付出。当你全心全意地付出了，别人就会信任你。

第三，默契。一个团队如果表现得特别默契，一定是建立在信任之上的，而这份默契就是信任最好的证明，同时这份信任也会在默契中得到提升。

因此，信任一定是建立于自信的基础之上，完成于给予的过程之中，升华于共同的默契之后。

每个人在一生中，和自己对话的次数要远远多于和别人对话的次数。我们怎样能够学会和自己对话？怎样能够聆听内心的声音？怎样能够在不断地接受自我的过程中忘掉那些自卑，搬开压在内心深处的那些巨石，让我们自己能够健康生长？这些问题都是非常重要的。

为什么很多人会有精神内耗？因为总想改变过去，过去没法改变，所以就会痛苦，就会内耗；总想去改变别人，别人改变不了，所以就会痛苦，就会内耗；总想改变未来，未来还没有来，结果杞人忧天，会痛苦，就会内耗。

可能我们在过去有很多不成功，有很多焦虑，当我们坦诚面对过去，并和自我对话时，要能够正视自己的缺点，与之相和解。不要执着于过去的错误，不要执着于过去的迷失，也不要不断地惩罚自己，否则，悔恨、懊恼、自卑、自责、羞愧、恐惧就会进入你的内心，把阳光挡住了，把希望阻隔了，最后你的内心就会暗无天日，就会寸草不生、不堪重负。有一天，你可能会对生活绝望。

所以，真正的成长一定是能够与过去握手言和，能够与内心不完美的自己握手言和。

我觉得自己很幸运，这辈子不知道汇聚了多少福分才走到今天。我小时候经历了那么多磨难，经历过很多不开心的事情，但是我能够很早就走出来，然后变成了今天的自己，我对此常怀感恩之心。

有很多朋友在职场中、在生活中，依然有很多不安全感，很大原因还是要归结于童年经历。因此我在这里提醒父母们，在养育孩子时要注意可以避免的问题，记住这些优质育儿的基本原则：

第一，适度。养育孩子时一定要注意适度，无论是奖惩还是其他方面的干预，都不要过度。

第二，共情。你很高兴、很开心时，孩子也会开心；你伤心、难过时，孩子也会难过。所以，当着孩子面争吵，用语言辱骂孩子，体罚孩子，都是非常错误的，打孩子更是绝对不行。酗酒，喝到烂醉如泥，对孩子推搡，也是不对的。

第三，顺应孩子的秉性。看看孩子到底是什么样的秉性，然后顺着孩子的秉性去引导，孩子才能更好地成长。

这些原则看起来很简单，做起来其实非常难。为了孩子的健康成长，再难也要坚持下去。

四
幸福究竟是什么

我们是在和别人的关系中成长的，如果我们想更好地成长，就要建立更好的关系。我们到一家公司工作，是在建立关系；我们找男女朋友、结婚、抚育孩子，是在建立关系；我们探望父母或者给父母打电话问候，是在建立关系；我们每天一起读书，是在建立关系；我在抖音直播和大家分享好书，也是想和大家建立关系。

每个人都是通过和别人建立关系来成长的，你的关系建立得越好，你就会成长得越快。所以，请记住 3 句话：

第一，接纳自己。学会接纳自己才是自救的开始。每个人都不完美，都可能有一些不好言说的过去，心里会有阴暗的角落。接纳自己、接纳内心的不完美，才能和别人建立正常的关系。

第二，表达愤怒。愤怒是我们对外在的反应。你愤怒，是因为外在因素触碰到了内心的不完美，触发了你内心的不安全感、焦虑感、自卑感、恐惧感，所以你会愤怒。你不要怕，一定要让愤怒恰当地表达出来，表达愤怒恰是正视自己的内心。

第三，反思检讨。你在愤怒之后要进行反思和检讨，你的愤怒到底来自什么地方，能不能把愤怒变得少一点。如果你动辄对爱人发脾气，动辄对孩子愤怒，动辄大吼大叫，有可能就是你的内心问题。

我们来分辨"痛"和"痛苦"。比如，被针扎了一下，我们会感觉到痛，但不会痛苦，因为痛是对外界刺激的生理反应，痛苦是来自内心深处的精神反应。形象地说，痛苦就是压在内心上的一块巨石，是挡住你内心接受阳光的乌云，是你想安静时却在一旁吵闹并对你进行心智干扰的噪声。

痛与痛苦是不同的。你看那些厉害的人，他们不是不会痛苦，而是他们在遭遇痛苦之后，能够迅速地从痛苦中走出来。而那些缺乏自信的人，却会因为过往的失败而产生恐惧，把"痛"放大成了"痛苦"，无法从痛苦中走出来。

很多痛苦的根源是来自童年，来自经历过的一些事情。因此我们需要真诚地面对童年、面对内心，真诚地和自我、和他人对话，接受自己以前的不完美，接受父母的不完美，接受从小到大的教育中所存在的或多或少的问题，接受当下某些方面的缺憾，这才是自救的开始。

有的人身体状况没那么好，却做出了非常伟大的事情，取得了惊人的成就。因为虽然他们的身体不好，但是他们的精神力量却很强大。

学会接纳，才是自救的开始；学会悦纳，才是成功的开始；学会自洽，才是幸福的开始。

什么是幸福?

幸福绝对不是你多有钱。我看到很多有钱人，都经历过巨大的痛苦。我自己创业时也想有钱。创业刚开始，我们就融到了 5000 万美元，但是后面的发展遭遇了困境。有一段时间我极其痛苦，半夜两三点睡觉，4 点多就醒了。我坐在床边，漫漫长夜，在痛苦中挨到天亮。所以说，有钱不一定就是幸福的。

幸福不是你有多高的地位，也不是你有多大的权力。幸福也不是青春年少，貌美如花。真正的幸福是能够做自己，真正的幸福就是吃得饱、睡得着，能够有事做，有人爱，有期待。

如果你问我什么叫幸福，我会告诉你，幸福就是自我悦纳，幸福就是能够自洽，幸福就是大胆地做自己、勇敢地做自己、骄傲地做自己，幸福就是你能够爱别人，你爱的人同样也爱你。

巴菲特 70 多岁时，有人问他："巴菲特先生，你认为什么是幸福?"巴菲特出人意料地说："幸福就是当你到 70 多岁时，你爱的人还爱你，甚至你爱的人会爱你更多一点儿。"

我们可以想象一下，如果你是一个漂亮的女孩儿，到 70 多岁时，你的外表可能已经没有那么吸引人了，但是你发现那些你爱的人和爱你的人，他们会更加爱你的时候，那是一份多大的幸福啊!

最近做直播，有一些朋友问我："陈老师，你现在有这么多白头发，为什么不染一染？"我在31岁时染过一次，后来再也没染过了。记得当时我还烫了头发，结果同事们都觉得很诧异，我老婆看到后也很诧异。我就想，这可能不是我的风格，从那以后我就再也没有烫过头发。我的头发以前很黑的，不需要染，现在的白头发是创业后才长出来的。

　　2014年6月，我们刚创业就拿到了5000万美元的A轮融资，应该是当时全中国一个独立创业团队拿到的最高A轮融资。到了2016年，因为我们做得不好，账上没什么钱了，那时候我感到特别羞愧、难受，负面情绪一下子全涌上来了。拿到5000万美元，把钱全烧完了，还赚不到钱，我觉得对不起投资人，更对不起一直追随我的那些伙伴。那个时候，担心伙伴们会不干了，几乎每天晚上我都和他们团建、喝酒，夜里两三点才睡觉。好不容易睡着了，到4点多就醒了。那个时候，我才懂得人为什么会有负面情绪，甚至会走极端；那个时候，我的白头发开始飞速地生长。

　　在我最难的时候，有些瞬间我确实想过放弃。我曾经对伙伴说，如果高途做不成，我就找一个小岛躲起来，再也不见人了。因为我心里有一种羞愧感。

　　我每次感到难受、感到失落，就会想到小时候挨打的经历。其实小时候父母也给过我很多夸奖，特别是我父亲，经常会在语言上、行动上鼓励我。有一次，父亲在我挨打之后，把我背起来，说："你那么聪明，没事的。你妈妈太在乎你了，所以才会打你的。"我到今天还能清晰地记得那个场景。然后我就告诉自己没问题的，于是变得更加有韧性、更加乐观了。

　　后来每次遇到困境，我就告诉自己："陈向东，你没问题的。"所以，即使在那个最艰难的时刻，即使我长了很多白发，这些也都慢慢地让我变得更加强大了。在你面临真正的困难时，与困境中的自己对话，你会发现它既是危机，也是转机。

　　每个人在一生中与自己对话的次数，要远远多于与周边人对话的次数。所以我们和内心对话，和自我对话，和灵魂对话，这是我们真正成为伟大的、强大的、优秀的、卓越的自己的一个必备方法。我们可以在每天跑步时，在一个特别安静的夜晚，在一个轻松的假期，与自己相处，这种自我对话是非常有价值、非常有帮助的。

我年轻的时候曾经有过容貌焦虑，但现在我的头上又长了不少白发。我想，我快52岁了，头上的白发不就证明了我走过的路吗？每一根白发都是我的沧桑，我的记忆，我的很多故事。其实你们看，我也算是有钱人了，那你们说我就特别幸福吗？我弟弟比我小两岁，他基本上没有白发，从这个意义上说，他比我成功多了。还有，我姐姐现在睡眠质量特别高，倒头就能睡着，而我睡觉还是有点儿困难，那我姐姐是不是比我成功多了？

人生真正的幸福，一定是能够悦纳自己。人生真正的成功，一定是能够自洽。当你能够聆听自己的声音，当你能够爱上你自己，当你能够为你自己而骄傲，当你觉得你的存在自带光芒，你就是光，你就是那颗最璀璨的星，那你对周边一切的影响将会有多大啊！

也许你可以找个人聊聊，我们每个人都是通过和别人的关系来自洽的，都是通过和别人的关系来悦纳的，都是通过和别人关系的构建来给自己反馈，从而让自己成长和成功的。

还记得《小王子》中小王子和狐狸的对话吗？狐狸说请你驯养我吧，小王子问什么叫作驯养。驯养就是我们来建立关系，建立关系时，你是我的唯一，我是你的唯一。当你走近我时，你的脚步声就是世界上最动听的音乐。你的头发是金黄色的，当我看到金黄色的麦浪时，我就会想起你，因为你的金黄色就是我所爱的。

每个人都在期待着自我成长，我们怎么样能够成长呢？我认为每个人的人生中都要经历5个阶段：

第1阶段，我们没有做好准备，也就没有办法出发。

第2阶段，我们做了一点点准备，但是犹豫不决、彷徨，纠结要做还是不做，我们到底要不要出发。

第 3 阶段，开始做准备。

第 4 阶段，行动阶段。很多人卡在了没有行动上，这是关键。我之前讲过，一个伟大的创想如果没有执行，价值 20 元；一个伟大的创想加上卓越执行，价值 2000 万美元。

在 2023 年 1 月 6 日之前，我从来没有发过短视频，从这天开始，我发布了我的第 1 条短视频，不断地和大家沟通、互动，大家也给予了我很多帮助。今天是我在抖音做的第 9 场直播，现在有 200 多万朋友关注了我，这是我收获到的多大的荣耀啊！

很多朋友问："陈老师，你是企业家，做什么直播啊？"世界在发生重大变化，时代在变化，生活在变化，现在是伟大的直播互联网时代，我为什么不做直播？我为什么不有所行动？是的，我可能年龄大了些，但是我的心很年轻，我的心按捺不住，今天在这里给大家做直播，我特别开心。

第 5 个阶段，坚持。很多人问我，我已经努力这么长时间了，怎么还没有成功？什么叫成功？"行百里者半九十"，如果说你要走 100 里路，走到 90 里时才算实现了一半，因为后面的 10 里路非常难走。我们往往容易高估一年取得的成绩，但是我们往往容易低估坚持 10 年所能取得的成就。

五
心理发展的 8 个阶段

每个人的心理发展是分成 8 个阶段的，分别是：

1. 婴儿期（希望）——信任 / 不信任

2. 幼儿期（意志）——自主独立 / 羞怯怀疑

3. 学龄前（目的）——主动 / 内疚

4. 学童期（能力）——勤奋 / 自卑

5. 青少年（忠诚）——同一性 / 角色混乱

6. 青年（爱）——亲密/孤独

7. 中年（关怀）——再生力/停滞

8. 老年（智慧）——自我实现/绝望

第1阶段，婴儿期。婴儿期阶段是在0～1岁时，他对人要么信任，要么是不信任。

第2阶段，幼儿期。幼儿期是1～3岁，要注意孩子意志力的锻炼。尽管他可能有羞怯，但这是让他自主独立的最佳时期。这时候，他走路摔倒了，如果你因过分担心而扶起他，有可能就破坏了孩子的自主独立性。

第3阶段，学龄前。学龄前阶段是3～6岁，要注意看孩子是一个自信主动的人，还是一个自卑怯懦的人。所谓的主动是我要担责，我要自己说了算；所谓的怯懦，是我感觉自己什么都不好，什么都不行。

孩子是否自卑，很大程度上取决于婴儿期、幼儿期和学龄前，父母在他内心的映射。在婴儿期，他信任别人吗？在幼儿期，他自主独立吗？在学龄前，他自信主动吗？

第4阶段，学童期。孩子上小学时，是勤奋的还是懒惰的？这个时期要重点关注孩子的学习能力方面的构建。

第5阶段，青少年。孩子对他自己的角色认知清晰吗？他是同一性的还是角色认知混乱的？孩子一般到了初中、高中会叛逆，最重要的原因是他的角色认知发生了混乱，他的成长方向可能慢慢地跑偏了。

第6阶段，青年。一个成年人工作后，需要培养的能力是亲密关系的建立，要看他会不会爱别人。

第7阶段，中年。到了中年，要看一个人是不是有活力，会不会继续成长。

第8阶段，老年。到了老年，要看一个人是否有智慧，就要看他能不能自我实现、自我悦纳。

今天，我和大家分享的是《也许你该找个人聊聊》。人们总是抗拒改变，而生活又总是充满着不确定性。我们每个人都希望变成更好的自己，能够勇敢地出发，能够让自己满意，我认为，核心点是我们要走出自己，要和自我对话、和父母对话、和对自己有影响的人对话。当你把内心展示给别人，把真实展示给别人，我相信你就会被爱，你就会被别人相信，你就会被别人期待，你就会真正有人爱、有事做、有期待，你就是真正的你自己。

我始终认为，人的一生总会经历很多痛苦，很多人走不出来，原因是进入了精神内耗。什么是精神内耗？你总想改变过去，结果发现没法改变，所以你就很痛苦；你总想改变别人，但别人怎么改变呢？我们自己都很难改变，更改变不了别人，所以就很痛苦；你总想改变未来，未来还没有来，我们还没有做好准备，你怎么改变呢？

我想，我们要进入到最好的精神状态，唯一的方法就是要勇敢地做自己、勇敢地改变自己、勇敢地向前出发。就像在两个月前，我还没有入驻抖音；在 10 天前，我还没有在抖音开过直播；而今天，我开始在抖音直播，与大家一起分享好书。我又向前迈出了一步。我相信，我们大家都会勇敢地面向更好的未来。

直播分享于 2023 年 2 月 24 日

活在当下，感恩此刻

——读《正念的奇迹》

今天，我跟大家分享的书是《正念的奇迹》。

什么叫作正念呢? 所谓正念就是对当下的实相保有全然的觉知。实相，是佛教用语，意思是指事物的真相或者本然状态。也就是说，正念就是对当下的你、当下你经历的事、当下你遇到的人、当下你的心理感受保持着一种正确的觉知和觉察。

你处于正念中，也就处于一种非常美妙的状态。换句话说，如果我们有正念，我们的生命就会出现奇迹。如果生命中有奇迹，一定是因为正念。

我们要对当下的环境情况有觉知，对当下自己的状况有觉知，对当下自己的内心有觉知。我们有觉知，就容易做出正确的判断，就会得到一些正向反馈，就能够从容地做最好的自己。

所以，觉知是对当下的实相保有的觉知。即使身处最困难的境况中，如果我们能够顺遂我们的呼吸，如果我们能够保持正常呼吸，如果我们能够保持一种平衡的、平静的正念，我们人生的状态就会超越我们的想象。

当我们遇到困境时，当我们遇到挫折时，当我们感到迷茫时，当我们特别愤怒时，是不是我们的呼吸就变得不正常了？有时候上气不接下气，有时候喘不过来气，有时候觉得心都要爆炸，那是因为没有真正地处于正念之中。我们每个人如果都能够处于正念的状态，在任何情境下都能对当下的实相保持觉知的话，我坚信我们就能够重返真实的自我，同时保持一种非常好的状态，最终能够觉悟，达到我们想要达到的境界。

我们来看一下，生活中是不是有时会觉得有人让你不舒服呢？实际上，让你感到不舒服的往往不是这个人，而是你此时内心的意识形态、你内心的憎恨，或者是你内心的无知。

就像很多人称呼我"拉总"，刚开始听到这个称呼时，我是非常愤怒的。后来我想，这不就是他们对高途的一种关切吗？这不就是他们对高途现状的一种诙谐的表达吗？这不就是大家在看待高途时，顺利沟通的一种语言吗？所以，我也就释然了。今天再有人叫我"拉总"时，我已经能比较开心地接受了。

我举这个例子是想告诉大家，有个词叫"当局者迷"。苏东坡有句诗，"不识庐山真面目，只缘身在此山中"，我们也经常说"一叶障目，不见森林""坐井观天"，就是说在很多时候，我们对周边的实相是没有觉知的。所以，正念会让我们对周边所经历的那些事物有正确的觉知。

奇迹，我觉得不仅是属于别人的，也是属于我们自己的。比如，今天是星期六，在家休息，你过得开心吗？到什么地方去玩儿了？是不是陪了陪爱人？是不是陪着孩子做作业了？是不是逗了逗小猫、小狗？等等。我认为这一切都是你的生活，都是你的生活的真相，你需要去享受这种生活，享受这种真相。当我们处于享受状态时，我们就会自发地进入到一种非常美妙的状态，就会自发地和别人做互动和沟通。

今天我跟大家分享的是《正念的奇迹》，这本书非常有名，很多年前我就读过，这次我重新读了一遍，它对我的触动仍然很大。

一行禅师写这本书时，正值越南战争期间，一行禅师去到美国，宣传他的观点、宣传他的信仰，同时呼吁停止战争。

　　在他演讲时，一个美国人非常粗鲁地打断他的话，说："一行先生! 如果你这么关心你的同胞，你为什么在这里呢? 如果你这么关心那些受伤的人，你怎么不花时间和他们在一起? "一行禅师稍微平静了一下，他说:"如果你希望树木成长，给叶子浇水是起不了作用的，你必须灌溉树根，这场战争的大部分根源在这里，在你的国家。我要帮助那些被轰炸的人，尽力保护他们不再受苦，我必须在这里。"一行禅师说完，那个粗鲁的美国人就无话可说了。我认为这就是正念的力量。

一
正念的力量

　　像刚才提到的，这个周末我们怎样度过? 两个小时陪爱人，两个小时陪孩子做作业，两个小时陪着可爱的狗狗遛弯，还有两个小时去理发。你可能会发现，这一天还是有点儿累的。

　　我们这样表达行不行? 今天所花费的时间都是我自己的时间，我在享受我的生命。有两个小时，是爱人陪着我一块儿度过的;有两个小时，是孩子陪着我度过的 ;有两个小时，是我的小狗陪我在遛弯，狗狗也很开心，它也是我生命的一部分。这些就是我生活的真相，都是自己的事情、自己的生活，就不会觉得累。进入这样的状态后，你会发现，好开心啊!

　　正念的核心观点，在于不要把你的时间切割，认为你的时间是为了别人，而是，"所有的时间都是我的，所有的时间都是为了我而来的"，这时候你的状态可能就不一样了。

　　当我们能够保持一种正念的状态，当我们对自己生命的每一分钟都非常享受，呼吸就会变得更加平静、更加舒缓。那时，你就像走在一条静谧的乡间小道上，奇迹就在你的每一步当中，欢乐就在你的每一步当中，内心的喜悦就在你的每一步当中。我们能够觉知到生命中的美好时，其实就已经处于我们所说的正念状态了。

给大家举一个我自己的例子。我以前也不太懂正念状态，但是在2016年，正是高途最难的时候，我非常痛苦、焦虑，晚上睡不着觉。后来我突然意识到，我可能真的犯错误了。那个时候，我常常在凌晨2点还在和伙伴们吃饭，凌晨3点还在发微信，这让其他人也处于非常痛苦、非常焦虑的情绪中。后来我做了一个决定，我争取晚上11点以后不给伙伴们发信息，不打扰大家。各位亲爱的朋友，你们知道奇迹的发生吗？当我11点以后不再给伙伴们发信息，尽量不去打扰大家时，我的内心开始变得安静了，我的内心开始变得平和了，结果是伙伴们的心也静下来了。所有人都静下来，就可以把事情想得更清楚，对周围的环境保持良好的觉知，从而做出正确的判断，发挥很好的领导力，把所有的事情都向前推进，高途也就慢慢地走向了更好的状态。

有时候我们会选择在某个地方静静地坐一会儿，这些静坐的时间，恰恰是把周围环境连接到我们自己的身心，把我们所经历的事情连接到内心。当我们把心静下来，然后顺着我们的呼吸，就可以连接所有的美丽。

给大家举我自己的第二个例子。我家旁边有一条小路，路边有许多漂亮的树，即使在寒风凛冽的冬天，下着大雪，我也经常去小路上转一转，拍很多照片。当时身边的人问我，为什么经常给小路拍照片呢？我说，我走在这条路上时，内心是非常舒缓的，内心是非常喜悦的。我在这条小路上每走一步，都觉得非常欢乐；我拍的每一片树叶，好像都是对我微笑的；我拍的每一片雪花，好像都是冲向我的怀抱的；我拍的每一棵树，好像都是和我一起生长的。

给大家举我自己的第三个例子。2022年，国内外的疫情管控还比较严格，乘坐国际航班后，会被安排相当长时间的隔离，但是我仍然去了4次美国，因为那时我儿子正在美国读高中，在他成长的关键时期，我需要在他身边。尽管每次往返都需要花费很长时间，但是我没感到我离开过公司，我也没感到我只是为了儿子去美国，因为我认为那就是我的生活，我的生命就应该这么度过，在应该陪儿子的时候就要花时间陪他。儿子在家时，我就陪着他；儿子去学校后，时间就是我自己的，我依然可以读书、处理工作。我发现我的 2022 年过得特别精彩。如果我认为花费这样的时间是在为别人奉献，是在为别人牺牲，这样的心理状态就不太对了。

亲爱的朋友，当我们能够有一种正念的力量，能够把心放下来，把呼吸放慢一点儿的时候，我们就会发现那才是真正的自己。

《正念的奇迹》这本书带给我很多触动，我想每个人想要达到更好的状态，仅仅有意愿是不够的，还需要付出足够的努力。

有朋友问我，在感到焦虑时，应该如何缓解？我们焦虑，说明我们的内心正处于一种相对不安定的状态。比如，我们在工作上有焦虑，可能会焦虑怎么晋升；我们对家庭有焦虑，可能会焦虑怎么保持家庭和谐，怎样改变孩子不好的学习习惯。我们会有各种各样的焦虑，我认为这是正常的，正常人都有七情六欲，都会有焦虑、有愤怒。走出焦虑的最好方法就是让自己慢下来，让自己静下来，让自己随着呼吸的节奏，慢慢地把自己调整到一个相对比较好的状态。

我们在焦虑时，不妨找找焦虑的根源，看看是什么导致了我们的焦虑。如果是外在环境导致我们焦虑，那是我们内心所产生的一种反应；如果外在环境没有发生变化，我们却总是焦虑，那是我们内心的自我出现了问题。

如果是工作中没有得到好的评价，工作没有突破等导致焦虑，就要想想工作中的问题在哪儿，缺点在哪儿，标杆在哪儿，突破在哪儿。把这些想清楚，然后去学习标杆，就能够有所提升。

如果外界环境没有发生变化，你总是杞人忧天，特别焦虑，担忧万一有一天会发生什么不好的事情，这个时候，你就进入到精神内耗中了。《正念的奇迹》这本书从一个维度告诉我们，怎样能够处于一种比较随顺的、随我的状态。我的建议是，当我们焦虑，陷入精神内耗时，不如就顺其自然，由它去吧。很多事情我们没法控制，我们唯一能控制的，就是可以让我们的心静下来。心静下来了，我们就会慢慢地找到方向，就会听到那个正确的声音。即使我们身处最困厄的境地，即使家庭处于比较糟糕的状况，即使我们今天过得不顺心，也要顺应我们的呼吸。当我们能够顺应呼吸，我们就能够保持正常的状态，做出正确的决定。

《大学》中有句话是："大学之道，在明明德，在亲民，在止于至善。知止而后有定，定而后能静，静而后能安，安而后能虑，虑而后能得。"意思是我们知道在什么地方停止，才能够安定下来；我们真正安定下来，心才能静下来；我们的心静下来，才能做到心安；我们心安了，才能思虑周全；我们思虑周全之后，我们才能够得到和收获。

每个人都是如此渴望自己的人生能有大的收获，我们今天一起在这儿读《正念的奇迹》这本书，就是要把自己的心静下来，读一本好书，品一杯好茶，度一段安静美好的时光。

今天我们聊的不仅仅是一种"成功学"，我认为狭义上寻找捷径和方法的成功学是存在的，但是更大的成功学是关于我们的内心，是我们内心的一种映射。当下的你开心吗？你能觉知到自己的开心吗？当下的你痛苦吗？你能觉知到自己的痛苦吗？当下你想做的事，你能觉知到你的雄心壮志吗？

二
修炼正念的方法

怎样去修炼正念？《正念的奇迹》给我们的答案是，我们要专注工作，保持警觉和警醒，准备好应对各种可能发生的变化，随机应变。

第一，起点是专注工作。比如工作时，如果你认为只是机械地工作，等于是你把时间消耗给了工作，这个错误的认知可能就形成了。当你觉得工作时间也是自己的时间，这就是你应该做的事，是你最愉快的时刻，是你最幸福的时刻，我相信你会发现工作的每一分钟都是愉悦的，工作时间就是最美妙的时间，因为你专注于你的工作，专注于工作中幸福的每分每秒。当我们专注于工作时，我们就能够享受这份工作；当我们越发享受工作时，我们就会达到一种心流状态；当我们进入到心流状态时，就能够觉知自己的内心。

第二，准备好应对外部可能发生的各种变化。生活具有不确定性，总会有各种各样的变化。

比如，"年轻人该先成家，还是该先立业"这个问题就是不确定的，没有一个固定的答案。当我们刻意地选择先成家，或者刻意地选择先立业时，都可能是错误的。我觉得需要保持正念，对当前的自己有所觉知。

第一种状态，专注工作，先立业。在工作中，如果你专注，工作就会有成绩，就会得到晋升机会，得到加薪，工作就会越来越好。当你工作越来越好，当你获得晋升，影响力更大时，你就更有魅力。你更有魅力了，你就更有吸引力。你更有吸引力了，女孩或者男孩就更加喜欢你，那时候你不就有你爱的人或者爱你的人了吗? 然后自然发展，该恋爱就恋爱，该结婚就结婚，该生孩子就生孩子。

第二种状态，在生活中，我们遇到了一个喜欢的人，两个人的价值观、人生观、世界观都是一致的，恰巧这时你感觉工作好像没有那么好，没有达到目标，这时候可以选择先成家。我认为既然喜欢上了一个人就去喜欢，爱上一个人了就去爱，如果你们三观是一致的，深深地相爱，一起成长，不仅你的生活，甚至你的工作也可以很快达到非常好的状态。

正念，就是对于当下要"先立业或者先成家"的自身状态有觉知。当你有觉知的时候，正念告诉你应该保持定力，从而能够真正地做自己的主人，通过不断地构建自我、修炼自我，最后达到一种无我的境界。因此，不必去纠结先立业还是先成家。如果你不断前行，不断努力，假以时日你会发现，成家和立业都自然而然地发生了。

也不是刻意地要求大家必须先做 A，再做 B。如果你觉得已经做好准备了，你就出发；如果你觉得没有做好准备，稍微等一等也没有关系。

正念是促使人们达到更好状态的一种方式，我们希望通过正念让人们获得好的结果。一个人成功的核心原因是有正念，通过持续的内心修炼，最终达到真正正念的状态。所以，正念既是觉知生命的方法，也是其目标；正念是因，也是果。

三
人生中最重要的莫过于呼吸

正念最重要的是什么？不同的人有不同的答案。

连接生命和意识的最重要的桥梁是呼吸，正是呼吸让你的身心合一。如果呼吸停止了，你的生命也就停止了；如果呼吸不正常，你的精神就会不正常；如果呼吸没有规律的节拍，你的健康就会受到威胁。

亲爱的朋友，呼吸是人生中最重要的事情，如果你拥有宁静的呼吸，你就拥有一个更加从容的人生。所以说，你的呼吸应该是轻柔的、和缓的、顺畅的，像流过沙丘的小溪，像飞过花丛的蝴蝶，像拂过山冈的轻风，就是那种很美妙的感觉。如果能够把呼吸控制在这样一种状态，我们就能够找回自我的状态。

今天，我特别推荐《正念经》：

吸气时，觉知你在吸气；呼气时，觉知你在呼气。

深深地吸进一口气时，你知道：我正深深地吸进一口气。

深深地呼出一口气时，你知道：我正深深地呼出一口气。

浅浅地吸进一口气时，你知道：我正浅浅地吸进一口气。

浅浅地呼出一口气时，你知道：我正浅浅地呼出一口气。

吸气，了了分明地觉知整个呼吸，你就这样训练自己。

呼气，了了分明地觉知整个呼吸，你就这样训练自己。

吸气，让整个呼吸平静下来，你就这样训练自己。

呼气，让整个呼吸平静下来，你就这样训练自己。

亲爱的朋友，如果你感到慌张，手忙脚乱，不知道该做什么，那么，让自己安静下来，然后让呼气和吸气舒缓下来，能够听到吸气和呼气的声音。当你听到你的呼吸声时，你不就听到你的内心了吗？你不就和内心对话了吗？

所以说，呼吸是连接身体和心灵的重要桥梁，是连接人和外在事物的重要桥梁。

很多人感觉工作不容易，所以周末的休息时间特别重要。你在工作中感到越发不容易的时候，一定要给自己放假，一周至少要有一天的时间是属于自己的。很多人觉得上班时间不属于自己，如果周末有一天属于自己，你的时间你做主，你将怎样让这一天成为你能够真正把控的一天？如何让这一天像一把梯子，让你再上一个台阶？对每个人来说，这都是很重要的智慧。

我跟大家讲讲我的习惯。

我的第1个好习惯是我习惯在周末洗澡。当然我每天都会冲澡，但是在周末，我会用20分钟甚至30分钟冲澡。我在冲澡时，会忘掉周边的一切，也不会想工作，基本上是在觉知，觉知我的头脑、我的心，进行自我对话，内心那种清澈的感觉超乎想象。

我的第2个好习惯是喜欢读书，并且我在读书时是不听音乐的。我极其专注、极其安静地读书时，读书的效率就特别高。心不静时，读书是读不进去的。我的做法是每天找固定的时间读书。有两个时间段：一个时间段是早上6点30分起床，7点多到公司，那时候伙伴们还没来上班，我有1个多小时可以读书；另一个时间段是晚上睡觉前，有四五十分钟的时间可以读书。在工作日，由于要出席大量的会议，应对大量的来访，确实很难安静地读书。

我想，每个人的内心世界其实都是会变化的。在不同的阶段，不同的人会对你有不同的判断和评价，而你要做的事，就是不要让负面信息把你的心挡住，也不要让不同的意见把你的心挡住。而更重要的是要知道，这个世界上有人喜欢你，肯定也有人不喜欢你。你的任务就是让自己配得上喜欢你的人，可能不喜欢你的人慢慢地有一天也会懂你了。我觉得这是人生很大的智慧，就是所谓的"正念的奇迹"。

在做这次读书分享的直播前，有些人提醒我，会不会有人在评论区写一些不好的话呢。我当时就说，没关系，这样的事情肯定会发生的，但是你要知道，它就是这个世界的一部分。在工作中，在生活中，你是不是也会遇到很多不顺心的事？是不是有很多事让你觉得挺憋屈的？这时候，你要告诉自己，要觉知到真相。当你觉知到真相之后，调整呼吸，让自己平静下来，通过正念去面对。当我们能够做到这些时，我们就可以更好地认识自己，更好地为他人提供帮助了。

所以一个人如果懂得放松，这个人慢慢地就有了清澈的内心、清澈的大脑。我们的念头和感受，其实就是我们自己：当我们愤怒时，我们就是愤怒本身；当我们狂躁时，我们就是狂躁本身；当我们快乐时，我们就是快乐本身；当我们诅咒别人时，我们就是诅咒本身；当我们感恩别人时，我们就是感恩本身；当我们产生了某些念头时，我们就是这些念头本身。

当我们懂得这些时，就会明白，其实在这个世界上，我们要更懂得欣赏，要更懂得感恩，要更懂得怎样才能真正地热爱这个世界。我们把这些想得越发清楚，内心就不会再纠结。我们在很多时候都要试着让自己有定力，当我们越安定、越坚定的时候，就不会迷路。

四
缘起观、无常观、慈悲观

《正念的奇迹》这本书中讲到了 3 个"观"：缘起观，无常观，慈悲观。

第一，缘起观。世间万物都是有因果的，你种什么样的种子，最后就会收获什么样的果实。你种下仇恨的种子，收获的肯定是仇恨的果实；你种下爱的种子，收获的肯定是爱的果实；你种下慈悲的种子，那收获的肯定是慈悲的果实。世间万物都是有缘起的，都是有因果的。

第二，无常观。"无常"就是说世间万物都是在不断变化的。比如说桌子，它现在是张桌子，但是它的木料在多年前可能来自一棵树，它的钉子在多年前可能来自一块铁矿石。而再过几十年之后，木料和钉子可能又成了其他物品上的一部分。所以我们会发现，原来世间万物是无常的，我们每天都是有变化的。你不知道接下来会发生什么样的变化，你要做的，就是在变化出现时，拥抱变化。

第三，慈悲观。什么是慈悲呢？"慈"就是给予众生安乐，就是爱。"悲"就是拔除众生的痛苦，就是同理心、同情心，有悲悯情怀。有人说，真正最高的境界就是有慈悲心，就是爱别人。"先天下之忧而忧，后天下之乐而乐"，其实就是一种慈悲心。我们怎么能够"先天下之忧而忧"？怎么能够"后天下之乐而乐"？这需要我们进行持续的修炼。但是我始终认为，如果我们都能够保持内心的觉知，保持内心的安静，要达到那种境界其实是不难的。

怎么修炼慈悲心？

第一，不要为了慈悲而去做慈悲的事。任何慈悲的起点，一定是做真实的自己，做最好的自己。我们要把自己变成最好的自己，让自己喜欢上自己，这是我们成长的前提。

第二，我们不仅要自己爱自己、喜欢自己，还需要让别人喜欢上我们。我们不会让别人刻意地喜欢我们，而是通过为他人创造价值，为他人服务，让大家慢慢地了解我们，从而喜欢上我们。这是人生中一个非常重要的正反馈。

在日常生活中，有些人总是显得非常乐观，这很可能是因为他们的大脑中存在着许多与乐观相关的正向的神经回路。比如，在过去的日子里，他们乐于助人，得到了他人的感谢；他们创造价值，获得了别人的赞扬；他们的直播演讲可能会启发他人，改变他人的人生观……这些经历都会映射到他们的大脑中，并逐渐形成正向的神经回路。随着时间的推移，他们不断地受到他人正面反馈的激励，与他人互动时更加积极、乐观、感恩和豁达。这种表现最终能够感染和激励其他人，形成积极的互动和正向的反馈。

在我们的人生中，一切都是"一"，"一"就是一切。而这个"一"，其实就是你的内心，从内心开始，我们要相信世间的万物都是有因果的，这就是我们所说的缘起观。我们要相信世间的万物都是在变化的，我们必须要拥抱这个时代的变化，才能跟得上时代，这叫作无常观。再就是，我们要爱这个世界，同时我们要有悲悯情怀，这叫作慈悲观。

这些说起来好像很轻松，但做起来其实是挺难的。《正念的奇迹》这本书主要讲的是，我们要专注于工作，要保持警觉和警醒，同时对外界的变化要保持一种适应性，最后才能够随机而变。这本书的核心内容分为3个部分：

第一，要真正地专注于你的热爱。只有专注，才能够取得成绩；只有专注，才能够超越别人；只有专注，才能够成为最好的自己。

第二，要对外部的变化保持一种警觉，要保持对外部变化的敏锐洞察。外部变化了，如果你不变，那你可能慢慢就被淘汰了。

第三，要通过我们自身随机而变。就像我在7年前严格要求自己不参加访谈，不参加外部活动，不上电视节目。但是，我在2023年1月6日入驻了抖音，2月16日进行了在抖音的第一场直播。其实我自己也在进行变化，进行自我刷新。

所以各位朋友，我们的内心获得解脱，我们的内心从容和温暖，我们自己非常自洽，就会心怀慈悲。

我想起一个非常著名的故事。有一天，一个村庄有非常精彩的舞蹈表演，而这时，一个犯人被要求捧着一碗油，走路穿过这个村子，如果手里的油洒出一滴，就要被杀头。那么，这个犯人会去看精彩的舞蹈表演吗？肯定不会的。因为一旦他不专注于手里的油，分心去看舞蹈表演，如果油洒出来，他就没命了。还有一种情况，这个犯人会担心村民因看舞蹈过于兴奋而撞到他，把他的油撞洒，他也会被杀头。如果你是这个犯人，你会怎么做呢？

在这里，我给出 3 条人生建议：

第一，不要老住在你内心的监狱里，你要从自己内心的监狱里走出来。其实有很多人把自己的心封上了，把心变成了牢房。就像上面提到的犯人，总会担心如果去做一件事，可能就没命了，但是如果我们不做事，别人撞到我们，可能也会没命。如果你是这个犯人，你看舞蹈表演可能会没命，你被别人撞到也可能会没命，那么，大胆地、好好地做自己，可能就是当下最好的感受。大胆地做，大胆地出发，你会突然发现怎么那么多机遇、那么多好运气都是你的。所以我常常讲，在人的一生中，最难的难不过我们的内心。很多时候，我们的痛苦都是来自我们的内心世界。如果有一个外部的事件让你不开心了，最终的因素是你内心的信仰体系出了问题，结果导致了你不开心的状态。如果你能够真正自信，就能大胆地走出来，走出心灵的茧房，走出心灵的监狱。

第二，你能够给别人创造价值，能够给别人喜悦，能够给别人丰盈的时候，你就可以得到别人的信任了。

第三，你要能够真正地和别人心心相印、心心相通。如果三观一致，就能够达到默契。

如果你有了自信，还能够给别人创造价值，达到双赢，同时也能够让别人和你有心灵默契，你不就有信任的力量了吗？你不就能够信任别人了吗？当你能够信任别人，你就构建了关系；当你构建了关系，你就有了相互舒适的自洽状态；当你相当舒适和自洽的时候，你就有了一个来自外部的力量去疏导你的内心，你就变成了能量更加强大的一个个体存在。

五
训练正念的 32 个练习方法

怎样能够训练正念? 有人经常说, 我的人生非常痛苦, 我怎么能够让心静下来? 我的人生特别郁闷, 我怎么能够让心变成一颗温暖的心? 我现在特别焦虑, 我怎么做自己, 怎么能够成为真正的自己呢?

《正念的奇迹》教给我们 32 个正念的练习方法:

1. 早晨醒来时, 轻轻地微笑。

2. 闲暇时, 轻轻地微笑。

3. 听音乐时, 轻轻地微笑。

4. 发怒时, 轻轻地微笑。

5. 平躺, 全身放松。

感觉焦虑的时候, 平躺下来, 全身放松, 忘掉所有的一切。

6. 坐姿放松。

7. 深呼吸。

当你愤怒的时候, 当你有情绪的时候, 不妨让自己深呼吸。

8. 用脚步测量呼吸。

你可以随着走路的节奏感受呼吸, 呼、吸、呼、吸, 那种美妙感是超越想象的。

9. 数呼吸。

10. 听音乐时, 随顺你的呼吸。

听音乐的时候可以随着你的呼吸, 聆听你的呼吸声。哇, 好美啊, 你的呼吸就如同小溪流过了沙丘, 你的呼吸就如同山间的清风掠过云端。

11. 谈话时, 随顺你的呼吸。

我今天讲话有点激动啊, 但这就是我的状态。虽然你看我讲话这么激动, 其实我也在随顺我的呼吸啊。各位亲爱的朋友, 你们也能够随着呼吸, 找到你们的最佳状态。

12. 随顺你的呼吸。

13. 运用呼吸，静定身心以知喜。

14. 对身体的姿势保持正念。

我今天在这里做直播，和你们做分享，其实我也是在保持正念。我的激情，我的慷慨，我的全力以赴，希望你们能够感觉得到。我希望你们能够感受到我的这份真心，我的这份投入，我的这份努力。我认为当你对一件事情真正地热爱，当你对一件事情发自肺腑地想把生命融进去的时候，别人是看得到的。其实我觉得一起读书的你，人生也会一样的精彩。

15. 泡茶时，保持正念。

16. 在正念中洗碗。

17. 在正念中洗衣服。

18. 全神贯注地打扫房子。

19. 慢动作洗个澡。

20. 想象自己是一颗鹅卵石。

像鹅卵石一般地沉入水底，顺滑地找到自我的存在。

21. 正念日，做自己的主人。

22. 观照自己的五蕴。

23. 观照自己与宇宙。

观照自己与宇宙的对话。特别是在夜深人静的时候，走到户外，看着星星，看着月亮，看着云彩，闻着花香，听着蟋蟀的叫声；踏过草地，听着浅草随风响动的声音，感觉你就在宇宙间和别人真正地对话，你也就会沉醉其中。

24. 观照自己的骸骨。

25. 寻找你出生前的本来面目。

26. 观照一位逝去的挚爱。

27. 了悟五蕴皆空。

28. 慈悲地观照你最恨的人。

29. 观照他人的痛苦，生起慈悲。

30. 以无住行的精神工作。

31. 以缘起观来观照人生的成就。

32. 不受限于缘起法，也不背离它。

我们每个人其实都是独一无二的。我们每一个人都会有奇迹，而人生的奇迹，来自你内心的平静和平和，来自你内心的柔软和喜悦，来自你内心的自洽和爱。那么，我们怎么来连接正念呢？我们怎么样能够让自己时刻拥有正念呢？我想核心的起点就是我们要让自己真正成为自己的主人，我们要找到真我，找到我们本来的样子，找到我们能够成为真我，成为不断地突破自我的向上的力量。假以时日，我相信我们就能够成为最好的自己。

在《正念的奇迹》这本书里，提到了托尔斯泰写的一个小故事。

一天，有个皇帝想到，只要他知道 3 个问题的答案，行事就不会再有差错了。

做每件事的最佳时机是什么时候？

与你共事的最重要的人是谁？

无论何时，要做的最重要的事是什么？

但他一直问别人，却始终得不到答案。后来，皇帝听说有一位智者，于是就去找他。翻山越岭见到智者时，智者正在翻土。他就问智者："我来这儿是想请教你 3 个问题：做事的最佳时机是什么时候？什么人最重要？什么事是最重要的？"智者不说话，继续翻土。皇帝没有办法，就开始帮智者翻土。

直到太阳快落山了，皇帝实在忍不住了，他说："你再不告诉我，我就走了。"智者说："你没有留意到有一个人，他刚刚过来时受伤了？"皇帝转头看到了受伤的人，和智者一起帮他清洗伤口，还用自己的衣服给他包扎，帮他把血止住了。后来因为太累了，皇帝就睡着了。第二天皇帝醒来之后，他看到自己救的那个人已经活过来了，他对皇帝说："请原谅我，我原本是来杀你的，但是因为你一直在山上，我等不及了，就冲上了山，然后被你的侍卫捅了一刀，结果你把我救了。现在我特别感谢你，皇帝，以后我都将为你效劳。"

这时智者说："你知道吗？昨天你来帮我翻地，最重要的时刻就是你帮我翻地的时刻；因为你帮我翻地，所以你没有下山，你就没有被谋杀，那最重要的人就是我；你做的最重要的事就是帮我翻地。"他又说，"你后来遇到了这个人，你救了他的命，那时，最重要的时刻就是你救他的时候，他就是当时最重要的人，而最重要的事就是你帮他清理伤口。因此，你和他才有了和解的机会。"

最后，智者说："最重要的时刻永远只有一个，就是现在，现在是我们唯一能主导的时间。最重要的人永远是当下和你在一起的人、在你面前的人，因为谁也不知道将来你是否还会与他人共处。最重要的事就是让你身旁的人快乐，因为这就是人生所追求的。"

其实每个人在一生中最重要的时刻，就是当下，就是现在。最重要的人，就是当下和你一起相处的那个人，就是你生活里那个人，就是你的爱人，你的孩子，你的爸爸，你的妈妈，你工作中的同事，或是今天晚上我们在一起读书的人。而最重要的事，就是你能够让身边的人幸福，能够让身边的人产生喜悦。

我始终坚信，每个人的人生中都会有奇迹，而这个奇迹从来都是由自己创造的，唯一的方法就是自己的内心能够撑得住。我们都知道，在很多时候，我们之所以出现问题，核心原因是我们总是想着改变过去，但是我们的过去改变不了，所以就会导致痛苦、崩溃、精神内耗。

然后，我们还总想去改变身边的人，总想改变别人。但我们改变自己都那么难，改变别人就更难了。于是我们的内心就会崩溃，精神就会紧张，就会发生精神内耗。

还有，我们总是杞人忧天，总想去改变未来。但是未来怎么改变呢？只有改变了现在，未来才有可能发生改变。

　　所以请记住，最重要的时刻永远是现在，最重要的人就是我们身边的人，而当下最重要的事就是让我们身边的人真正地开心、幸福、快乐。

直播分享于 2023 年 2 月 25 日

你当成为最好的你

——读《你当像鸟飞往你的山》

今天我们分享的这本书是《你当像鸟飞往你的山》，英文名叫作 *Educated*，也就是"受教"的意思。我一直认为教育和读书一样，都是投资回报率最高的事情，因此这本书也是特别触动我的。

每个人其实都希望自己变得更好，希望自己变得更阳光，不怕有人批判。从一个人的本我来讲，肯定渴望自己是成功的，也渴望自己是幸福的。今天，你正处于真正的幸福状态吗？

一
一则关于幸福的寓言故事

我想先给大家讲一个故事。

有一个年轻人，特别想知道什么是幸福，于是他跋山涉水，不远万里找到了一个智者。年轻人问："智者，请你告诉我什么是幸福。"

智者说："你看我这边有很多人。这样吧，我给你一个小碟子，这个碟子里有两滴油。你端着这个小碟子，绕着我这个宫殿走一圈，走完回来之后告诉我。记住啊，不要把这碟子里边的两滴油洒了。"

于是年轻人就端着小碟子，战战兢兢地绕着宫殿走了一圈。两个小时之后，他回来了。智者问他："你看到宫殿边上有一个小孩儿和小狗在戏玩吗？"他说："没看到啊，我太紧张了，就怕我的油洒出来。"智者又问："那你看到玫瑰花开，闻到玫瑰花香了吗？"他说："没看到，我太紧张了，我就想着守护这两滴油了。"智者说："这样吧，你再走一圈，然后再告诉我。"

这一次，这个年轻人就对自己说：哦，原来我要去认真地欣赏。于是，他就看到了小孩儿和小狗在戏玩，也看到了玫瑰花开，闻到了玫瑰花香。两个小时过后，他回来了。

智者问他："你看到了什么？"他说："我看到了玫瑰花开，闻到了玫瑰花香。我也看到了小孩儿跟小狗在玩耍。"智者又问："那你碟子里的两滴油呢？"

年轻人一看，两滴油已经不见。这时候智者说："幸福其实就是你碟子里的这两滴油。同时，你还能看到周围那么多风景。"换句话说，幸福就是在你看到风景的时候还能守护着你的这两滴油。

在日常生活中，我们每个人都在享受生活的美好，体验着各种事物。但是我想，当我们在体验人生的过程中，应当守护好自己的这两滴油：一滴油是自己的内心，另一滴油是生命中非常重要的人。真正的幸福不仅仅在于经历、打拼和奋斗，更在于同时能够保持内心的平静与和谐，并让家人和爱的人过上美好的生活。

二
每个人都有自己热爱的那座山

我们为什么要读《你当像鸟飞往你的山》？

这本书的作者很特别，她是出生在美国爱达荷州的一个姑娘，名叫塔拉。

她的家庭情况也非常有意思，一共 9 口人，其中有 7 人是孩子。在 7 个孩子中有 6 个男孩，也就是塔拉的 6 个哥哥，塔拉是最小的。并且这几个孩子都是不上学的，所以塔拉在 17 岁之前并没有真正上过学。但是她在 17 岁时，决定去考大学，然后考取了杨百翰大学的哲学硕士，后来又在剑桥大学读了历史学博士。可以说，她就是一个传奇人物。后来她写的这本书，讲述了她是如何摆脱原生家庭而最后获取成功的。

我们可以想象，一个女孩，没有上过学，17 岁以前也没有读过书，后来居然能够考上杨百翰大学读哲学硕士，还能在剑桥大学读历史学博士。她的故事特别励志。有时候读到一些章节，我都有想要流泪的冲动。

如果有时间，我建议你可以静下心来读一读《你当像鸟飞往你的山》。我觉得，每个人的内心都有着像鸟一样飞翔的渴望，并且每个人都会有自己所热爱的那座山，每个人都想飞往热爱的那座山。

我们在前几天连续分享了《原生家庭》《也许你该找个人聊聊》《正念的奇迹》，今天我们读的是《你当像鸟飞往你的山》。朋友们可能会发现它们之间的内在联系。《原生家庭》讲的是一个人在成长当中的困惑、自卑、恐惧的根源在于他的家庭，在于他的父母，在于他的小时候的生活环境。同样地，《也许你该找个人聊聊》的作者是一位心理咨询师，她通过和 4 个人的深切交谈，通过和她自己的交谈，讲述了他们脆弱、痛苦乃至绝望的故事，试图通过找一个信任的人聊聊，去寻找一种解决方式。在《正念的奇迹》中，我们知道要让自己的心静下来，然后就到了今天所分享的《你当像鸟飞往你的山》。

我始终坚信一个人的健康是通过 4 个维度衡量的：第一维度是 physical（身体）层面，第二维度是 mental（思想）层面，第三维度是 emotional（情绪）层面，第四维度是 spiritual（精神）层面。

第 1 个维度 physical，身体一定要健康。如果身体出了问题，我们每天就不会有一个好状态。所以我们要锻炼身体，要在自己的身体上投资。有些人为什么减肥？为什么健身？为什么爬山？为什么要健康饮食？为什么要有规律的作息? 都是为了身体更好。

第 2 个维度 mental，可以理解为思想。人的思想应该是独立的，如果我们的思想不独立，那就会很痛苦。比如，父母或者身边其他人想要强行控制你的思想，你肯定是痛苦的。思想独立是一个人健康成长非常重要的一个维度。有的父母特别强势，孩子长大后就特别依赖父母，到不熟悉的地方就会恐惧，孩子的思想就没有独立，那孩子的健康成长也就不存在了。如果我们有一技之长，在工作中能够得到认可，得到正反馈，我们的思想就会更加独立。

第 3 个维度 emotional，情绪要稳定。如果我们很容易发怒，情绪容易不稳定，这个状态也是不行的。

第 4 个维度 spiritual，精神层面一定要乐观。

一个人的健康是从这 4 个维度衡量的，身体健康、思想独立、情绪稳定和精神乐观。这 4 件事，做起来都很难。我在和身边的很多朋友聊天时会观察他们，我发现，有的人身体还算蛮不错的，但是他的思想很依赖于其他人，并不独立；有的人情绪是非常容易波动的，容易发火，就像前面故事中说的那个年轻人，端着盛了两滴油的碟子往前行走，情绪波动的时候，油就容易洒出来；还有些人的精神是不乐观的，不快乐的。

如果身体维度上有问题，我觉得解决的难度不大，但是如果思想维度、情绪维度、精神维度有问题，就不太好办了。很多人在这些方面都会受到原生家庭和周围环境的影响，这就是我们这本书《你当像鸟飞往你的山》所揭示的重要意义。

于是很多人会问：我怎样能够不断地突破自我? 怎样让思想变得更加独立? 怎样让情绪保持得更加稳定? 怎样让精神上更加喜悦? 我容易发怒，容易激动，容易恐惧，容易担心，容易悲观，怎么办? 我容易担心这个，担心那个，怎么办? 我就是不自信，很依赖他人，怎么办? 这些问题在我们的生命中是会经常出现的。

我认为每个人的心目中都有所向往的那座山，那么，怎样能够飞到你的那座山呢？我刚才讲过，如果你的身体是健康的，思想是独立的，情绪是稳定的，精神是喜悦的，我相信你肯定就是成功的，做任何事情都会超越他人。

但是我们会发现，在日常生活中，如果没有对身体进行管理，随着工作的忙碌，慢慢地，我们忘了照料自己的身体，健康就容易出问题。在工作中，我们可能不敢接受挑战，不敢承担责任，没有主动积极，结果我们可能得看别人的脸色。我们有点胆小，最后的结果就是不能独立。如果你的思想不独立，那就只能依靠别人，如果别人靠不住，你可能就会掉入深渊。

很多时候，我们好像很难控制情绪，容易激动，容易发怒，容易产生精神内耗。但是你想，你发怒的时候，真正伤害的是谁？发怒是外在的事情在你内心的一种映射，是植于你内心的阻挡和重击，情绪失控是对自身最大的伤害。那我们的情绪为什么会失控呢？在我看来，就是因为我们在对待自我的内心世界时，缺少了一些真正要去平衡的东西。

我们在精神维度一定是要喜悦的，精神的喜悦来自乐观。喜悦的情绪、乐观的情绪是会感染到别人的。慢慢地，别人就会说，你看上去怎么那么阳光灿烂？

之前我们提到，我们的情绪问题，很多时候是源自原生家庭的问题，主要是父母的原因。今天这本《你当像鸟飞往你的山》中又提到，在成长过程中，一些年龄差不多的人，比如兄弟姐妹，对我们的影响也是非常大的。

书中讲到，塔拉家一共有 7 个孩子，都没有上过学。但是后来，她的哥哥泰勒凭自己的努力去读大学了。但爸爸不愿意让塔拉去上学，她就在家读了很多爸爸以前读过的书。所以我们不要认为一个从来没上过学的人就不能考上大学。是的，她没有去教室里学习过，但是她家里有一个叫泰勒的哥哥，读过很多书，她的爸爸以前也读过很多书，而她自己利用闲暇时间也读了很多书。

书中提到一个片段，她的哥哥泰勒有一天启发她说："你也可以去上大学。"于是塔拉第二天就开着车到了 40 公里外的书店，买回了大学入学考试的教材。

回家之后，看到教材当中的那些数学公式、符号，自己都不认识，她又马上开车 40 公里到书店去买回了数学的教科书。

看到这些之后，大家是不是感到特别震撼？原来一个人的成长和成功，与她家里的关键成员也是密不可分的。我在想，如果她没有泰勒这个哥哥，她会不会有今天的表现？很可能是不会的。

书中有一段讲到了她的父亲，她说有段时间，她对自己的父亲是非常排斥的，书中这么写道：

"我只感到愤怒。我想，我们才是付出代价的人。母亲，卢克，肖恩，我们伤痕累累，瘀青、擦伤、脑震荡、腿着火、脑袋开花。我们一直生活在一种警觉的状态和持续的恐惧之中，我们的大脑充斥着皮质醇，因为我们知道那些事情随时可能发生。因为爸爸总是把信念置于安全之前。因为他相信自己是正确的。在经历了第一次车祸、第二次车祸、垃圾箱疗伤、着火、托盘坠落这些事件后，他仍坚持相信自己是对的。付出代价的是我们。"

作者塔拉说到她父亲的时候，那种愤怒、那种恐惧的感觉，其实在这里写得很清楚了。

我们每个人都与家庭紧密相连，内心深处永远留有一个特别的位置给原生家庭，尤其是我们的父母，留给我们和父母经历的所有的一切。塔拉的内心空间有很大一部分留给了她的父亲，尽管其中更多的内容是她和父亲的纠结、和父亲的冲突、和父亲之间无休止的较量。

我们每个人的内心深处其实一直住着父母。作者塔拉说，她在一段时间之内，觉得自己不是妈妈的孩子，而她有一天和妈妈发信息，妈妈突然给她回复：

"你是我的孩子，我本该好好保护你。"

读到这句话的那一刻，我似乎度过了漫长的一生，但那并非我真实的生活。我变成了另一个人，记忆中有不一样的童年。当时我不明白这些文字的魔力，现在也不明白。我只知道一点：当母亲告诉我，说她没有像自己所希望的那样做一个好母亲时，她才第一次成了我的母亲。

"我爱你。"写下这句话后，我合上了笔记本电脑。

这挺让人感慨的，我觉得人其实还是蛮脆弱的。作者说：

"我对家庭长久以来的羞耻感几乎在一夜之间蒸发了。平生，我第一次公开谈论自己的家乡……

"我想，我终于可以坦然地面对过去的生活了。那并不完全是事实，但从更广泛的意义上讲，的确如此：未来真的会更好。现在，一切都已变得更好。现在，母亲也已找到了她的力量。过去是一个幽灵，虚无缥缈，没什么影响力。只有未来才有分量。"

我觉得你可以把这部分内容给母亲看看。如果你是一位母亲，你也可以和孩子一起读读这句话。我觉得我们在第一次做父母时，不一定总是做得完美，但是，我们可以不断学习，努力成为更好的父母。

前面我们曾提到，每个人都要做到身体健康、思想独立、情绪稳定、精神喜悦。而在很多时候，我们独立的思想可能会被过于强势的父母打压，我们稳定的情绪可能会在常常发生冲突的家庭里被破坏，我们喜悦的精神可能会被生活中喘不过气的现实击垮，那在面对未来的时候，我们该如何往前走？《你当像鸟飞往你的山》这本书给了我们很好的借鉴，特别值得一读。

塔拉的哥哥肖恩是个让她痛苦的人，而她的哥哥泰勒是让她读书、给她启迪、让她感到很有依靠的人。塔拉的爸爸反复无常，自以为是，给家人造成了很多伤害，时时刻刻让她愤怒。塔拉的妈妈非常懦弱，该保护她的时候没有保护她。塔拉随着自己的不断成长，不断读书，读硕士，读博士，精神力量慢慢地强大起来，最终跟爸爸和解了，跟妈妈和解了。

三
教育或许就是转变、蜕变、虚伪、背叛

这本书对我的触动非常大。虽然我在过去读了有几千本书，但是我在近

20 年读的都是专业书，都是解决工作实际问题的书，尤其是管理类和经济类的书。人文、历史、地理、哲学类的书都是我在十七八岁时读的，距离现在已经很久了。我近两年才又重新开始读这类书。2021 年，在我 50 岁的时候，我第一次认真地读老子的《道德经》。我觉得在这个年龄来读这些书，可能会读得更快，也更容易理解其中的深意。

这本书的结尾也特别精彩，我读了二三十遍。

小时候，我等待思想成熟，等待经验积累，等待抉择坚定，等待成为一个成年人的样子。那个人，或者那个化身，曾经有所归属。我属于那座山，那座山塑造了我。只是随着年龄的增长，我开始思考，我的起点是否就是我的终点——一个人初具的雏形是否就是他唯一真实的样貌。

负罪感源于一个人对自身不幸的恐惧，与他人无关。

如果你觉得有负罪感，请记住，那是你对自身不幸的恐惧，其实与别人是没有关系的，你要忘掉它，从里边走出来。

当我彻底接受了自己的决定，不再为旧冤耿耿于怀，不再将他的罪过与我的罪过权衡比较时，我终于摆脱了负罪感。我完全不再为父亲考虑，我学会为了我自己而接受自己的决定，为了自己，而不是为了他。因为我需要如此，而不是他罪有应得。

这是我爱他的唯一方式。

我已不是当初那个被父亲养大的孩子，但他依然是那个养育了她的父亲。

你可以用很多说法来称呼这个自我：转变，蜕变，虚伪，背叛。

而我称之为：教育。

我始终认为，我们每个人，我们的爱，我们的自由，我们对于未来的想法，其实都不取决于别人，只取决于我们的内心。我们每个人的内心都有一扇真正从内向外推开的门，而能打开这扇门的主人就是我们自己。就像罗曼·罗兰说的，世界上只有一种英雄主义，那就是我们认清生活真相之后，依然热爱生活，依然热泪盈眶。

四
让你的内心有更多的阳光照进来

每个人都是独一无二的，而这份独一无二来自你内心的不断肯定。当你的内心对自己不断肯定时，就会有更多的阳光照进来，你的内心就会被打开。

所以我经常说一句话，当我们把内心打开，别人才会把他的心打开。你的心是一个宇宙，他的心是一个宇宙，宇宙融合，你就有了更大的宇宙空间，有了更大的世界。格局更大，视野也更大。

每个人都要忘掉所有外在的愤怒。让愤怒随它去吧，因为愤怒是外在的事物在我们内心的投射；让恐惧随它去吧，因为恐惧是外在的事物在我们内心的投射；让羞耻感随它去吧，因为羞耻感也是外在的事物在我们内心的一种投射。当真正能够做自己时，我们就可以勇敢出发了。

这时候我们还会担心犯错吗？我们是不是发现，如果成功了，之前犯的每个错误都是传奇；但如果失败了，之前犯的每个错误可能都是垃圾。

那我们就大胆出发，为什么不能成功呢？我们可能会犯错，但是谁不犯错呢？你越想成功，就越得尝试。在尝试的过程中，可能会犯错，但是可以通过犯错不断地总结，就有更大概率会成功。

当看到别人取得成功时，很多人会质疑，认为他们只是碰巧运气好或者做出了正确的选择。实际上，成功者之所以能够运气好、选择对，很可能是因为他们与我们的认知维度不同。就像有人问我："陈老师，为什么你不两年前就做直播？"两年前我不懂，也没有认知，所以我就没有行动。别人做直播已经两年多了，人家早都做得很好了，那我现在只能奋起直追。我不能懦弱，不能因为别人做了两年了，我就不做了。

《你当像鸟飞往你的山》这本书，和我在前两天讲的《原生家庭》《也许你该找个人聊聊》，都是能够治愈我们心灵的书，都是能够让我们摆脱内心桎梏的书，都是能够让我们坚定地走向自我的书，都是能够让我们打开心扉、与自我内在对话的书。

刚才我讲过，如果别人成功了，而你没有成功，要么是人家选的路对，要么是人家出发得早，而你没尝试，没出发。如果在 2014 年，我满足于在大公司做二把手，满足于丰厚年薪，那怎么会有今天的高途？我觉得人生最大的遗憾是我没做，而不是我做了却没成功。正是那时的我不怕失败，勇敢地出发，从一个地下室、十几个人的小团队开始，才有了今天的高途。曾经有近 4 万名员工，最高市值也到过 2000 多亿。当然，并不是说市值高就代表成功，我举这个例子是想说，你只要出发了，就有胜算的可能，如果你不出发，那永远不可能成功。

五
做人做事的 3 个建议

最后，我想说，我们在做人方面，还要做到以下几点：

第一，一定要从负面情绪中走出来，从内心的脆弱、自卑、焦虑、恐惧中走出来。如果我们不能够从中走出来，以后的人生就少了更多可能性。如果能够从中走出来，以后的人生将更精彩。

第二，一定要非常坚定地、专注地做一件事。当我们能够专注地做一件事时，我们做这件事的成功概率就会比别人高，我们从成功当中得到的正反馈就会比别人强大，我们就会收获更多的自信心。

第三，我们在做任何事情时，一定要乐观加上坚持。一方面，我们要从内心相信我做这件事一定能成功；另一方面，一定要坚持。很多人最终失败，不是因为没有去做准备，而是因为没有去坚持。在成功的黎明前夜，你放弃了，那最后也就没有结果了。所以要在大胆出发的同时，还能够坚持。

我们怎样能够更快进步，更快成长？其实就是要做好这几件事：

第一，兴趣。对要做的事要产生兴趣。我现在做抖音直播，其实才第 11

天，就已经产生兴趣了，所以我会一直坚持干下去。

第二，认真。做一件事，一定要非常认真，非常投入。

第三，全力投入。想做好一件事，一定要把全副精力投入进去。

第四，开拓创新。要不断地拓展认知边界。

此外，我们要做一件大事，先要有一个大的目标。在做的时候，要把大事拆成小事，把大目标拆成小目标。比如，现在我们每天读一本书，到最后累积起来，我们就会有很大的阅读量，从而实现博览群书的愿望。这何尝不是一种成功！

直播分享于 2023 年 2 月 26 日

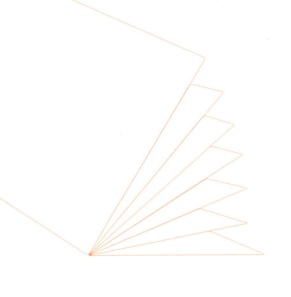

成为『伟大』其实
并不难

——读《世界上最伟大的推销员》

今天我分享的这本书是《世界上最伟大的推销员》。

不知道看过这本书的朋友们怎样评价它。有人说这是一本教你怎样成为好销售的书，有人说这是一本能够让你赚很多钱的书，还有人说这是一本能够让你的人生变得更加富有的书。

在我看来，《世界上最伟大的推销员》是能够让你找到自我的一本书，是能够让你静下心和自我对话的一本书，甚至是能够让你构建自己的人生准则从而不断进步的一本书。

一
触动我的 3 段经典对话

在《世界上最伟大的推销员》这本书中，有 3 段经典的对话。

第 1 段是海菲作为一个很富有的人和他的管家的对话。管家问他："老爷，你的人生这么成功了，你觉得人生中最重要的是什么？"海菲回答说："你懂得生活的艺术，不为自己，而为别人活着，这就是你与众不同的地方。"

读到这句话时，我深有感触。我们首先都应该为自己而活，在充分做好自己的同时，再去为他人服务。当我们为他人而活时，我们便能达到一个新的境界。这里有一个重要的顺序：我们首先要关注自己，活出自己的精彩；只有当我们满足了自己基本的物质需求，比如钱和衣食住行等，我们才能更上一层楼，思考自己能为他人贡献些什么。

海菲还说，其实任何一个人成功的背后都有一套原则，一套规则，有一套 stop-doing-list（止损清单）。而《世界上最伟大的推销员》，它其实就是告诉我们一些这样的原则和规则。我也研究过很多成功人物，发现他们的成功其实并不神秘，只不过是因为他们坚持了一些原则。或者说，他们坚持的规则相对比较多，而我们坚持的规则可能相对比较少。

第二段是在海菲还是一个仆人的时候，他和他的老爷柏萨罗之间的对话。"一个人要想从贫穷变为富有，最有机会的方法就是去做一名推销员。"柏萨罗说，"如果你想做个推销员，核心是要努力地去做销售，你可能会遇到很多困难，但是每一个困难都是你最大的养分，每一个困难都是你最大的素材，每一个困难都能让你进行裂变。"

他又说："你看我现在变得非常富有，但一日三餐其实和外边的乞丐没有什么差别。"并且他说，"孩子，就物质上的富有来说，我和外面的乞丐，只有一点不同：乞丐想的是下一顿饭，而我想的是最后一顿饭。"

那些成功的人物，他们总是在思考，怎样的人生才是成功呢？

我们很多人都会思考，人生最大的成功究竟是什么。最终你会发现，成功的第 1 阶段无疑是经济上的稳定。只有经济上获得富足，我们的生活才能够安定下来。然而，成功的第 2 个阶段，除了物质财富之外，更重要的在于我们是否被他人所爱，我们是否能够去爱他人，我们是否能够感受到内心的平静和喜悦。这些元素，正是我们所追求的真正意义上的成功。

今天是周一，很多人结束了周末的休息，重新投入到工作中。我相信大家在周一都会去规划这一天,规划这一周。不知道今天大家过得怎么样呢?上班时,你遇到不开心的事了吗?下班回到家后,你的爱人开心吗?你和孩子对话时,他今天的状态怎么样?他在学校开心吗?

很多时候,我们的一些不开心是我们对外面世界的反应,而这种反应会给我们的情绪造成困扰。当我们的内心对外界的事物进行投射的时候,我们可能会有不同的反应:有些人内心的投射是愤怒的,有些人内心的投射是平静的。当我们愤怒的时候,可能会丧失理智,这时我们就没法做出正确的决策。我们没有办法做出正确的决策,如果仍然去做事,可能就会伤害到别人,最终也伤害了我们自己。

在职场中最重要的是要做情绪管理,而任何情绪管理的背后要求,是要构建一套自己的人生原则,以及一套人生准则。

《世界上最伟大的推销员》这本书表面上是在告诉我们怎么做一个伟大的推销员,而背后的实质,讲的是我们怎样才能获取人生的成功。而人生成功的密码其实并不复杂,就在于你要坚持一些准则,坚持一些真相。

柏萨罗还告诉海菲,他曾经救过一个东方人,那个东方人送给了他10张羊皮卷,讲的都是关于推销艺术的秘诀。柏萨罗说:"他花了整整一年的工夫,把那些哲理一条一条地讲给我听。我终于记下了每一卷里的每一个字,直到它们与我融为一体,成为我生活的一部分。"

柏萨罗这位成功人物,他说当年被教育的时候,是别人一卷一卷地、一个字一个字地去教他,而他一个字一个字地接收,结果用了一年多的时间,他才学完。并且,这些字慢慢地就融入了他的生活,慢慢地就融入了他的生命,慢慢地就与他融为一体了。

我们都知道,一个好习惯的养成,大概需要21天。这本书给我们列举了世界上最伟大的推销员要做的10件事,也就是10个我们要坚守的原则,而每一个原则都需要你用几个礼拜去消化。通过不断消化,不断吸收,慢慢地你就成了最伟大的推销员。

第 3 个非常经典的对话是，在柏萨罗让海菲开始做推销员时，对他说：
"现在你可以出发了，我能够给你的帮助微如尘埃，最重要的还是要靠你持之
以恒的努力。"

我们经常说要去找高手请教，高手教给我们的是认知。但在某种意义上
讲，这个认知就在那里，只是你并不知道。高手会给你指明方向，这很重要，
但是同时它也是微不足道的，因为后面的路还是要靠你自己持之以恒的努力。

这个世界上大概只有 3% 的人有清晰的人生目标，而在这 3% 的人中，又
只有 3% 的人有正确的方法。然而在既有清晰的目标、又有正确方法的人中，
又只有 3% 的人能够为实现目标而坚持努力 10 年。我们算算，几个因素相乘，
不就是百万分之二十七吗？所以我们才说，真正的成功只属于少数人，因为很
少有人把一个简单的事坚持做很多年。

在这里，我们可以反问自己：第一，我有自己清晰的人生目标吗？第二，我
有实现人生目标的好方法吗？第三，我能够坚持 10 年或 20 年吗？

就拿读书这件事来说，你可以这样问自己 3 个问题：第一，今年的读书目
标是什么？要读多少本好书？第二，今年，怎样去读好书？有什么方法来完成
目标？第三，能够坚持读书读一年甚至 10 年吗？

如果你的答案是这样的：今年我要读 30 本书；我一定会找到一个很好的
读书方法，比如来陈向东的直播间一起读，并且坚持下去；同时，我能够坚持
10 年。我相信，最终你的成就会超越 99% 的同龄人。

我们往往会高估坚持 1 年取得的成绩，但是却会低估坚持 10 年能够取得
的成就。其实在很多时候，我们只是需要坚持而已。所以我刚才说，如果每
个人都能真正地静下心读书，收获将是巨大的。

二
成就伟大的 10 个秘籍

《世界上最伟大的推销员》中提到有 10 张羊皮卷，刚才我们也提到了这些羊皮卷的来历。这 10 张羊皮卷，每一张都标了号码，讲的是关于推销艺术的秘诀，每一张都揭示了不同的内容：

1. 我要养成良好习惯，全心全意去实行

你有良好的习惯吗？你习惯早起吗？你习惯聆听吗？你习惯微笑吗？你习惯刻苦吗？你习惯付出不亚于任何人的努力吗？

2. 坚持不懈，直到成功

你选择了一件事后，你定了一个目标后，你能够真正地坚持吗？你能够数十年如一日吗？你能够无论遇到什么样的难题和挑战都不放弃吗？你能够 10 年、20 年都专注地做你热爱的这件事情吗？

3. 要用全身心的爱来迎接今天

我们的每一个日子都是属于我们自己的。我们的每一个日子都可以去爱，我们能爱得多一些吗？我们爱我们的父母，爱我们身边的同事，爱我们自己，爱我们的青春年华，爱我们自己拥有的所有的一切。

4. 我是自然界最伟大的奇迹

我们每个人不就是这个世界上最伟大的奇迹吗？我想起小时候在农村，在大雪纷飞的时候，我一个人跑到野外，周围都看不到人烟。我一个人在野外看着漫天大雪，看着覆盖了皑皑白雪的山，今天想来都仍然觉得，多美好啊！那座山，就是为你而矗立的；那些树，就是为你而装扮的；整个宇宙星辰，它就是为你而存在的。

有时候我们会感到挫败，有时候我们会觉得自己很卑微，有时候我们会觉得日子太难了，那我们再想想，这个世界不就是属于我们的吗？宇宙星辰不就是属于我们的吗？我们不就是这个世界真正的奇迹吗？

我始终认为，我们每个人都是这个自然界最伟大的奇迹。亲爱的各位朋友，如果今天你上班没有那么开心，如果你今天回到家没有那么开心，如果今天你的家人没有那么开心，可能你身边有很多让你非常痛苦的事情，请你告诉自己，"我就是自然界最伟大的奇迹"。

5. 假如今天是我生命中的最后一天

有人说人生很漫长，但也有人说人生就是白驹过隙。如果明天是我们人生的最后一天，今天我们会做什么？我们还会去怨恨一个人吗？我们还会去懊悔和懊恼吗？我们还会去执念于自身的卑微、脆弱吗？我想，如果明天是我们的最后一天，我们一定要去说那些以前从来没有说过的话，一定要去拥抱那些永远在乎我们的人，以及我们在乎的人。

6. 今天，我要学会控制情绪

我在过去的几天里，反反复复说到了情绪的重要性。我们说过，任何一个人都是四维的，第一维是你的身体，第二维是你的思想，第三维是你的情绪，第四维是你的精神。我们希望自己的身体是健康的，思想是独立的，情绪是稳定的，精神是喜悦的。一个人如果能够做到这四点，他这一生肯定能取得很大的成就。

我们会发现，那些在日常生活中非常厉害的人，他们不太容易发火，总是面带微笑，总是举重若轻，情绪不容易波动。其实情绪波动对人的伤害特别大，所以，第六张羊皮卷讲到"今天我要学会控制我的情绪"这个论断的时候，说了下面这些话：

沮丧时，我引吭高歌。

悲伤时，我开怀大笑。

病痛时，我加倍工作。

恐惧时，我勇往直前。

自卑时，我换上新装。

不安时，我提高嗓音。

穷困潦倒时，我想象未来的富有。

力不从心时，我回想过去的成功。

自轻自贱时，我想想自己的目标。

自高自大时，我要追寻失败的记忆。

纵情享受时，我要记得挨饿的日子。

扬扬得意时，我要想想竞争的对手。

沾沾自喜时，不要忘了那忍辱的时刻。

自以为是时，看看自己能否让风驻步。

腰缠万贯时，想想那些食不果腹的人。

这句话对我触动蛮大的。有人说，我曾经是一个"千亿富翁"。是的，曾经我的股票账面价值有 1000 多亿元，即使现在已经缩水到很少了，但还是比我想象的要多得多。其实仔细想想，那些钱并不是我自己的。我这么讲，你们可能觉得我有点矫情，但是每个人在不同阶段的想法是不一样的。我承认，我在小的时候特别想赚钱，当时希望自己多赚点钱，能够给爸妈买新衣服穿；多赚点钱，能够让我们家塌掉的房子修补起来；多赚点钱，能够把爸妈接到城里住；多赚点钱，能够买个房子，结婚成家。这些愿望都挺朴素的。但是我相信有一天，真正用心实现了这些目标之后，拥有更多能力之后，我们会发生很多变化，我们会希望为这个世界奉献更多。

骄傲自满时，要想到自己怯懦的时候。

不可一世时，让我抬头，仰望群星。

当我们不可一世时，我们仰望星空，就会看到真实的渺小的自己，我们就会知道自己到底是谁，就会知道自己到底该何去何从。

每个人都会受到情绪的困扰，当我们受到情绪困扰时，不妨这样排解：当我们非常沮丧时，我们可以用唱歌、运动来排解；当我们特别悲伤时，不妨一边擦眼泪，一边仰望长天、哈哈大笑，让悲伤尽快离开；当我们非常恐惧时，告诉自己不要害怕，要勇往直前，我的勇气在，我的人生力量就在；当我们自卑的时候，不妨买套新衣服，换上新装；当我们穷困潦倒时，可以想象有一天自己会变得富有，用精神力量支撑下去。

我小时候家里穷，吃不饱，经常吃野菜，所以肚子里就会长虫子，就会肚子痛，现在大家可能难以想象。那时候我就告诉自己，有一天会富有的，有一天肯定会非常富有的。其实就以信念这么想着，想着，努力着，努力着……就会迎来成功。当我们力不从心时，我们要想到过去的成功，从过去的成功中汲取力量，吸取经验，把过去的成功作为自己前进的阶梯。

我 2014 年创建高途，2015 年年底到 2016 年的一段时间，公司做得不好，账上没钱了，很多员工离开了。当时我特别痛苦、特别抑郁，觉得人生特别黑暗，但我想到了一些画面：第 1 个画面，小时候在农村爬树掏鸟窝，掏得最棒；第 2 个画面，18 岁就办过培训班，就赚过钱；第 3 个画面，31 岁只身一人去武汉创办学校，做校长，做过 1 年时间就创造全集团 1/4 利润奇迹的学校的校长，于是反思：为什么不会成功？

每个人都要经常回味曾经取得过的成功，特别是取得过的小成功，这很重要。因为我们做一件小事取得成功以后，会给我们更大的自信，推动着我们去做另外一件小事。而另外一件小事也做成功之后，我们就会积累更多自信。这样一件小事、10 件小事、100 件小事累加起来，可能就干成了一件大事。而这时候你就会迎来真正的海阔天空，这时候你就会迎来真正的蓝天碧海，这时候你就可以感受到，宇宙星辰都是为你而来的。所以我们为什么不在痛苦的时候想一想我们都获得过哪些成功呢？

7. 我要笑遍世界

哇，好棒，真是磅礴大气——我要笑遍全世界。日子是我们自己的，为什么要哭呢？为什么要愁眉苦脸呢？为什么要苦大仇深呢？为什么不多笑笑呢？为什么要压抑情感呢？有句话说，30 岁以前的长相是父母给的，30 岁以后的长相是自己给的。你可以看看身边的同事，谁的脸上每天都洋溢着笑容，给你带来更多的助力。这样的人都是很优秀的，因为这些大概率都是在后天养成的习惯。

今天你笑了吗? 今天你开怀大笑了吗? 今天晚上回到家, 你把阳光般的微笑, 把那如春天的鲜花盛开般的微笑带给家人了吗? 你把真正发自内心的灿烂笑容带给孩子了吗? 今天给你的爸爸妈妈打电话的时候, 你带着那些灿烂的笑容了吗?

8. 今天我要加倍重视自己的价值

是啊, 天生我材必有用。每个人其实都是这个世界独特的创造, 每个人都有非常独特的价值, 为什么我们不去重视自己的价值呢?

9. 我现在就付诸行动

今天是周一, 这一天的事肯定很多。我们要做计划, 要去提交周报。今天你的目标是什么呢? 这一周, 你怎样去执行你的目标呢? 有目标很重要, 但更重要的是做好执行。

10. 呼求神的保佑

跟大家分享我的一些心得体会。我小时候生活的村子太穷了, 在山里, 也没有太多的人家, 晚上走在路上还是很害怕的。但是我妈妈教了我一点, 就是学会祈祷, 比如在心里默念"老天爷保佑我吧"。我试了一下, 觉得确实挺管用的。现在我每天早上醒来, 都会说"真好", 每天晚上睡觉前也说"真好"。有的人会去寺庙, 也是一种祈祷的方式。其实我觉得, 与其说祈祷是想找到一个外部的力量, 然后能够依靠, 不如说是在寻找自己内心的一种信念和一种力量, 我觉得这非常重要。

羊皮卷的第 10 章提到, 当我们孤独时, 当我们迷茫时, 当我们困惑时, 当我们的人生处于低谷时, 不妨来读一读这些话:

1. 万能的主啊, 帮助我吧! 今天, 我独自一人, 赤条条地来到这个世上, 没有您的双手指引, 我将远离通向成功与幸福的道路。

2. 我不求金钱或衣衫, 甚至不求适合我能力的机遇, 我只求您引导我获得适合机遇的能力。

3. 您曾教狮子和雄鹰如何利用牙齿和利爪觅食。求您教给我如何利用言辞谋生，如何借助爱心得以兴旺，使我能成为人中的狮子、商场上的雄鹰。

4. 帮助我！让我经历挫折和失败后，仍能谦恭待人，让我看见胜利的奖赏。

5. 把别人不能完成的工作交给我，指引我由他们的失败中，撷取成功的种子。让我面对恐惧，好磨炼我的精神。给我勇气嘲笑自己的疑虑和胆怯。

6. 赐给我足够的时间，好让我达到目标。帮助我珍惜每日如最后一天。

7. 引导我言出必行，行之有果。让我在流言蜚语中保持缄默。

8. 鞭策我，让我养成一试再试的习惯。教我使用平衡法则的方法。让我保持敏感，得以抓住机会。赐给我耐心，得以集中力量。

9. 让我养成良好的习惯，戒除不良嗜好。赐给我同情心，同情别人的弱点。让我知道，一切都将过去，却也能计算每日的恩赐。

10. 让我看出何谓仇恨，使我对它不再陌生。但让我充满爱心，使陌生人变成朋友。

11. 但这一切祈求都要合乎您的意愿。我只是个微不足道的人物，如那孤零零挂在藤上的葡萄。然而您使我与众不同。事实上，我必须有一个特别的位置。指引我，帮助我，让我看到前方的路。

12. 当您把我种下，让我在世界的葡萄园里发芽，让我成为您为我计划的一切。

13. 帮助我这个谦卑的推销员吧！宇宙啊，指引我！

这些话写得非常棒，应该深刻地印在我们的脑海中，印在我们的心灵深处。其中有一句话，我记忆特别深刻：只要决心成功，失败永远不会把我击垮。生活中，我们可能会有很多不如意的事，但是我们要问自己，我们真的渴望成功吗？如果我们真的渴望成功，我相信任何失败都不会把我们打垮。

书中提到了一件袍子的故事，其实也是关于羊皮卷传承的故事。

当时海菲遵循老爷的忠告，去卖袍子，但没卖出去。在回去的路上，他做了一件事儿，把袍子送给了一个熟睡的婴儿。当时他并不知道那个熟睡的婴儿就是耶稣。因为这项善举，他受到了真正的指引，天空中也有非常灿烂的星星一直追随着他。他的老爷把装有羊皮卷的木箱传给了他，按照羊皮卷的指引，他就成了那个最伟大的推销员。

很多年以后，有一个塔瑟斯人叫保罗。保罗最开始是迫害耶稣的人，但后来受到耶稣感召，开始传播耶稣的福音。但是他传播了4年，始终没有人听。后来他听到有个声音说，去找那个最伟大的推销员吧，他会给你答案的。最后，保罗终于找到了海菲。从保罗这里，海菲才知道当年那个婴儿竟然是耶稣。海菲最终又把装有羊皮卷的木箱传给了保罗。

我们会发现，成功需要高手的指引和传承。这本书中还有一句话是这么说的：如果你能够按照羊皮卷中的这10条去实践，能够把它融入你的生命的话，坚持1年，你的工资能够提升1倍，甚至提升两倍。

我们看到许多优秀的杰出的人，都在不断地完善自己的"程序"。比如我们背单词，每背一个单词，就在大脑中形成一个神经回路，形成一个小模块；背两个单词，就有两个神经回路，两个小模块；如果背了5000个单词，我们的大脑中会有5000个神经回路，5000个模块。这5000个神经回路相互连接，最终得到了大脑程序的不断刷新。读书也是同样的道理，如果我们能坚持读5000个小时的书，那我们的人生程序该有怎样的刷新呢？

再举一个例子。比如一个一线的员工，从来没有做过管理，那怎样尝试做主管呢？我做主管，就用心地去辅导我的下属一个小时，这一个小时慢慢地就在我的大脑中形成神经回路，形成一个小模块了；如果我辅导我的团队，辅导我的员工，用心地辅导，用爱辅导，辅导了很多小时的时候，就在我的大脑当中形成了很多小时的神经回路了。当有了很多小时的神经回路的时候，我的管理水平就提高了。很多人总是想"一口就吃成个胖子"，这怎么可能？我们要想变成胖子，肯定是要一口一口地吃，要一天一天地吃，日积月累，才能成为一个胖子。

当我们总在羡慕那些高手时，我们不妨去学习。那些高手总是会日复一日、年复一年地坚持，日复一日、年复一年地突围，日复一日、年复一年地不断迭代和刷新。

《世界上最伟大的推销员》这本书中说到的十大秘籍、十大准则、十大原则或者十大规律，其实就是我们的人生向上的密码，就是我们成功的密码。

三
学会读书的 5 个诀窍

人在不同的时期对成功的理解是不一样的。我们小时候认为成功就是成为"大人物"；上学的时候，我们认为成功就是考上好大学；大学毕业之后，我们认为成功就是找到一份好工作；工作以后，我们认为成功就是能够多赚点儿钱。但是最终你会发现，人生真正的成功，永远是能够做自己，永远是自己和内心自洽的成功，永远是能够接受真正自己的成功。

书中讲到一个我们非常熟悉的人物，叫本杰明·富兰克林。他是一位爱国者、科学家、作家、外交家、发明家、画家、哲学家，和我们前几天讲到的《苏东坡传》里面的苏东坡很像，都非常厉害。而富兰克林为什么那么厉害？为什么能取得那么大的成就呢？富兰克林在自我检讨中发现自己身上有很多不好的习惯，那怎么样能够让自己有好的习惯呢？后来他想了想，列出了成功的 13 个条件：节制、沉默、秩序、果断、节俭、勤奋、诚恳、公正、中庸、清洁、平静、纯洁、谦逊。

富兰克林把这 13 个习惯、原则，作为他人生的座右铭，每天不断地反思自己有没有做到。但是，富兰克林也不是一下子就把 13 个原则都做到的，而是先做一个，慢慢做好了，再做另外一个，经过一年甚至几年，慢慢地把这 13 个原则变成了他人生的底层习惯。

我接触过很多特别厉害的企业家，当和他们聊天相处后就会发现，他们并没有什么神奇的，也只是坚持了那几个最普通的、最基本的原则而已，其实并不难。换句话说，你们看到的那些非常厉害的人，并不一定是他做了什么惊天动地的大事，很多时候他做的也都是小事。比如很多朋友来到我的直播间一块儿听书，这不就是一件小事儿吗？但是如果你能够坚持每天都去听，坚持一天两天容易，但要能够坚持 1 年，坚持 10 年，最后有谁能够超越你？

我觉得我有一点是能够超越很多人的，就是我认认真真地读了很多书。也是因为这一点，才使得我今天有资格在大家面前，去和大家一起读书。那我们怎么能够养成读书的好习惯呢？

第一，要设定一个读书的目标，比如说一年读 30 本书。

第二，为了实现一年读 30 本书的大目标，我们需要将其拆分为更具体的小目标。将这个大目标分解为每个季度的阅读计划，每个季度需要阅读 8 本书。然后，再将每个季度的阅读量分配到每个月，甚至每周，形成小目标。通过这样的拆分，我们可以更加明确自己的阅读计划，逐步完成大目标。

第三，坚持读书，完成既定读书目标。比如我的承诺是一个月要读够 3 本书，那这个月一定要坚持读完 3 本书。

第四，不妨加入一个读书的组织，与最好的朋友一起读书。如果有一个人提醒你一起读书，陪伴你一起读书，那就容易坚持下去，像很多朋友来到我的直播间，大家一起读书一样。

第五，要不断地去写读书报告、读书体会，甚至主动进行读书分享。在你的单位里有读书会吗？你可以组织一个读书会，或者读书俱乐部。我相信企业的 CEO 都会支持的，甚至会拨出专门的资金让你们去读书。这样假以时日，我相信，我们的人生就能够走在成功的道路上。

四
敢于成为成功者的 10 大誓言

在这本书最后，作者给出了 10 条成功誓言：

1. 我永远不再自怜自贱。

当我自卑的时候，我告诉自己，这不是我；当我觉得自己很可怜的时候，我告诉自己，这不是我。我永远不再自卑自怜，我要真正地走出来。

2. 面对黎明，我不再茫然。

天亮了，就勇敢地出发。

3. 我永远沐浴在热情的光影中。

4. 我不再难以与人相处了。

还记得《小王子》里的话吗? 狐狸对小王子说:请驯养我吧! 什么叫作"驯养"? "驯养"就是建立关系。我觉得人这一辈子，建立关系是非常重要的。当然，建立关系的关键是你要与谁建立关系、建立什么样的关系。我不建议与任何人都建立关系，这也不可能做到。我们不能和那些三观不合的人建立关系，也不能和那些我们暂时还不能接受的人建立关系。

有个朋友说，他和父母之间的关系不是很好。我给他的建议是，不妨先稍微减少一点沟通，但是日常的问候还是要做到。平时就专注自己的工作，专注自己的热爱，然后让自己的工作有起色，有成绩，得到认可，得到奖赏。最后就会获得很多正反馈。等到自己足够强大时，再和父母沟通，说不定就会沟通得很好。我们时常觉得跟父母沟通不畅，原因可能是我们自己觉得做得还不够好，没有达到父母期待，或者怕父母担心，这样在跟父母沟通时，自己就会心怀困惑。

5. 在每一次困境中，我总是寻找成功的萌芽。

任何一次困境，其实都是你人生磨炼的一块沃土，都是让你闪亮的一次绝佳机会。当黑夜来临，它给我们带来了星星；当狂风暴雨来临，它给干涸土地上的嫩芽以生长的可能;当有人咆哮怒吼时，它让我们更加懂得了内心宁静、平和和喜悦的重要性。穿越困境的长长隧道，前面一定会看到光。比如《西游记》里，唐僧经历了九九八十一难，每一难他都突破了，最后才能够取到真经。如果你想成为唐僧，如果你想被人们记住，你就要勇敢地面对困难，永远不放弃。

6. 做任何事情，我都将尽最大努力。

我们既然承诺做一件事情，那就要尽最大的努力，就像我坚持给大家做读书分享直播，一定会连续做好这 15 天的直播。

7. 我将全力以赴地完成手边的任务。

8. 我不再于空等中，期待机会之神的拥抱。

9. 我将在每晚，反省一天的行为。

10. 通过祈祷，我永远与万能的主息息相通。

这是《世界上最伟大的推销员》这本书给我们的 10 条成功誓言，看上去蛮简单的，但是你会发现，这个世界上最简单的往往是最难的。

有两句关于困难和成功关系的话是这么说的：第 1 句，成功其实很容易，因为成功的道路上并不拥挤；第 2 句，我们要选择走难的路，因为艰难的道路上并不拥挤。

如果别人打牌你也打牌，别人磨洋工你也磨洋工，别人偷懒你也偷懒，别人抱怨你也抱怨，别人愤怒你也愤怒，别人情绪失控你也情绪失控，凭什么你能够成功？其实很多时候，往往是我们做了一些别人没做的事，并慢慢地坚持下来，最后才有可能成功。

五
进入职场困惑期时的 7 大心法

《世界上最伟大的推销员》这本书也给了我们很多建议。如果现在你很迷茫，怎么办呢？这本书给出了 7 条建议：

第一，深入思考，为自己重新定位。当你迷茫时，深入思考，想想这一辈子你到底要干什么事，然后重新定位自我。

第二，给自己积极的心理暗示。你要给自己积极的心理暗示，告诉自己："我行，我没问题，我一定能成功，我一定能够让自己骄傲，我一定能够突破自我。"这个心理暗示特别重要。我现在每天晚上睡觉前，都还在做心理暗示。

第三，由内而外地塑造你的形象，你的形象价值千万。如果说 30 岁以前，你的长相是父母给的，30 岁以后，你的长相就是你自己给的。你的外在形象，一定要从自己的内在，从你的内心往外塑造。所以，你要乐观，你要心情愉悦，你要积极主动。

第四，注重锻炼身体。身体是革命的本钱，身体是革命的本钱，身体是革命的本钱。你可能会说，这么简单的话，陈向东老师还不断重复。但是有多少人真正在意自己的身体，在自己的身体上做投入了？我在中国人民大学读硕士研究生的时候，每天晚上都跑步，每天晚上都冲澡，冬天会在卫生间里冲冷水澡。那时候，我对身体真的是非常重视。现在其实蛮惭愧的，这几年创业，身体确实透支了很多。但我今天也有一个比较好的锻炼身体的方法，我喜欢站着给伙伴们开会，这样也算是锻炼了吧。

第五，养成良好的阅读习惯。亲爱的朋友，一定要阅读，一定要读书，一定要读好书。因为读书能够让你心安，心安才能够心境平和，才能够情绪平和。情绪平和，这是一个人健康的标志。阅读好书，打开你的精神世界，你的感觉就会完全不一样。读书是这个世界上投资回报率最高的一件事，一本书就几十块钱，把一本好书读懂读透，收获的价值可能千万都不止。有时候，你看到一个人时会不由得感叹，他怎么那么厉害？因为他读了很多书，他已经把那些书内化为他的一部分了。

第六，跟优秀的人交往。在人生成长过程中，与人交往是非常重要的。跟优秀的人交往就是跟高手交往，交往的高手越多，你就越是站在了巨人的肩上，因为高手的世界观、人生观、价值观，他的很多认知就传授给你了。在这个世界上，人和人的最大差距就在认知上。为什么会有认知差距呢？要么是你交往的人不行，要么是你没有读书，要么是你没有从自己的工作中吸取教训。

人生有三大悲剧：不断地犯自己以前犯过的错误；不断地犯别人犯过的错误；不能很好地预防未来可能发生的错误。

真正厉害的人怎么做呢？第一，"不二错"，自己犯的错误就犯一次，再也不会犯第二次；第二，"不他错"，别人犯过的错误，自己再也不会犯；第三，"不未来错"，未来可能发生的错误，提前预防。

第七，在工作时，跟对人也很重要。当你跟对一个好的老板，跟对一个好的主管，他的眼界、他的事业、他的气度、他的优雅和他的微笑都会给到你，那你是不是就会超越别人很多？

我并不是鼓吹成功学，但是我觉得每个人都应该配得上更好的生活，每个人都应该配得上自己想要过的生活。不一定是你要赚很多的钱。像我当年被称"身价1000多亿"，也曾经被别人认为是"年度最惨的富豪"，那你说我很幸福、很完美吗？我曾经有那么长的时间夜里失眠，晚上睡不着觉，处于抑郁的边缘。但是像我姐姐，她晚上一倒床上就能睡着。我弟弟每次给我打电话，都说自己的睡眠质量可好了。从这个意义上说，我觉得我的姐姐和弟弟都是幸福的，尽管可能他们赚的比我少多了，但是他们生活很幸福、很自洽。

人们都在追求着世俗的成功。当大家问我，什么才是人生最大的成功时，我觉得人生最大的成功就是我们能够找到自己，能够做自己，能够接纳自己，悦纳自己，能够真正与自己的人生自洽。这就是我对人生的期盼。

直播分享于 2023 年 2 月 27 日

从优秀到卓越的跃迁

——读《从优秀到卓越》

今天，我跟大家分享的书是《从优秀到卓越》，这是一本常读常新的书。

10 年前读这本书时，感觉自己好像读懂了。但经过时间推移，我经历过创业，经历过各种各样的磨难后，再来读这本书，感悟又有不同。日常我会和团队伙伴们一起读这本书，会向很多人推荐这本书。所以，这次在准备 15 天读书分享直播时，我第一时间就把它放在了分享书单中。

在人生中，我们遇到的很多事情并不是主动选择的，但其结果往往取决于我们在过程中的主动选择。选择不一样，结果也会不一样，或者说，结果呈现什么状态，取决于我们作出的选择。

很多人在一件事情尚未发生时，往往会担心其某一种结果，担心不确定的未来结局。但是，有一句话说得很经典："众生畏果，菩萨畏因。"什么意思呢? 很多人担心的是不好的结果，而菩萨担心的是没有好的原因。我想，这个"因"，就是你根据自己的认知所做的主动选择。

我们常说，人和人之间的最大的差异，不仅在于其是否努力，更在于是否有真正的认知。在我们身边，有些人真的非常努力，没日没夜地工作，每天忙到累得不行，身心俱疲，但仍然没有得到认可、晋升，没有得到好的结果。我觉得很大程度的原因是认知问题。

所谓的认知，有时就是关键的一层窗户纸，没有捅破的时候，你就看不到窗外。有两个词，"一叶障目""一叶知秋"，就是在说，一枚叶子，关键时刻会挡住你的目光，而透过这枚叶子，你可能会洞察到整个秋天。

一
因为你优秀，所以你很难卓越

《从优秀到卓越》的作者是吉姆·柯林斯，他是一位可以与之进行心灵对话的人物。到目前为止，国内出版了他的 6 本书，分别是：《基业长青》（1994）、《从优秀到卓越》（2001）、《再造卓越》（2009）、《选择卓越》（2011）、《飞轮效应》（2019）、《卓越基因》（2020）。

这 6 本书我都非常认真地读完了，特别是最新出版的《卓越基因》。我拿到这本书后，茶饭不思，一口气读了很多章节，感觉酣畅淋漓，于是我马上又买了几十本，送给了高途的核心管理者。

关于优秀和卓越，我想到了 3 个场景：

第 1 个场景。在高途，有很多清华大学和北京大学毕业的老师，他们都很优秀，但是我发现，有些人工作后，慢慢地就变得不自信了。我跟他们聊天后发现，他们人生最高光的时刻，最有自信的时刻，似乎就是考上清华、北大的那个时刻。

其实，优秀的人之所以非常优秀，甚至慢慢变得卓越，是因为他在优秀的基础之上实现了人生突破。而那些不自信的人，在职场中会有恐惧，甚至带着曾经的荣誉所带来的枷锁，不敢重新出发，那他人生的最高点就停留在了考上大学的那一刻。

第 2 个场景。现在很多孩子在城市里长大，父辈给他们创造了极其丰厚的物质条件，他所面临的诱惑就会多很多。而当他面临很多诱惑时，他就极有可能会走偏。

对比来看，我来自国家级贫困县的农村，小时候家里很穷，吃不饱饭，有时候不得不吃野菜，吃得不卫生，肚子里就会生蛔虫，就会肚子疼；冬天天寒地冻，没有好的棉鞋，脚上就会生冻疮。这就是我的成长环境。我没有机会读高中，但还能读师范学校，我就特别珍惜、特别用心，因为没有退路。

有一句话叫作"没有退路就是胜利之路"。当你发现没有选择，面前的路可能就是最好的选择；当你发现没有退路，往前走一步都是天高地阔、海阔天空；当你发现身后都是黑暗，往前走一步就是曙光。

第3个场景。很多在"大厂"工作三五年的人出来创业的话，成功的概率非常高。而在"大厂"工作过20年、30年的人出来创业，成功概率反而会很低。因为，他们慢慢地会形成一些思维惯性，不自觉地以为自己有很多所谓的优势，自以为达到了某种高度，拥有一些荣耀和光环。但是这些人没有意识到，在"大厂"，所有的荣耀，所有的光环，所有外部给予的掌声，都是公司这个大平台所赋予的，不是靠他们自己真正的能力获得的。

我在分享《从优秀到卓越》这本书时，总是会问：各位朋友，你优秀吗？如果你优秀，那么你就很难卓越。这句话有点儿绕，换句话说，优秀和卓越在某种意义上是一对"反义词"，"因为你优秀，所以你很难卓越"。

因为你是大城市里长大的孩子，所以很难体会到穷人家孩子艰苦奋斗的心路历程；因为你来自顶级的、一流的学校，所以很难体会到那些高考失利后，上了二本、专科的孩子对于未来的期盼；因为你比较轻松就获得了一些机会，所以你很难体会到那些从一开始就没有任何资源的人，他们对于未来的坚韧、坚强和内心意志的不断强大。而这些你没有体会过的奋斗精神和向上的力量，往往是能够让你从优秀走向卓越所必不可少的要素和条件。所以我们会说，因为你优秀，所以你很难卓越。

如果说，一个个体从优秀走到卓越，需要一些要素和条件，对于一家公司、一个组织、一个团队来说，从优秀到卓越，其实也需要一定的要素和条件，需要不断地去投入。

那怎样能够从优秀到卓越呢?《从优秀到卓越》这本书给我们展示了一张非常有名的框架图，这张图就是该书的全部密码。

20 年前，我看这张图时，并没有真正读懂，但是，今天这张图已经印在

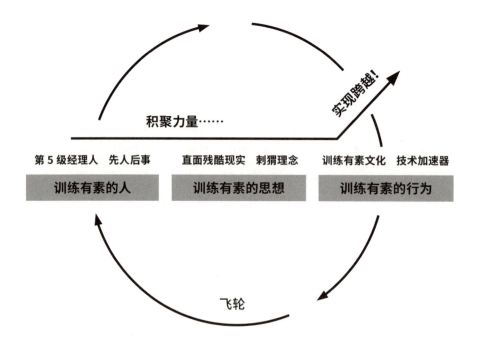

从优秀到卓越的框架图

了我的脑子里，已经融进了我的生命，已经与我个人的心智、认知融为一体了。

我认为这张图具有无限的价值。你觉得呢？我们经常说，人和人之间最大的差异在于认知，人和人之间最大的差异在于思维模式，人和人之间最大的差异就在于别人能够看得到的，而你却看不到。

我们来看看，《从优秀到卓越》的作者是怎么来写从优秀到卓越的过程的。

三
找准你的一号位

书中提到，从优秀到卓越，首先要找到"第5级经理人"。什么是第5级经理人？西方在表述一件事的时候，一般会把最高水平叫作第5级，第5级经理人，也就是最高级别的经理人。

比如，有一本书叫作《第5项修炼》，什么是第5项修炼呢？就是最高级别的修炼。系统思考，就是我们一个人的最高级、最顶级的修炼。同样的道理，我们每天一起读书的核心目的是什么？是提升我们的认知、技能，激励我们的自我成长，提升我们系统思考的能力和认知。

有句俗话，"兵熊熊一个，将熊熊一窝"，还有另外一句话，"一将无能，累死三军"。意思就是，我们要想打赢一场战争，首先需要有一个好的将军。那我们要去组建一个好的团队，首先得找到这个团队的负责人。

第5级经理人具有什么样的特质呢？

第1级经理人，也就是入门级经理人，是"能力突出的个人"。在职场中，如果你特别热爱工作，工作做得不错，有贡献，能够得到认可，这样，你在职场中就是独立贡献者，或者个体贡献者。

第2级经理人，是"乐于奉献的团队成员"。你不仅能自己做出业绩，有贡献，还与同事合作，贡献价值，这样你就变成了"协作者"。

第3级经理人，是"富有实力的经理人"。你不仅能自己做得好，能与别人合作，还能带团队、辅导团队，让伙伴成长，做到"我做你看，我说你听，你做我看，你说我听"，也就是能够通过自身的成长让员工成长，通过自己的优秀让员工也变得优秀，能够把自己好的经验移植给伙伴，能够组织人力和资源，高效地朝既定目标前进。这时，你就变成了一个富有实力的经理人。

第4级经理人，是"坚强有力的领导者"。非常有实力，非常坚定，目标特别明确，有方法，全身心投入，执着追求清晰可见且催人奋发的愿景，向更高的业绩标准努力，并且能够带领团队打赢胜仗，这样的人就是坚强有力的领导者。他能够负责很大的业务，能够给团队信心，给大家方向。

第5级经理人，经历了优秀的个体阶段，经历了和别人协作的阶段，经历了带团队打赢胜仗的阶段，经历了能够不断地把业绩做好、全心全意投入、全力以赴将心注入的阶段，最终，他更加谦虚，更加谦卑，更加坚强，变成了初学者，进入如饥似渴的、向上的、孩童般的纯粹状态，变成了一个"真者"，变成了对于未来的盼望者，并且有强大的意志，能够不迷茫、不放弃，能够将个人的谦逊品质和职业化的坚定意志结合，创造持续的卓越业绩。这样的人就是第5级经理人。

如果用最简单的词汇来定义第5级经理人，有两个核心特质：一个是谦逊，另一个是意志力。

你如果想修炼到第5级经理人，要问自己两个问题：第一，你真的能做到谦逊吗？第二，你真的有强大的意志力吗？尤其在面对艰难险阻时，你会把它作为人生的重大机遇而穿越黑暗、穿越迷雾，从而走向成功吗？

有的人在顺风顺水时，觉得自己很牛，别人可能也觉得他很牛。但是一旦遇到一点小小的外部冲击，他马上就缴械投降了，放弃了，说自己的兴趣转移了，说自己的人生梦想不在了。这样的人永远是懦夫，永远是弱者。而真正厉害的人是穿越迷雾、穿越黑暗而不放弃的人，他们才能被称为第5级经理人。

很多有能力的人，往往发展到某一个位置、某一个阶段后就止步了，原因是，尽管他们在知识能力上提升了，但能量场没有提升。什么是能量场？就好比你坐在那儿，身上好像就有光，整个屋子都亮了。你往那一站，大家就觉得有信心，就愿意跟随你往前走。那怎样拥有能量场，更好地锻炼能量场呢？要从自身做起，要从谦逊、谦卑做起，要从不断学习做起，要从自身的刷新和改善做起，要从锻炼坚强的意志做起，要从面对特别大的黑暗的突围做起。

给大家讲我的一个小故事，还蛮有意思的。在2002年，也就是21年前，我做校长时，有一次我给几百个老师做培训，我说："各位，我们做老师一定要创新，创新用英文怎么说？Innovative，怎么读？它的重读音节是倒数第三个音节。"当时我讲得特别激动，大家掌声雷鸣。

第一天培训结束后，有一位老师跟我说："陈老师，你讲得真好，太精彩了！"然后我就问他，创新的英文单词是什么？他说是innovative，重音发在了第一个音节上。我说："你看，弄错了吧？当时我讲的是innovative，重音是倒数第三个音节。"然后那个老师马上说："对不起陈老师，我错了。"但是当他走了之后，我突然觉得不对，我知道他是武汉大学毕业的，应该不会轻易读错单词。我马上查字典，发现是我错了。我的脸瞬间就红了，感到特别羞愧。我马上就给那个老师打电话，我说："我要批评你，innovative，重音是第一个音节。你说对了，但是我给你纠正错了，你却没反驳我，你这不是纵容我的错误吗？"

第二天培训课，我是这么开场的，我说："各位老师，今天我很不开心，昨天我讲到'创新'的英文时，我读错了，innovative的重音是第一个音节，但是你们这么多老师，居然没有一个人指出我的错误。当你们都不指出我的错误，照顾了我的面子，但是我对这个错误就会永远不自知，以后我在任何地方演讲说到这个单词时，都会是错误的，那我就会受到别人嘲笑。所以我今天请求你们，以后我在讲课时，有任何英文发音不准，有任何普通话说得不清楚的，你们都要告诉我。"之后奇迹发生了，每天都有很多短信发给我。"陈老师，这个英文单词你读错了。""陈老师，你这个汉字的发音不标准。"……

当年，我如果没有谦逊，没有谦卑，今天的我该有多糟糕？但正是因为我检讨了，正是因为我真的变得谦虚，所以很多人才会指出我的错误，我才能不断改正错误，走向正确的路。

在这里，我可以非常骄傲地说，在创办高途的近 9 年时间里，高途的每个员工都可以直接给我发邮件，直接给我发信息，直接给我提建议，甚至可以直接怼我。这就是高途的文化，叫作伙伴文化。

我为什么如此推崇伙伴文化？因为我觉得"伙伴"意味着大家都是平等的，大家彼此之间，内心就会更亲近，大家心里的公平感会更高，能够回到自己青春年少、活力四射的那种状态。

你是伙伴，你就是大家的一员，没有什么特权。如果你的职位高了一点，那只不过是对你多了一些工作要求，你除了能够做好工作、与别人协作、带团队去工作、不断打赢胜仗之外，你还要谦逊，你还要有意志力，你要配得上大家，仅此而已。如果你胆敢认为你是个领导，胆敢认为你有权力，你就会失去很多伙伴，你就会被淘汰出职场，你的人生就开始走下坡路了。

大家都知道我的人缘很好，在我入驻抖音后，朋友圈里就有朋友说："陈老师，你做 30 条短视频后，如果不火的话，我来帮你拍。"还有朋友发微信给我："陈老师居然也入驻抖音了。我做抖音 3 年了，我掉的坑、犯的错太多了，我帮你。"

我开始投身做抖音后的两个多月里，我谈的做短视频做得好的公司大概有 100 多家，我谈过做大 IP 的人大概也有几十位。此外，高途佳品的每一个员工都是由我面试的。我在过去的这两个月，获得了多大密度的提升和成长啊！大家都知道我愿意听意见，愿意接受批评，身边的伙伴们就会说真话，他们就会给我真实的反馈。而且，到目前为止，我发布的短视频都不会层层审核，录完之后由小伙伴剪辑一下，然后就可以迅速发布。我认为这是非常好的一种状态。

四
选拔比培训重要 100 倍

从优秀到卓越的第 2 个要素叫作先人后事。

先人后事太重要了，关于这个要素，我觉得 99.9% 的人都做不好。我可以非常坦诚地说，在先人后事这件事上，到目前为止，我最多只能给自己打 70 分。我觉得，高途在创业过程中所犯的所有错误，99% 都与先人后事方面的问题相关。在 9 年创业历程中，我的所有遗憾，99% 都与选人错误有关，在选人方面出了问题。

宁高宁说过这样一句话："当企业找到对的人，连空气都是对的。"换句话说，如果你选对了一个人，他所带领的这个团队的日常工作大概就没有什么问题了。你选对一个第 5 级经理人，你选择了一个谦逊、爱学习、有渴望、要成长、能坚韧、能硬扛、能够穿越迷雾、能够给大家鼓舞和激励的管理者和领导者的时候，事情大概率可以做好。

在职场中，有这两句话大家可以牢记。第一句话："招聘错一个人的成本，是这个人年薪的 15 倍。"

我们可以计算一下，招聘一个人，需要有招聘发布、简历筛选、面试、入职、培训等很多环节，这些都是成本。如果招聘到了不合适的人，工作上还需要有人辅导他，如果他把工作做砸了，还需要有人去补救。对于他来说，工作不合适，他还会抱怨你，甚至会对团队产生破坏。让他离职时，他可能还会发起劳动仲裁。最后，因为招错一个员工，你在他身上耗费的时间远远大于你做正确事情的时间，公司付出的成本也是巨大的。所以，你招错一个员工，代价是这个人年薪的 15 倍。

当然，我必须声明，没有"错误的员工"，也没有所谓的"价值观不好"的员工，只是说这个员工不适合某家公司或者某个岗位。是你把人招错了，错误在你，而不是员工。比如，高途是做教育的，总不能招聘很多医生来，那肯定是招偏了，也浪费人家的时间。

所以我会说，人才永远不是一家公司的核心竞争力。拥有合适的人才，并且对于合适的人才进行有效管理，才是公司的核心竞争力。人才永远不是公司的核心资产，合适的人才才是公司的核心资产。

我想，在创业的初期，选择人才、挑选人才时，我就没有做好。当时自己也不懂，在后续的创业过程中所遇到的挫折和痛苦，基本都是源于此。

彼得·德鲁克在《旁观者》这本书中讲到了他特别崇拜的一个人——通用电气的CEO斯隆。有一天，斯隆参加一个座谈，座谈的对象居然是一个低职级的员工，那次对话斯隆用了4个小时。彼得·德鲁克就问他说："斯隆先生，一个这么初级的员工，你用了4个小时与其座谈，你觉得值得吗？"斯隆的回答特别经典："如果我今天不用4个小时来了解这个员工，未来我可能需要400个小时来解决这个员工或者这个岗位所造成的麻烦。"

如果你是一个管理者，如果你是一个创业者，如果你是一个CEO，我恳求你一定要思考，你真的选对人了吗？在选人这件事上，你怎么投入都不为过。那怎么才能选对人呢？

下面是我要讲的第2句话："选拔比培训重要100倍，人才画像比选拔重要100倍。"

选对人的核心在于选拔真正有才华的人。人才不是培训出来的，是选拔出来的。这个人就在那里，只是在等待伯乐，等待慧眼，等待被选拔出来。那怎样才能选拔到你要的人呢？核心是要有清晰的职位说明、岗位说明和匹配于职位和岗位的人才画像。

一家公司的选拔体系、人才体系崩盘，核心原因是没有真正的人才画像，你不知道要招什么样的人，就去瞎撞，就去瞎招，来个人就干，最终就容易出问题。

你去带一个新团队，你发现团队中某个成员的能力不行，那可能是他真的不行。但如果过了一年之后，你发现他还是不行，肯定是你这个做领导的自己不行。为什么？因为你接手一个团队的时候，成员能力不行的话，你可以辅导他，或者可以分给他与能力相匹配的工作，或者让人另谋高就，不要耽误人家，不要让人家把青春年华都浪费在这儿。作为一个管理者，最基本、最重要的职责就是要会评估自己的员工，会对自己的员工进行辅导，要能够知人善任，要知道在某个岗位上什么样的员工是合适的，要能够知道员工在什么地方做得是对的。

你要时时刻刻把"人才画像比选拔重要 100 倍，选拔比培训重要 100 倍"这两句话印在脑海深处。当然，培训要比你不理不管，扔在那儿让他自己野蛮生长也要重要 100 倍。这 100×100×100，不就是千万倍的差距吗? 职场上有人经常感叹，我们俩上学时成绩差不多，现在我和他的差距怎么那么大呢? 其实两个人在刚开始时可能差距不大，但是一个人选对了岗位，经历了培训，假以时日，差距就会拉开。

20 年前我说过一句话：在职场中，管理者最重要的能力就是"看人要准，管人要严，用人要狠，对人要好"。如果我们在招聘人才时，能看准人，把人选对，然后又能够做好培训，给他高标准、高要求，对他"狠"一点，最终能够让他在方方面面都有提升。此外，在日常工作中，我们从情感上，从语言上，从生活的方方面面对他好，那他是不是就更容易成功了?

这是我们所讲的从优秀到卓越的第二个要素，叫作先人后事。我们总结发现，很多公司出现问题，面临困境，都是在选人用人方面出现了问题。很多公司闹到最后，天天有斗争、有矛盾、有冲突，管理者天天要处理员工之间出现的问题，不能把精力放在正确的事情上，根本问题就在于最初没有把人选好。

五
永远乐观

从优秀到卓越的第 3 个要素：直面残酷现实，绝不失去信念。

有一个非常知名的论断说："任何一家能够成为百年企业的公司，至少要经历两次危机。"在这个世界上，从来没有一家企业没有发生过危机，100年之内产品从来没变过，结果还能成为世界级的伟大公司。

像我们身边的很多公司，华为、阿里等，最初是做什么业务，现在在做哪些业务？抖音刚开始做短视频时，没有电商，没有直播，到今天，抖音变成了现在我们所看到的样子，经历了蜕变。

一家公司要想穿越周期，一定要经历至少两次的至暗时刻。同样，一个人要想成长、成熟，也要经历两次人生重大的危机。我觉得，能够经历这一切，才能够算是成功。

说到直面残酷现实，我们要始终铭记，在这个世界上，有许多事情容易导致我们情绪波动，我们要永远告诉自己，人生中总会遭遇各种挫折和困难。我们只有勇敢地面对困境，坚守内心，不受情绪左右，不因闲言碎语而动摇，不为他人眼光所改变，始终保持信念，我们才能坚实地迈出从优秀到卓越的步伐。

我是农村孩子，小时候家里特别穷。冬天别人家孩子有棉衣棉裤，我们姐弟只能穿着单裤。别人会嘲笑说，你看陈向东他们家好穷，好可怜呀。我就问我父亲，为什么别人家里能吃饱，咱家就吃不饱呢？我父亲笑笑说，以后有一天会吃饱的。

初中毕业时，家里太穷了，我没有机会上高中，不得不去读了师范学校。有一次学校举办运动会，我也参加了。跑着跑着，系裤子的麻绳突然断了，我瞬间趴在地上就不跑了。同学过来问："陈向东，你怎么了？"我只能假装说"肚子疼"。从那以后，我在师范学校的3年里都没敢再去参加跑步比赛。因为没钱买腰带，我总觉得跑步时系裤子的麻绳会断。这对一个14岁的孩子来说，该是一种怎样的心理阴影？

还有一件事，我在上师范学校时不会唱歌，简谱都不会认。我一唱歌，别人就说我唱错了，我就很自卑，以至于我从师范学校毕业之后的10年里，从来没有在任何场合唱过歌。有人说，陈向东，给我们唱首歌吧。我说，不，我不会唱，我能不能给你们讲几句话呢? 别人就更加嘲笑我。直到 30 岁，我才逐渐克服以前的障碍，才敢在公众面前唱歌。

如果按照今天有些人的标准，我是那么穷的农村孩子，命运早就应该把他甩在另外的世界，他不会有未来的。但是你们看，我是那么穷的一个孩子，却没有失去对未来的向往。我真的有"胆大包天"的目标：有一天，我一定要到北京去上大学；有一天，我要在北京买房买车。你看，今天我的这些目标不都实现了吗?

我觉得你们每个人的成长经历应该都比我好得多。我不就是一个国家级贫困县里的农村孩子吗? 小时候吃不饱肚子，穿不上好衣服，吃野菜吃到肚子里生蛔虫，冬天身上、脚上生冻疮。我不就是在上师范学校时，因为跑步的时候系裤子的麻绳断了，以后不敢参加比赛的一个孩子吗? 我不就是在 30 岁之前，从来不敢在公众面前唱歌的有点自卑的一个孩子吗?

但是今天，我是不是敢于在 6000 多位朋友的面前做演讲，做分享? 并且同时我那么幸运，能够在那么多人的帮助下，做成了高途这家上市公司。亲爱的朋友们，如果我作为一个贫穷的农村孩子能够走到今天，我觉得你们每个人都能够有所成就，关键是你有没有坚定的信念，你能不能相信自己。

我在 2014 年创办高途，但到了 2016 年，高途账上就没多少钱了，当时业务方向不明确，团队涣散，很多小伙伴离开了，大家对我也特别失望。这让我心如刀割，心里特别惭愧，甚至是羞愧。

那个时候我失眠很严重，经历了那段日子，我才懂得为什么有的人会失眠，为什么有的人会精神崩溃，为什么有的人甚至会选择结束生命。但是，那时候我对自己说，小时候那么苦都走过来了，比起那些，今天的苦又算得了什么? 想想童年的经历，在任何时候我都不断地给自己心理暗示，要穿越迷雾，要走过黑暗。

大家都知道，2021 年教培行业遇到改革，高途不得不做转型调整。那时候，很多人都劝我说，别做了，把公司关了算了。但我就想了两件事：第一，高途做的是教育，是老百姓需要的事，从长期来说，好的教育一定是被需要的，现在我们要严格按照国家的政策来做；第二，我觉得任何一次外部变化，对一个企业而言都是一次很好的机会。为什么呢？很简单，改革之后，是不是资本就不会在教育行业捣乱了？那些只想在教育领域挣快钱、玩一把的人都撤了？现在教育市场是不是变得更加干净了？

再看高途过去一年的成绩，现金流很稳定，也盈利了。高途在 2021 年亏损 30 多亿元，在 2022 年开始盈利了，我相信 2023 年的高途会更好，我们就是很从容地静下心，回归教育本质，回归教育初心，踏踏实实地做一家教育公司。高途创业 9 年以来，穿越了两次至暗时刻，经历了两次外部的重大变故，最后我们坚持下来，终于见到了阳光。

今天很多人问我：陈向东，你好厉害，在那个特别的时候，大家都选择退出，你还能把高途变成今天这么好的样子，你是怎么做到的？我时常提醒自己，即使面临再大的困难也不能轻言放弃。在顺境中，每个人都可以高谈阔论、夸夸其谈，但人与人之间的真正差距，正是体现在面对逆境、困境、灾难、磨难，以及在别人不理解，自己最痛苦、最迷茫的时候，选择继续坚持的勇气。只要挺过这些艰难时刻，最终迎接我们的一定是成功的曙光。

这是我们所讲的第 3 个要素，即直面残酷的现实，但决不失去信念。

六
聚焦、聚焦，再聚焦

从优秀到卓越的第 4 个要素是刺猬理念。

书中，赛亚·伯林把人分为两个基本的类型："狐狸"和"刺猬"。狐狸同时追求多个目标，把世界当作一个复杂的整体来看待，思维凌乱或发散，从不把思想集中于一个总体理论或统一观点。而刺猬则把复杂的世界简化为单个有组织性的观点或一条基本原则、一个基本理念。

刺猬理念太经典了。各位朋友，如果你想实现人生的突破，一定要好好理解刺猬理念，聚焦、专注于一件事，找到你人生的那一件大事，聚焦、专注于你人生的那件大事。

那如何找到人生的大事呢? 你可以问自己 3 类问题：

第一，你人生中的最大的优势是什么，在什么样的地方，你有着绝对的才华?

第二，你最大的优势和才华，它发挥的衡量标准是什么，价值衡量是什么?

第三，你的热情、热爱是什么? 什么样的东西能够让你发现你的热情，发现你的热爱，发现你的全力以赴?

套用在我身上，我可以回答说：

第一，我人生的最大优势大概就是，我到今天读了 35 年的书，做管理做了 20 年，做了高途这家上市公司，我还算有点儿钱。

第二，我的优势在不断发挥，到了今天的这个位置上，财富并不是我的衡量标准。我觉得我的开心，我身边人的开心，我所热爱的工作，我能够和我相信、喜欢的同事一起工作，我内心的平静，这些才是我的衡量标准。

第三，让我如此有热情的，其实就是当下我们在做的事。

如果把这 3 个要素连起来，就连接了当下我们最重要的事。所以，你能找到一份你自己最热爱的事吗?

人和人的差异就在于，在认知层面突破之后，你是不是足够专注。当你越发专注于一件事的时候，你的成功概率就更大，而当你同时做三四件事时，你的成功概率就会变小。

高途在刚刚创业时，同时做了 5 件事，当时我们认为自己无所不能，但后来公司就遇到了灾难，资源不够，伙伴之间因为资源分配问题而起冲突，业务自然做不好。后来我做了一个艰难而伟大的决定，就是只聚焦一件事，就聚焦在了"在线直播双师大班课"，才有了今天你们看到的高途。

七
文化就是如何分钱的共同信仰

从优秀到卓越的第 5 个要素是训练有素的文化。

我觉得大家可能会难以理解训练有素的文化的重要性。比如，我们每个月都会领到工资。工资是什么？工资是对我们工作的价值认可，但是如果在工资拿到手之后，就只等着下个月发工资，而不去想怎样更好地继续工作，那现在拿到的工资也就没有了意义。我们每天怎样工作，怎样协作，怎样和伙伴们共同实现我们的目标，这些问题的根本，就是我们的文化。每天的习惯，每天的原则，每天的制度，每天的流程，每天的协作，每天遵循的使命、愿景、价值观，实实在在地发生在我们的每一天。

真正训练有素的文化，实质上就是我们每天所做的各种各样的事情的一种外在表现。什么是价值观？就是我们价值创造的外在表现。目前，高途的核心价值观就是 5 个词：客户为先、诚信、担当、协作、创新。什么是世界观？就是我们对于世界不断变化的不断认知的外在观察。

所以，任何一家公司最后能够凝聚人心的，能够形成共识的，肯定是这家公司的使命、愿景、价值观；肯定是这家公司的宗旨、精神、哲学；肯定是这家公司的初心。很多公司最终发展得和别的公司不一样，就是因为有强大的文化。

所以，我们在创办高途佳品时，把核心价值观定义为"用户第一，为真，有爱，协作，创造"。"为真"就是我们要做真实优质的产品，不虚假；"有爱"就是我们高途佳品做的任何食品都是可以给父母买的，都是可以给自己孩子吃的。如果能达到这个状态，我相信高途佳品就能够成长，能够向上发展。

今天我在抖音做直播，实际上也是给高途的所有伙伴一个讯号：我已经做到公司的 CEO 了，还不怕失败，不怕丢脸。我在这里学习，用一颗年轻的心，一起来探索我们共同的心灵家园，探索我们更大的宇宙星辰。这是我把自己变得更加谦卑的一种状态，其实也会激励高途的伙伴共同变得更加谦卑，激励高途的伙伴不怕失败、不怕丢脸，不断探索创新。所以，榜样不只是领导团队的最好方法，还是唯一方法；以身作则不只是领导团队的最好方法，还是唯一方法。

CEO 能够勇敢出发，不怕丢脸，有勇气去创新，没有把自己看成一个高高在上的领导，员工是能够感受到这些的。员工会知道，你和他们在一起，你也在成长。今天，我所做的一切，只不过是为了让自己能够不断成长，来配得上高途的伙伴，来配得上信任高途的千千万万的学生和家长。

八
技术和技术加速器

从优秀到卓越的第 6 个核心要素是技术加速器。

在今天这个时代，每家公司都应该变成有技术的公司，每家公司都应该是由技术驱动的公司，每家公司都应该是能够利用今天伟大的时代、伟大的渠道、伟大的变革而带来激励的公司。

如果你能够用技术提高效率，那你这家公司就肯定能够活下来，肯定会很有竞争力。所以，请记住，技术是为更好地满足用户需求来服务的，技术是用来提升员工协作效率的，技术是能够帮助你、加速你进步的。

九
复利、杠杆和飞轮

上面我们讲述的从优秀到卓越的这 6 个核心要素，可以形成环环相扣的飞轮。一旦我们能让组织中的每个人都拥有这些核心要素，这个飞轮就开始旋转了，如果我们能够坚持一年、坚持两年、坚持 10 年，最后长期主义飞轮转起来，这个组织不就可以获得伟大的成功吗？

我们往往容易高估坚持一年就能取得的成绩，而往往容易低估坚持10年能够取得的成就。很多人往往还没做到一年或两年，还没得到结果就放弃了。一个好的组织，如果能够坚持不断地训练，假以时日，形成从优秀到卓越的正向飞轮，那就可能做成一家真正伟大的公司。

就拿高途这个正在转动的飞轮来说，在创业第一天，我们就确定了使命、愿景、价值观。非常神奇的是，现在高途成立快9年了，高途的价值观只是在文字表述上有点变化，它的内核却惊人一致。也就是说，我们的初心依然在那儿，我们的热爱依然在那儿。

当我们再重新和自我对话时，我们可以问自己：

1. 你是一个谦逊而有意志力的第5级经理人吗？

2. 你在做决策时是先人后事？是把人放在最重要的位置吗？

3. 你能够直面残酷的现实，但决不失去信念吗？

4. 你专注吗？你找到自己一生的热爱了吗？

5. 你们公司有原则，有stop-doing-list吗？你们公司有使命、愿景、价值观吗？你们公司有共同的信仰和共同的相信吗？

6. 你们能够用好技术吗？能够用技术加速发展吗？

7. 你们能做到长期主义，拥有真正的飞轮吗？

今天，我非常荣幸地和大家分享《从优秀到卓越》这本书。这是我会放在床边的一本书，我读了20多遍，每读一次都受益匪浅。这也是我经常和伙伴们分享的一本书，伙伴们每读一次也都会有不同的认知。

这本书对我来说价值过亿。这本书中最经典的内容就是刚开始分享时看到的那张图，那张图已经印在了我的脑海当中，已经融入了我的生命，已经变成了我个人的一部分。

我恳求朋友们能够把那张图印在你的脑海中，能够把它刻入到你的灵魂深处。如果你想做管理，那张图价值千万；如果你已经是个管理者，那张图价值千万；如果你是一个创始人、CEO，那张图价值过亿。希望大家都能从这本书中有所收获。

直播分享于 2023 年 2 月 28 日

胜兵先胜而后求战

——读《孙子兵法》

今天，我跟大家分享的书是《孙子兵法》。

《孙子兵法》这本书我读过好多遍，每次读时感受都不一样。20多岁读《孙子兵法》时，背诵了其中很多句子；30多岁读的时候，重温了一些句子和场景。到后来我自己创业，经历了很多的事情，我的认知慢慢地提升，对《孙子兵法》也有了更深的理解。我今天特别开心，能够给大家讲一讲我读《孙子兵法》的一些感悟，以及《孙子兵法》中那些经典的句子在我的生活、工作中，在我领导力的塑造过程中所起到的作用。

今天，我想给大家精选出我在读《孙子兵法》时有深刻感悟的20个句子，这20个句子也是20个场景，大家可以从中了解到，我是怎样学习、怎样思考、怎样提升自我的。

一
道、天、地、将、法

1. 故经之以五事，校之以计，而索其情。

一曰道，二曰天，三曰地，四曰将，五曰法。

这也就是我们经常说到的"道、天、地、将、法"。

第一，"道"，指的是一个国家的君主应该与老百姓是一体的，能够体恤老百姓。君主和老百姓应该是同心同德、同心同欲的，君主有爱民之心，军士们才有同生共死的信念。"天"指的天时，"地"指的是地利，"将"指的是将军、将领，"法"指的是军事法规。

我们都知道，《孙子兵法》最初是用于作战的，但是很多理论完全可以应用于日常生活，应用于我们的组织建设中。

对于一家公司而言，"道"就是其文化、使命、愿景和价值观的综合体现。明确这些方面的问题，即"我们从哪里来，我们要到哪里去，我们是谁"，是吸引志同道合的人才、汇聚力量、让员工全身心投入的关键。只有当公司的文化、使命、愿景和价值观清晰明确，才能真正激发员工的热血和热情，使他们全身心地融入公司的发展中，与公司共同成长。

如果你是一家公司的创始人和 CEO，你要想的第一件事就应该是这家公司的"道"是什么。"道"确定了，才能奠定公司生生不息的基础，才能奠定公司的经久不衰，才能奠定公司的百年伟业。

比如，在 2014 年创办高途时，我们就定义了高途的使命、愿景、价值观。在高途，我们的使命是"让学习更美好"；愿景是"人人乐用的终身学习服务平台"；价值观是"客户为先，诚信，担当，协作，创新"。当这样的使命、愿景、价值观确定了之后，毫无疑问，吸引到的人才都是热爱教育的，是想让学习发生改变的，是热衷于科技和教育结合的。我想，作为一家公司的管理者，作为一家公司的创始人，每年在公司的各种场合讲多少次"道"，讲多少次使命、愿景、价值观，都不为过。

第二，"天"，就是天时，就是时代大势。我举个例子。PC 互联网时代，出现了阿里巴巴；移动互联网时代，出现了拼多多；今天正处在短视频和直播互联网时代，出现了我们正在使用的抖音。如果我们认为今天的大"势"，今天的天时，是短视频和直播互联网时代的话，那毫无疑问，一家公司如果在短视频和直播领域里没有投入，没有耕耘，是很难做大、做好的。

看到这里，很多朋友可能就会明白了，为什么高途成立快 9 年了，拥有 1 万多名员工，而我作为高途的创始人，还要来做抖音做直播。核心原因是，短视频和直播时代是当下的一个伟大的时代，在这个时代里，我作为创始人，如果不去实践，不会直播，压根儿就不知道抖音是怎么回事的话，那我这个创始人就老了，我就应该被淘汰了，就该退出时代的舞台了。

第三，"地"，就是你所面临的市场机会，以及你所面临的市场上可能发生商业竞争的区域。

第四，"将"，就是公司的中层管理者，就是业务负责人。如果一家公司所遵循的"道"没有问题，大势没有问题，市场机会也很多，但"将"不行，管理者不行，带队打仗的核心人员不行，其实也会失去很多机会。所以，一家公司，当它确定了"道"，抓住了市场机会，必须要做的一件事，就是要做管理者的选拔。

第五，"法"，就是制度、原则、规矩、流程、标准。我们都知道，真正最高的管理境界是"不做管理"，也叫作无为而治，但并不是说你只是无为，而是要先有为，比如先定制度，定规矩，定流程，定原则，定惯例。当你把规则定好了，一切都按照规则来运行，发生的问题也按照规则来解决，那后续的管理就非常容易了。

我们个人的人生规划，也可以按照"道、天、地、将、法"来展开。第一，"道"就是我们想成为一个什么样的人。是善良、真诚、富有的人，还是其他什么样的人。第二，"天"就是当下所面临的最大机会，以及最大可能性的发展方向。第三，"地"就是根据自己当下的特长，根据自己当下的能力，从一件事情做起，来探寻个人的发展机会。第四，"将"就是你的合作者，比如工作中的同事，某种意义上说，就是你工作上的将。第五，"法"，我觉得对于个人来说，"法"就是 stop-doing-list，可以理解为是我们"不做什么"的清单。我始终认为，我们决定了不做什么的时候，要做什么就会变得非常容易。比如我对自己说，早上不要晚起床，那我就能做到早起床；我对自己说，早上不能不吃早饭，那我就每天坚持吃早饭；我不去参加那些无聊的、纯粹浪费时间的活动，那我就可以更加聚焦地做最重要的事情。今天我们一起读书，对内容的选取也是做了很多取舍，做了很多 stop-doing-list。

《大学》里关于"道"有一句话："大学之道，在明明德，在亲民，在止于至善。"学习时最大的"道"是什么？首先是"在明明德"，就是你的品德，你的品性。然后是"在亲民"，就是对老百姓得好，对身边人得好。最终达到最高境界，就是"止于至善"。

后面内容是"知止而后有定，定而后能静，静而后能安，安而后能虑，虑而后能得"，简要概括就是"知止定静安虑得"。我"知"道之后，就明确了在什么地方停止，然后就可以慢慢地定下来，静下来。静下来之后，就会安心，安心之后，就能够思虑周全，思虑周全之后，就能够得到。你会发现，"知止定静安虑得"形成了一个"V"字形或者"U"字形的发展态势，而"定"是在最下边的点上，蓄力到最大，然后突破，它才越能够光辉灿烂。

二
得胜法则

2. 兵者，诡道也。……利而诱之，乱而取之，实而备之，强而避之，怒而扰之（有版本作"怒而挠之"），卑而骄之，佚而劳之，亲而离之，攻其无备，出其不意。

这句话说"兵者，诡道也"，让我非常震撼。在作战时，有各种各样的策略；在工作中，我们要想出类拔萃也需要很多策略。策略的叠加就是系统性思考。

这里给了我们10种系统性思考的方法，也就是10种打法。"利而诱之"，如果对方特别贪，那我们就用利益来引诱他。"乱而取之"，如果察觉对方很混乱，就要趁乱去攻打他。"实而备之"，如果对方的实力非常强大，那我们就多做准备。"强而避之"，如果对方非常强大，那我们就暂时回避。

在这里，我想重点讲讲"怒而扰之"，如果对方容易发怒的话，我们就不断地骚扰他（其他版本作"挠"，意为撩拨），让他更加愤怒。他一生气，就容易做出错误决策，就容易冲动，就开始乱出招，那最后我们不就能把他打败了吗？这和"乱而取之"很像。

我们可以问问自己，在日常生活中，我们是容易发怒的人吗？如果我们容易发怒，别人就可以趁机故意让我们发怒，那我们的生活不就过得一团糟吗？我们在工作中容易发怒吗？如果在工作中容易发怒，别人一扰乱，我们不就会更加狂躁暴怒吗？当我们暴怒的时候，通常是不清醒的，容易做出很糟糕的决策，那最后我们不就失败了吗？

所以，不管是在工作中，还是在生活中，尤其是在家庭中，总会有些冲突矛盾，总会有些让你不舒服的事情，我们要做的，就是尽量避免发怒，尽量能够让自己的心情平静下来，尽量能够让自己更加从容。当我们发怒时，我们需要用《孙子兵法》中的话来警醒自己。所以我想，我们读《孙子兵法》，很多时候在表面上是读兵法，实际上是在读我们的内心。

3. 多算胜，少算不胜，而况于无算乎！

这个"算"指的是庙算。古时候出兵作战之前，都要去宗庙举行特定仪式，同时商讨具体的作战计划，做出战略部署，这就是庙算。"多算胜"就是认为自己胜算多的往往会取胜。而"少算不胜"就是认为自己胜算少的，大概率会失败。"况于无算乎"，如果说认为自己压根儿就没有一点胜算，还不管不顾地去打仗，肯定会失败。这段话对我的触动是蛮大的。

很多人都希望能够刷新自我，能够做大事。当我们雄心勃勃地要去做一件大事时，我们要经过认真的思考、分析、归纳、推理、研究、咨询，甚至要经过更加深入的思考，才能做出是否去做、怎样去做的判断。

如果我们不断地、反复地去推演，发现胜利的可能性更大，那就干啊！不干不就傻了吗？但是如果我们发现胜算比较小，不妨谨慎行事。而当我们经过不断计算、不断推演，发现压根儿就没有任何取胜可能的时候，如果我们还去做这件事，不就是完完全全在浪费时间、浪费生命吗？

我在2014年创业时，是这么算的。根据"道、天、地、将、法"，我觉得"道"没问题，我做了那么多年教育，就只想做教育。我是农村孩子，我觉得在线教育能帮到农村孩子，让农村的孩子和城里的孩子一样接受教育，因此这个"道"肯定没问题。"天"是指移动互联网科技革命。"地"是指当时做科技和教育相融合的公司还是比较少的。那接下来就是我该怎样选人才，怎样选合伙人，怎样制定公司的制度、规则和流程。

后来我发现，动因是没有问题的，起点也是没有问题的，但是后来在定义商业模式方面，我们是出了问题的。后来公司发展确实非常难，而我们不断地思考讨论，经过一年多的纠结和挣扎，经过一年多的抑郁和彷徨，最后公司才慢慢确定了方向，确定将在线直播大班课作为高途未来的主方向。

大家都知道，现在我们在做一个直播带货的项目，叫高途佳品。在做高途佳品前，我得先分析、研究，看看高途有没有机会获胜。我是这么推演的：第一，今天是短视频和直播互联网时代，需要最优质的内容。高途是做在线教育的，有近1万名老师，天然就是做内容的。在做内容这一方面，高途肯定没问题。第二，对于消费者而言，大家需要的是最优质的产品。在高途过去9年里，我们就是在做产品。我们不断思考产品，不断迭代产品结构，我们在产品这方面的思维也没有问题。我们如果能把行业里优秀的产品、人才用到高途佳品，一起来把它做好，那我觉得高途佳品的发展也不会有问题。第三，高途是一个在美国上市的公司，其实相对来说公司规模比较大，架构复杂，一些流程容易官僚化，做新业务时，创新就会非常难。作为公司的创始人，如果我亲自来做新业务，亲自来带队，调动资源会更容易。我亲自来做抖音，学习直播，反正也不怕失败，我所做的一切都是在为创新项目做准备，其实也是对我生命意义的一种探索。

4. 故智将务食于敌，食敌一钟，当吾二十钟；芑秆一石，当吾二十石。

这句话是什么意思呢？就是说，那些非常有智慧的将军，在打仗时，一定要靠敌人来解决粮草问题，我们要是能够拿到敌人的 1 钟粮食，就相当于从本国运来 20 钟粮食；如果我们能够从敌人那里搞来 1 石粮食，就相当于从本国运来 20 石粮食。

我给大家讲一个现实场景。某公司当年是做即时通讯产品起家的，但是即时通讯产品很难变现，最开始公司差点被卖掉。后来他们发现游戏领域是一个机会，于是很快就把游戏公司开到了上海。之所以开到上海，是因为那时上海有一家游戏公司做得非常牛，这样他们就可以直接从同行公司那里招到那些优秀的人。如果能从对手公司招来一个顶级的人，就相当于自己培养了20 个人，这样就能够快速抢占市场。

还有一家公司，是在上海成立的电商公司，他们准备做电商时就在想，要去哪里招人呢。毫无疑问，最初做电商的人肯定都是在杭州。于是这家公司就把杭州最优秀的电商公司里的那些正处于上升期的，但职级又不是非常高的100 多人招了过去，然后它快速地成长为一家电商巨头。

商业竞争其实有很多方法，最常见的一般是人才的流动，也就是到行业人才聚集的地方去。所以，今天为什么那么多做直播的公司都去了杭州？因为杭州就是直播人才的集中地。

5. 是故百战百胜，非善之善者也；不战而屈人之兵，善之善者也。

这句话的意思是说，一个将军，百战百胜，每次打仗都是胜利的，但是他不能算是最厉害的将军，那最厉害的将军是什么样的呢？是不战而屈人之兵。他还没发动战争，还没开始打仗，别人就投降了，这才是最高境界的、最厉害的将军。

我们可以类比一个场景，要创办一家公司，重要的不是要去管束别人、苛求别人、惩罚别人，用很多制度去束缚别人。如果你是用一种很好的文化，用一种很好的机制，用大家的相互信任和爱去做这家公司，其实大家就会把心给你，把他们的热血和爱给你，大家就会真正地去创造人生的价值。

6. 故上兵伐谋，其次伐交，其次伐兵，其下攻城。攻城之法，为不得已。

这段话的意思是说：最好的将军通过谋略就取得战争的胜利了；第二个段位的将军通过外交取得战争的胜利；第三个段位的将军，通过作战，通过出动军队取得战争的胜利；第四个段位的将军，也就是最低档的将军，是通过士兵攻城、血战，最后把城拿下而取得胜利的。其实，攻城是迫不得已时，才会采取的方法。

我在读到这段话时，更多的是在想，做人才工作，吸引行业最顶尖人才时，我们该怎么做？如果通过大公司的形象和品牌声誉就能够吸引人才，那确实是很高的段位；如果通过创始人或者管理层的沟通，通过 HR 的沟通，或者通过第三方的沟通，最终也能把人才吸引过来，这个段位也是不错的；如果是通过不断地提高工资，通过高于行业水平的薪酬待遇吸引人才，那也还算可以；但如果是靠死缠烂打，靠人身威胁，那肯定不行。

解决一个特别棘手的问题时，应该怎么做呢？高段位的人，通过谋略和沟通艺术；第二个段位的人，通过中间人去说和；第三个段位的人，可能会发生冲突；第四个段位的人，会打得死去活来，两边互不相让，结果两败俱伤。

7. 故知胜有五：知可以战与不可以战者胜，识众寡之用者胜，上下同欲者胜，以虞待不虞者胜，将能而君不御者胜。此五者，知胜之道也。

"知可以战与不可以战者胜"，能够准确判断仗能打或不能打的人，通常能取得胜利。

"识众寡之用者胜"，懂得根据敌我双方实际情况分配兵力的人，通常能够取得胜利。

"上下同欲者胜"，如果全军上下的目标是一致的，同心协力，通常能够取得胜利。

"以虞待不虞者胜"，"虞"的意思是准备，准备充分的人肯定比准备不充分的人，更能取得胜利。

"将能而君不御者胜"，一个将领，如果他非常聪慧能干，而君主不去防备他，并且能够充分授权给他，通常会取得胜利。

我每次读这 5 句话，都觉得是对自己的一次自我检讨和自我警醒。

第一，对创始人来说，如果能够准确判断一件事可以做还是不可以做，大概率就会取得胜利。

第二，"识众寡之用者胜"。做一件事，你要投入多少人，你把它想清楚了，大概率你就会取得胜利。

第三，"上下同欲者胜"。作为公司的 CEO，如果能够让一线员工和自己的想法是一致的，公司就会有未来。

今天，高途召开了全体伙伴在线会议。开会时，我看到屏幕右边的评论区有很多对公司的吐槽，这让我喜忧参半：一方面感到欣慰，说明很多伙伴敢说真话；另一方面我心里还是有些小小的紧张，因为这说明高途其实做得并没有那么好，离伙伴们的期待还差得很远。我们都知道，现在00后都开始进入职场了，他们有独立思想、独立人格，他们受到过很好的教育，他们看过很大的世界。于是，对公司提出了新的要求：公司也需要与时俱进，进行真正的刷新和进化，以适应新一代职场人的需求和期望。

第四，"以虞待不虞者胜"，我们时时刻刻要做好准备，等待机会的到来。

第五，"将能而君不御者胜"，如果能够找到真正可以信赖的人，并且能够充分授权于他，才能够取得胜利。

在这5句话中，对我的触动最大的是两句话。第一句是"上下同欲者胜"。我们刚刚为什么如此强调"道"？因为"道"就是公司的使命、愿景、价值观，"道"就是公司的哲学、精神、宗旨，"道"就是公司的初心，"道"就是公司未来要成为的模样，"道"就是上下同欲的"欲"。而只有让"道"渗入到每个人的灵魂深处，只有让"道"变成每个人的行为准则，只有让"道"成为每个人的共识，才会有上下同欲。一家公司最可怕的情况就是领导想的和员工想的不一样，或者说你所设立的激励机制，不能够让你的一线员工和管理者的利益在一条线上，那最终这家公司肯定会失败。

第二句话是"将能而君不御者胜"。将军在外面作战，君主不能老干预他，否则他遇到一件事就请示，就汇报，隔着千里，汇报沟通完，可能半年就过去了，那仗就没法打了。所以华为有句话，"让听得见炮火的人呼唤炮火"，就是让真正在一线的人作决定的意思。

很多老板的工作出现问题，企业出现问题，很大程度是因为要么是没找到合适的人，要么是找到了合适的人，却没有给予充分的授权。你没有给他充分的授权，他怎么能够做出决策？你没有给他充分的授权，他怎么去担责？你没有给他充分的授权，他怎么激发活力？你没有给他充分的授权，他的人格独立怎么体现？你没有给他充分的授权，他怎么能够和你做到"上下同欲"？

8. 故善战者之胜也，无智名，无勇功，故其战胜不忒。……是故胜兵先胜而后求战，败兵先战而后求胜。

这里"忒"是差错的意思。这句话是什么意思呢？就是说，真正善于用兵的人往往在取得胜利后，没有智慧过人的名声，也没有勇武杀敌的战功，是因为他在打胜仗时，没有出现任何差错，不容易引起人们的重视。

"是故胜兵先胜而后求战，败兵先战而后求胜。"高途在最黑暗的时期，这句话是我引用次数排名第一的一句话。

2014年，"大众创业，万众创新"。那时候随便走进一家咖啡馆，里面的人们讨论的都是创业的事，让人非常震撼。但是现在再来看，在2014年的创业潮中创办的很多公司慢慢地都不见了，包括高途在发展中也遇到过非常大的麻烦。那我的问题是，你是不是做到了"胜兵先胜而后求战"？就是取得胜利的那些人，他们是先想清楚了怎么样去取得胜利，然后才开战，最后就取得了胜利。而那些打了败仗的人，他们往往是先去打，事先并没有想清楚，而是边打边看，想要取得侥幸的胜利，结果最后就失败了。

在高途创业最艰难时，我们团队讨论最多的话就是这句"胜兵先胜而后求战"。尽管我在创业之前就管理过几万人的公司，但是我在带领创业小团队打了败仗时，大家对我也不一定信任，所以我就找到了《孙子兵法》中的这句话。

我们每项业务的负责人，每个学部的负责人，每个团队的负责人在给我汇报工作时，我都会说："你先给我讲，你怎样做才能取得胜利，你怎样做才能取得业绩。"我们先把怎样取得成功这件事弄明白了，再开始做。所以我大概用了大半年的时间，和副总裁，和那些管理者不断地探讨，我们到底要做哪些事，我们到底要做好哪些准备，经过了非常痛苦且漫长的争论、挣扎、纠结之后，我们终于找到了一条路，我们就只做一件事，就做在线直播双师大班课。

高途创办9年了，回头再看，我们当时通过近一年时间的讨论、沟通，找出了一条路。到今天，高途的状态还不错，而一年的时间其实也不算特别漫长。我恳求朋友们思考的是，在你的公司里，在你的团队里，你做到要求每个人都思考

"胜兵先胜而后求战"了吗? 你是否真正理解"败兵先战而后求胜"的困境了呢?

9. 故善战者, 求之于势, 不责于人, 故能择人而任势。

那些善于指挥作战的人, 追求的都是有利于己方的势, 而不是严苛地去要求自己的士兵。

大家是不是发现, 这和《孙子兵法》第一篇里说的是一样的?"道、天、地、将、法"中的"天"不就是这里说的"势"吗?

我们刚才多次强调, 今天是一个什么样的时代。今天是短视频直播互联网时代, 今天是中国改革开放几十年之后的又一个崭新的时代。我觉得如果我们对这个时代有信心, 对中国的国运有信心, 对中国人对于美好生活的向往有信心, 把这个"势"抓住, 就抓住了巨大的机会。

我认识一个朋友, 几年前他回到中国做芯片时, 没人看好他, 但人家坚持做了七八年, 现在做得非常好。我可以非常坦诚地告诉大家, 一个人要做到"大富大贵", 一定是赌对了一个势, 赌对了某一种运。换句话说, 那些取得了特别大的成就的人, 往往只不过是因为抓住了势和运。但问题是, 那个势就在那儿, 那个运就在那儿, 为什么是别人的, 不是你的? 往往是因为你没有找到那个势。

我前几天在网上回答一个 20 岁年轻人的问题时说, 如果有可能, 一定要到大城市闯一闯, 结果就被人撑了。有人说, 陈老师, 你就是鼓吹大家到大城市, 小城市难道就不好吗? 互联网上说话和表达很容易被过度解读, 其实我想表达的是, 因为大城市里厉害的人和高水平的人会多一些, 更容易找到那个"势", 如果你有条件的话, 不妨到大城市闯荡闯荡, 取得更大成就的概率也会更大。当然我不是说小城市就不好, 小城市其实也有很多的机会, 如果真正把那些机会抓住, 把小机会变成大机会, 也非常好。

那些非常厉害的企业家, 他们往往是求之于势的, 他"不责于人, 故能择人而任势"。那我们经常说，只有"时代的谁"，而没有"谁的时代"，时势造英雄，就是时代造就一个人，时代让人成功。

10. 我专为一，敌分为十，是以十攻其一也，则我众敌寡。

看到这句话时，其实我蛮惭愧的，因为我读过《孙子兵法》好多遍，但是以往我居然就没读懂这句话。这句话的意思是，我把兵力集中在一点，而敌人分散在 10 处，就相当于我们以 10 倍于敌人的兵力攻打敌人，从而出现我众敌寡的态势。

为什么很多大公司做创新业务往往会失败？因为大公司有稳定的主营业务，而且不只有一项业务，在做创新业务时，往往会派一个不那么重要的人去带团队，新业务往往也很难协调公司资源。但是做同样业务的创业公司，一般都是由在领域内顶尖、厉害的人领军，同时全公司都会全力以赴地做这项业务。一家大公司恨不得有十项业务，但是创业小公司只有这一项业务。大公司的 10 项业务被讨论一遍，可能两周时间就过去了，反馈和决策周期很长。创业小公司就这一项业务，每天都能复盘，每天都能迭代，用户体验会越来越好，最后在这项创新业务上，小公司就容易把大公司打败。

高途在刚刚创业时，我们为了赚钱活下来，同时做了 5 项业务。5 个业务负责人天天打架，每个业务负责人都觉得自己是受委屈的，每个业务负责人都觉得自己不受重视，都觉得自己应该拿到公司更多的资源支持。但是我们就是一家创业公司，只有那点钱，还同时做了 5 项业务，很快公司就没什么钱了。

现在我想来，当年的自己怎么就那么愚蠢啊！但是亲爱的朋友，当年的我真的就那么愚蠢，我真的是花了几个亿，才慢慢地懂得了这个道理。如果你是家小公司，要想活下来，那就只能专注于做一件事。现在很多创业者来找我咨询时，我都会问他在做什么业务，我往往会给他们这样的建议："你能不能把 3 项业务变成一项业务？能不能砍掉两项业务？"这些人往往都舍不得，觉得这两3项业务好像都很赚钱。但我相信,这样的公司肯定做不大。

近期最火爆的 ChatGPT,团队才 87 个人,但你看人家做出的应用,真的令人惊讶。这 87 个人的团队就只干这一件事,连续干了这么多年,不断迭代,最后就成功了。但是很多大公司可能同时做了十几件事,没有专注,结果就很难在创新业务上去和那些小公司竞争。

所以,我想给那些创业公司提个建议:一定要专注、专注、专注。我也想给目前还没能盈利、苦苦挣扎的那些公司提个建议,就是大胆地把一些不赚钱的业务砍掉,最多保留一项或两项业务,最好只是一项业务,把所有的兵力投进去,每天迭代,我相信会成功的。

其实我也是在对我们自己提建议。高途做了快 9 年了,我们在过去的 9 年间就专注做一件事,就做教育的事。现在我们才稍微敢于开始做第 2 件事,就是我们目前做的高途佳品。我作为公司的创始人,亲自担任这个创新项目的 CEO,我是可以调动资源的,这样胜算才可能稍微大一点,但我也不能保证说我们 100% 就能做得超越期待,但是我有这样的信心。这里我想重点强调的是,高途做教育做了 9 年,才敢去尝试做一项创新业务。

有人曾问李嘉诚,你今天怎么能做那么多业务?李嘉诚回答说:"如果你能够有一项业务,天塌下来都能赚到钱的时候,你就可以做第二件事了。"这句话对我的触动非常大,高途经过快 9 年的创业,活下来了,所以现在高途才有资金、有资源、有能力来做第二件事。

11. 故用兵之法,高陵勿向,背丘勿逆,佯北勿从,锐卒勿攻,饵兵勿食,归师勿遏,围师必阙,穷寇勿迫。此用兵之法也。

有 3 句话对我触动特别大——"归师勿遏,围师必阙,穷寇勿迫"。对于已经决定撤退的军队,不要去阻拦,不然就会招来反抗;把敌人围起来进行绞杀时,一定要留个缺口,让一些人能够逃跑,这样其他的人也都想着逃跑,不会全力抵抗，否则他会想，反正没办法了，那就破釜沉舟，最后对你的伤害是非常大的；对于陷入绝境的敌人，不要过于逼迫，否则会增强他们的士气，跟你鱼死网破。

生活中难免会发生一些矛盾和冲突，比如，夫妻在家里吵架了，如果有一方已经让步了，另一方也应该让步。在日常工作中，不要 PUA 别人，不要老是责备别人，把别人说得一无是处。即使对方犯了错误，也需要注意沟通的方式方法，建议使用先肯定优点，再指出问题，再给予建议的"三明治"方法来进行沟通，这样对方更容易接受。

在做家庭教育时，大家也一定要警醒。当孩子叛逆时，永远记住那是因为孩子内心的精神世界没有得到温暖和依靠。我们要做的是什么? 我们要做的是给孩子空间，要让孩子有自尊，要关心他们的健康成长。如果你和孩子发生冲突，作为家长你还不让步，你把他逼到绝境的时候，那孩子怎么办? 孩子选择的只能是极端行为。

我看到很多家庭的悲剧都是由于父母太过于咄咄逼人了；很多夫妻之间发生冲突，也在于双方互不相让，都想让对方低头，于是死掐到底，把对方逼入绝境；职场中一些主管经理，和员工发生急剧的冲突，不给人留活路，到最后人家不就跟你拼了吗? 所以，得饶人处且饶人，能包容人的时候包容人，当别人认错时，不要再穷追猛打，稍微示弱没有什么，退一步海阔天空。

12. 故将有五危：必死，可杀也；必生，可虏也；忿速，可侮也。廉洁，可辱也；爱民，可烦也。

"忿速，可侮也。"什么叫"忿速"? 就是容易发脾气的人，你就可以去侮辱他，让他发脾气，这时候你就能把他打败了。

《孙子兵法》中多次说到了情绪管理。你看如果你是一个忿速的人，容易愤怒的人，那人家就侮辱你，让你发怒，你一发怒不就输了吗? 你一发怒不就失态了吗? 你一发怒不就掉入陷阱了吗?

我以前有个司机，刚给我开车时，有一次，别人不小心蹭到我们车上了，然后我的司机就特别凶，愤怒地指责对方。我就跟他说："人家不容易，早上出来可能比较慌张，不就蹭到车了吗？你看看问题不大咱就走啦，咱也有保险。"然后我跟他讲，你跟人家斗，你跟人家吵，是人家输了，但是到最后你能赢什么呢？你一天的心情被毁掉了。况且蹭车了，那有公理在嘛，还有交警，怕什么呢？没必要愤怒。其实很多时候，痛苦都是我们自身的情绪造成的。

13. 故令之以文，齐之以武，是谓必取。

"故令之以文"，统帅军队需要什么？这个"文"是军纪，是奖惩制度，我们要通过严明的军纪管理军队，用奖惩制度激励军队。"齐之以武"，让上下拉齐，靠什么？靠的是对军纪的强有力执行，上下一致，令行禁止。

在做公司时也是一样，管理者要做两件重要的事：第一，定激励机制，定制度，定规则，定流程，定标准，定原则，定 stop-doing-list，叫"令之以文"；第二，训练组织能力，以坚决的执行力上下拉齐。把这两件事做好了，你的公司肯定就能做好。

14. 视卒如婴儿，故可与之赴深溪；视卒如爱子，故可与之俱死。厚而不能使，爱而不能令，乱而不能治，譬若骄子，不可用也。

"视卒如婴儿"，就是把你的兵当作婴儿来看待；"视卒如爱子"，就是把你的兵当作你的孩子来看待。

总体的意思是，如果你对待你的士卒像对婴儿一样，极力呵护，那这些士卒就能与你共患难；如果你对待你的士卒像对自己的孩子一样，尽心尽责，士卒就会和你同生共死。

但是如果你对士卒异常宽厚却不能很好地指挥他们，你对士卒很宠爱而不能命令他们，士卒们违法却不忍心或不能惩治他们，那你对待士卒就像对待宠坏的孩子一样，其实这样的士卒是不能用来打仗的。

15. 故知兵者，动而不迷，举而不穷。故曰：知彼知己，胜乃不殆；知天知地，胜乃不穷。

"知彼知己，胜乃不殆"，如果我们做一件事，既能懂得对方，也了解自己，那我们就容易取得胜利；"知天知地，胜乃不穷"，如果我们能认识到天时和地利，那我们就会获得不断胜利。

所以我们要掌握很多信息，要去了解市场，了解对手，了解大势，了解政策，了解行业自身的困局，了解行业中的最佳标杆，了解行业中出现的最新趋势，我们只有"知彼知己"，只有"知天知地"，才能够再上台阶。

16. 敢问："敌众整而将来，待之若何？"曰："先夺其所爱，则听矣。"

当敌人很多，然后很整齐地往你这儿打来了，怎么办？孙子说，先拿到他最爱的那个东西，他就会听你的话。其实就是找短板。在商业竞争中，怎样避免让人家找到你的短板，这是非常重要的一件事。

17. 击其首则尾至，击其尾则首至，击其中则首尾俱至。

这句话意思是，当你击中它的头，它的尾巴就过来了，当你击中它的尾巴，它的头就过来了，而击中其中间，它的头尾就都过来了。这让我想起另外一句话"胜则举杯相庆，败则拼死相救"，讲的都是团队的协作，团队的相互补位，团队的默契。能够做到这两点，团队的战斗力真的会超乎想象。如果我们公司里有这样的团队，那该多让你骄傲。

18. 发火有时，起火有日。时者，天之燥也；日者，月在箕、壁、翼、轸也。凡此四宿者，风起之日也。

"发火有时，起火有日"，如果你要发动火攻，是要选合适的时辰的；准备点火时，是要选合适的日子的。"时者，天之燥也"，什么样的时间适合火攻呢？一定是天气比较干燥的时候；"日者月在箕、壁、翼、轸也，凡此四宿者，风起之日也"，什么样的日子适合点火呢？月亮在箕、壁、翼、轸这4个星宿位置的时候，容易起风，便是适合点火的日子。

我们今天做商业时，时辰，或者说时间节点同样非常重要。高途做的是教育行业，其实教育在某种意义上讲就像农业，需要根据时间做产品。特别是要根据春夏秋冬不同季节，确定什么时间开什么课程，做什么样的教学产品，怎样做教学服务，等等。高途在初期犯的很多错误都是因为我们不太懂教育行业的"时令"，不太懂我们的节气，不太懂我们的"农时"。

19. 主不可以怒而兴师，将不可以愠而致战。合于利而动，不合于利而止。怒可以复喜，愠可以复悦，亡国不可以复存，死者不可以复生。故明君慎之，良将警之。此安国全军之道也。

这段话的重点是不是很熟悉？又在说情绪管理。"主不可以怒而兴师"，作为君主，不能因为发怒，就发动战争。"将不可以愠而致战"，将军不能因为突然生气了就去打仗。为什么呢？因为你生气了可以再变得喜悦，不开心也可以变得开心。但是国家一旦没了，就没了；人一旦失去了生命，也不可能复生。

《孙子兵法》中有很多地方不断地告诫我们，如果你处在重要的岗位上，请记住，一定要管理好你的情绪。你的岗位职责越重要，你越应该管理好情绪。此外，你接受的教育越好，你也越应该管理好情绪，因为这是你接受教育后应该担当的那份责任。

当你在家里有更大的话语权时，就更应该管理好自己的情绪，因为你的情绪会影响到所有家人；你在工作中担负着重要的工作职责，是一个高级主管或者高级经理时，你必须学会控制好自己的情绪，因为你的情绪会影响到很多人，并且他们会把开心、不开心的情绪代入工作中去，带回到他们的家里。

所以，我在做管理时，特别讨厌那些管理不好自己情绪的人。在高途，曾经有一些管理者的情绪管理不好，容易发怒，有时还会骂人，我会送他们一本《情绪管理》。怎么能够做到非暴力沟通，这是非常重要的。

三
先知先胜

> 20. 故明君贤将，所以动而胜人，成功出于众者，先知也。先知者，不可取于鬼神，不可象于事，不可验于度，必取于人，知敌之情者也。

那些明君，那些厉害的将军，能够超越别人，能够打败敌人，在那么多人中都能胜出，核心是什么？他们是"先知"，但不是以算卦问于鬼神，不是用占卜来预测吉凶，最好的办法一定是向知道敌人军情的人进行打探。

这段话是我在读《孙子兵法》时，对我的触动程度能排到前三的一句话。

很多人总会抱怨说："我的人生怎么过得那么艰难？为什么有的人好像并不怎么样，他们就超越了我？为什么原来和我差不多的人，现在比我厉害那么多？"我觉得那些比你厉害的人，他们之所以厉害，最重要的是他们比你先知。先知就是信息，先知就是选择，先知就是认知。人和人之间的最大差异往往是在先知的层面，或者说是在认知层面。你没有认知，没有先知，总是不知不觉，或者后知后觉，那别人和你的差距，慢慢就拉开了。1件小事有差距，两件小事有差距，10件小事有差距，慢慢地从量变到质变，你和别人的差距就会变得非常大。那怎样能有好的认知呢？你不要只是以为磕个头烧个香就行，你不能老是以为经验主义就行，一定是通过人，比如说你可以求教高人，可以通过读书，不断地拓展认知边界，你才能够真正地厉害起来，真正能够让自己成为一个大师般的人物。

《孙子兵法》这本书，我读了几十年，对我的帮助特别大。20 多岁读这本书，背诵了很多段落和文字；30 多岁读这本书，记住了几个句子及其比较肤浅的应用。等到我自己开始创业，创办高途，9 年时间，跌跌撞撞走到今天，我觉得《孙子兵法》给了我价值上亿的认知。

比如我们前面讲解过的"胜兵先胜而后求战"这句话，是当高途在最难的时候，我给大家说得最多的一句话，是我用了好多年才懂得的一句话。我以前总认为自己懂了，但是等到我创办了高途，犯了那么多错误之后，我才明白，其实我以前完全就不懂。

有人会问："我怎么做事总是不成功？"那是因为你在做事的时候，只是在盲目地做，但是那些高手，那些高段位的人，他们总是先思考怎样能取得胜利，并把取得胜利的每个步骤、每个路径、每个可能性的挑战都想清楚了，然后再去寻找资源，做协作、做沟通、做迭代、做刷新，于是，他们成功的概率就更高了。这也就是为什么说，一个人的成功一定是由于他的系统思考能力的提升。

我特别开心今天来跟大家分享《孙子兵法》这本书，跟大家分享了书中我读到的 20 个最重要的句子，希望对大家有所帮助。

有人问：《孙子兵法》跟其他兵法类图书相比谁强谁弱？我觉得不要去比较不同的书到底是谁强谁弱，而是要看这本书是不是适合你。不同的人，读书的感受是不一样的，如果有一本书在当下更加适合你，对你而言它就是强的。其他写兵法的书，不妨也拿来读一读，然后用心感受，做一下对比，也是非常不错的。

直播分享于 2023 年 3 月 1 日

胜兵先胜而后求战 —— 读《孙子兵法》　　　　　　　　229

管理精进的 5 大心法

——读《卓有成效的管理者》

今天，我分享的书是彼得·德鲁克的《卓有成效的管理者》。我们这次读书直播分享的第一本书是《旁观者》，作者也是彼得·德鲁克。我们从他的第一本书开始，连续直播 14 天后，再用他的《卓有成效的管理者》这本书收尾，也是很有意义的。

我特别喜欢这本书，有几个场景可以和大家分享：

第一，《卓有成效的管理者》是我多年前在一次偶然的情况下读到的一本书，翻开的瞬间我就被击中了，这是多好的一本书，然后我一口气就把它读完了，内心非常震撼。

第二，在高途发展特别快的阶段，很多小伙伴被提拔做管理者，他们问我能不能推荐一本书，我给他们推荐的都是《卓有成效的管理者》。

第三，我曾经在 2020 年，连续 10 天早上的时间，每次 70 分钟，给高途的 500 多位管理者详细讲解了这本书。

第四，这本书是在彼得·德鲁克做了咨询工作 45 年之后写的，凝聚了他一生的管理智慧。

第五，很少有书我会读 10 遍、20 遍，很少有书我会时不时地翻开读上一段，很少有书我会经常引用其中的理论和观点。在最近一年，我把这本书放在了我的桌边，同时我又买了它的英文版本，把两个版本放一块儿比照着读，可以看出这本书对我的重要性。我到了今天这样的年龄，高途到了今天这样的规模，我还在读这本书，还来和大家分享这本书，我的内心是非常激动、非常喜悦的。

我也是抱着对彼得·德鲁克的一份敬意跟大家分享这本书的。彼得·德鲁克，大家都不陌生，他是一位真正的管理大师，一位真正的思想家，受到很多人的喜欢。在西方，他是一个巨星，一个大师般的人物。在中国，也有很多人在读他的书。

《卓有成效的管理者》是彼得·德鲁克在 76 岁时写的，到了这个年纪，可以说他的管理思想已经非常成熟，他的见识、他的谈吐、他的修养也都处于非常高的水平。我今年快 52 岁了，我能够在 52 岁时，读到一个 76 岁的世界级人物所写的书，并且和他做内心对话，这种美妙感、这种爽感，真的是超乎想象。

可能有人会问：普通人不是管理者，适合读这本书吗？即使你是一个普通的员工，没有做过管理工作，甚至没有在职场工作，比如家庭主妇，我觉得都可以读这本书。因为我们每个人都是管理者，每个人天生都有领导力。其实，每个人每天都在做着管理工作。比如，在家里，家是需要我们经营管理的，家里的每个成员，某种意义上都是一个管理者；在公司，我们与同事沟通，即使你不是主管，也是需要去协同别人的，从某种意义上来说，这时你也是一个管理者。所以，彼得·德鲁克的这本书，每个人都可以静下心来，认真地读一读，认真地去做一些思考。

一
从员工到管理者的转身

《卓有成效的管理者》这本书中，揭示了两个命题：第一，管理者的工作必须是有效的;第二,管理者的有效是可以学会的。如果你是一个管理者,你要永远记住彼得·德鲁克这两个忠告。

在职场中,如果一些优秀员工的工作做得非常好,业绩非常突出,慢慢地,他们就会晋升为主管,成为管理者。那做管理者和做员工有什么样的差异呢? 一般有 4 个最重要的变化:

第一,做员工时,把自己的本职工作做好就行了,但做主管时,除了要做好自己的工作,还要让团队里的每个人都能做好工作,这是一个很大的差异和变化。

第二,做员工时,只要管理自己就行,但是做主管之后,除了管理自己,还要管理别人。

第三,做员工时,你的业绩就是自己的工作成果,但做主管后,你的业绩是通过团队的整体业绩来体现的,这是非常重要的差异。

第四,做员工时,可以个人英雄主义,但是做主管后,你要让团队成为英雄。在某种意义上讲,主管相当于教练的角色。

从事管理工作之后,不管是主管、经理,还是总监、副总裁,甚至是创始人、CEO,都会发现工作中一些状态的变化。

第一,当你做管理工作之后,你的时间在某种意义上是属于别人的,而不只属于自己。你如果不加以控制,你的时间会完全由别人所支配,不由你自己决定。随时都有人会打扰你:主管,这个事情怎么做?""主管,能不能帮个忙?""主管,我现在不舒服,需要请假。""主管,我觉得不公平,能不能给我一个解释?

第二,你做管理工作后,你的成果一定是通过别人来体现的,你的工作价值一定是通过团队来实现的。

第三,你做了管理工作后,很容易就会忙碌于自己的工作,陷入团队内部事务,特别是你做得越投入,就越没有时间去关注公司外部,就无法及时获取外部的新鲜信息,你就没办法做出更好的决策。

当你想做一个更好的主管，做一个更好的管理者时，你需要去读一些与管理相关的书籍，这可以让你超越年龄界限，迅速拥有那些比你更年长、更智慧的人的思想。就像今天，我们读到了彼得·德鲁克在76岁的时候写的《卓有成效的管理者》，你们才二三十岁，我才不到52岁，我们就能读到76岁的人的管理智慧，我们不就相当于站在了彼得·德鲁克的肩上了吗?

有人会问我：陈老师，你都那么成功了，还读那么多书干吗?但我不认为我已经成功了，越是到了我今天这个年龄，我越不敢说自己已经成功了。我觉得，我还在不断地成长，不断地尝试，不断地突破自我。其实要想做好一个管理者，或者说做一个始终向上的管理者，要永远有初学者心态，不断学习，不断成长。

人在不同的成长阶段对成功的定义是不一样的。比如在小时候，我认为成功就是能够多赚钱，能够让爸妈过好的生活，能够把家里的房子修一修。慢慢长大以后，我觉得成功就是能在北京买套房子，把父母接过来住。再后来，我觉得成功就是做一个更大的管理者，能够向上提升和发展。创业之后，我觉得成功就是能够让公司活下去，不让公司失败。到2021年，高途才算真的活下来了。现在高途正在慢慢地稳步向前发展，对现在的我来说，成功就是作为公司的创始人，我要探索我的边界，要有勇气，要敢于面对未来的不确定性。

有朋友问：一个新项目要经历多长时间的失败才能够放弃呢?高途在当年也经历过特别痛苦、特别困难的阶段，我们那时候也在想，到底要不要做，要不要坚持?那么，一个项目到底要坚持多长时间?什么时候可以放弃?我觉得，还是我昨天在讲《孙子兵法》时所强调的"胜兵先胜而后求战"，我们需要先想清楚怎样去取得胜利，取得胜利到底需要哪些方面的因素?比如，我们可以考虑，这个项目做了半年了，取得胜利的几个要素，到底准备好了几个?如果发现这些要素都不具备，那就尽快放弃吧，没有任何问题。如果已经具备了核心要素，并且能够很好地把它们组织起来，如果放弃就亏了，还是坚定地往前走吧。

二
有效管理者的 5 大心法

这本书的英文名字是 *The Effective Executive*，直译是"有效的管理者"。中文翻译时，稍微把它夸张了些，翻译为《卓有成效的管理者》。你如果认真地读过这本书，认真地推敲之后，会发现翻译成《卓有成效的管理者》，还是有实际意义的。

大家是不是很好奇，怎样能够成为卓有成效的管理者呢？

要想成为卓有成效的管理者，重点是做好 5 件事情：

1. 管理你的时间。
2. 发挥你的优势。
3. 发挥别人的优势。
4. 做最重要的事情。
5. 把上面几点串联起来，做出有效的、正确的决策。

三
管理时间

有效管理者的第一大心法是管理时间。

怎样管理我们的时间呢？我们先来看看这 3 种浪费时间的情形。

第 1 种情形，有些事压根儿就不应该做，但是我们做了，就浪费了时间。这些事情对你的人生，特别是对你人生的目标其实没有任何好处。浪费时间就是浪费生命。因为浪费了时间，我们人生应有的高度和厚度就超不过别人了。比如你总是在刷手机，总是在玩游戏，总是在参加无聊的饭局，你的注意力总在别人身上，总是以别人为中心，你的很多时间就都浪费了。2016 年，高途发展很艰难的时候，我给自己提了要求：不参加任何外部活动，不参加任何外部访谈，不参加任何电视节目。很多事我不去做，很多时间就节省下来了。

第 2 种情形，有的事能够让别人去做的，但你自己还在做。换句话说，能够授权别人做的事情，你还在自己做，结果不就是浪费了自己的时间吗? 举一个例子。高途员工人数最多时有近 4 万人，如果每件事我都亲自做的话，那高途就是我一个人的公司了。作为一家有近 4 万人的公司的创始人，我必须做什么? 我必须找到合适的人，授权他们，信任他们，让他们做好逐级管理。所以，我每天都在想 : 我怎样能够做到更好地授权，怎样能够让别人更好地利用时间。

今天我能够在这里和大家一起读书，我能够再重新做一家公司，我能够亲自做高途佳品的 CEO，核心原因是高途在教育板块做得相对比较好，每个业务的负责人都和我有七八年甚至十几年的共事经历，大家相互都非常信任，非常熟知。当我能够信任他们的时候，我就可以探索各种各样的新业务的边界了。

第 3 种情形，我们浪费了别人的时间。我们很多管理者，瞎指挥、瞎折腾，总做一些无用功。特别是有些主管喜欢开会，尤其喜欢半夜开会，并且没有成效、没有结果，最后把大家的时间浪费了，把大家都耽误了。

我们在工作生活中，时间的浪费往往是在不经意之间发生的。很多管理者在日常工作中，很容易犯上面提到的 3 种浪费时间的错误。

我们怎样能够更好地利用时间呢? 我认为有 3 种好方法，这些方法也是我在同高途的重要管理者沟通时建议他们用的方法。

第一，记录你的时间。如果你能够连续一个月记录下你每天每个时间段做的事，坚持一个月后开始排查，从早到晚，看看哪个时间段的事其实是不应该做的，哪些事是在浪费别人的时间，哪些事其实是需要授权别人做的。只要记录一个月，你就会发现你的时间有大量的浪费。

第二，管理你的时间。随着时间记录，不断地调整工作时间。以我自己为例。这段时间，我每天要讲一本书，其实对我来说压力还是蛮大的。虽然我确实读过几千本书，但是每天要讲一本书，还是要提前做很多准备的。况且，我还是高途的 CEO 和高途佳品的 CEO，而高途佳品目前正处于一个特别时期。在这样的情况之下，我要做很多投入。那我怎么管理自己的时间呢？我一般是早上 6 点 30 分起床，7 点早餐，7 点多到公司，然后就开始看书，开始准备这一天工作的相关事情。高途的伙伴们一般是 9 点上班，在他们上班前，我大概已经工作 1 个多小时了。晚上，我一般睡得比较晚，大约 12 点到 1 点间，有时候 2 点才睡。这就是我的日常。慢慢地我就知道了，哪些事情是我要做的，哪些事情是我不需要做的，哪些事情我要授权别人来做。我觉得通过这样的不断推演，时间管理就会做得好一点。

第三，统一安排时间。比如，你在工作时，不断地去看信息、回复信息，你的时间就会被不断地打断，也就会被无限地切割。所以，我一般这样做，比如：安排一个时间段，这个时间段是没有人能够打扰我的，我就专注地做我自己的工作；再安排一个时间段，我会开放给大家，大家可以预约来和我沟通工作。这样，在一天中，我会给自己安排两三个时间段，这属于我自己的时间。如果是一线员工该怎么办呢？我认为方法也是一样的，每天给自己留出一点时间，也就是属于自己的专享时间，可以自由支配。如果你是一个管理者，我更加强烈建议你在每天要留出一段时间；如果你是一个个体工作者，你怎么能够把时间更好地拆分，留一点属于自己的时间，也非常重要。

一般情况下，管理者如果浪费时间，会浪费在什么地方呢？我举几种场景：

第 1 种场景，公司缺乏制度，结果总是会发生同样的问题。由于制度的缺失，管理者总是不断地去解决同样的问题，就会做很多重复的工作，最终就浪费了很多人的时间。

第 2 种场景，没有预见性，匆忙做决策，但是当事情开始推动时，才发现什么都没准备好，结果大家手忙脚乱，最后都非常受挫。事情没有做好不说，还浪费了大家的时间。

第 3 种场景，组织架构有缺陷，职责不清晰。一件事发生后，不知道谁是负责人。一件事没有一个真正的负责人，就没有人为它负责，结果就是每个人都在踢皮球。这样的组织会导致每个人都在等待，每个人都在扯皮，最后的结果是浪费了每一个参与者的时间。

第 4 种场景，组织文化有问题。比如信息的上传下达，一种方法是由总裁传给副总裁，副总裁传给总监，总监传给经理，经理传给主管，主管再传给一线。另一种方法是，每个业务线只传递每个业务的信息，每个职能部门只传递每个职能部门的信息。这两种方法都有问题，会导致信息流通不畅，传递不到位，大家的信息不同步，相互矛盾，最后就容易出问题。

第 5 种场景，本来用两个人可以干的活儿，你要用 3 个人；本来 5 个人可以干的活儿，你用了 10 个人。但是你并没有给每个人以清晰的工作职责和目标，结果人多了，效率反而降低了，徒增内耗。俗话说：一个和尚挑水喝，两个和尚抬水喝，三个和尚没水喝。这是人员方面的浪费。

我们要想做一个卓有成效的管理者，首先要管理好时间，核心是要避免浪费时间。

我每天晚上睡觉前，都会进行自我对话："今天我的哪些时间是不高效的？哪些时间被浪费了？哪些事情可以做得更好？哪些事情可以授权别人来做？"我每天早上 7 点多到公司后，坐在我的工位上，也会进行自我对话："今天该怎么开始呢？哪些事是别人可以做的？哪些事是我必须做的事？"

我想告诉各位朋友，即使你是一个一线员工，即使你是刚进入职场的小白，即使你是一个大学生，其实你都可以在每天晚上睡觉前反问自己："今天我的哪些时间是浪费的？今天我的哪些时间是高效的？今天我的哪些时间是可以更好地被利用的？"每天早上制订当天的计划时，可以问自己："今天我的时间应该怎样度过？今天一定不能做哪些事？今天必须要做哪些事？"我们说，凡事预则立，不预则废。这个预，就是计划；这个预，也指时间规划、时间管理。

做时间管理有什么用？我觉得，做时间管理不就是做生命管理吗？我们的生命是由时间组成的，你的时间管理得越好，你的生命能量就管理得越好。同样的，我们的时间管理得好，就意味着我们的工作会更加高效。彼得·德鲁克说，我们要想让工作高效的话，起点永远是做时间管理。

四
发挥自己的优势

有效管理者的第二大心法是发挥自己的优势。或者说，作为一个卓有成效的管理者，第二件最重要的事就是你一定要发挥自己的优势。

我每天会问自己：作为高途创始人，做哪些事才会对高途的意义最大？作为高途创始人，做哪些工作才会对高途的贡献最大？

有一点是老天爷对所有人都绝对公平的，就是每个人每天只拥有 24 个小时。不管你再厉害，不管你再神通广大，不管你再家财万贯，不管你再受人尊重，你每天只有 24 个小时，每天必定有几个小时要睡觉，还要留出时间吃饭，那你用来工作的时间就是有限的。所以，你必须时刻问自己，特别是如果你的决策能影响到很多人时，你做什么样的事情才会对公司贡献最大，你怎么做才会对你的团队贡献最大。

高途创办快 9 年了，在教育领域算是活下来了，还得到了那么多人的喜欢，特别感谢我们的学生和家长。现在，作为高途佳品的 CEO，我问自己：面向未来，今天的高途怎样能够从分享知识更好地转换到分享美好生活？

我们想来想去，在伟大的直播互联网时代，高途必须有所作为。我作为公司的创始人，我要亲自来做这件事的话，就更加容易调动资源，就更加容易达成共识，就更加容易推动工作。所以，我想，做高途佳品这样的创新业务，对高途的 1 万名小伙伴的贡献是最大的。所以我就自己做了高途佳品的 CEO，这就是我的考量。

五
发挥别人的优势

有效管理者的第三大心法是发挥团队成员的优势。或者说，卓有成效的管理者要做的第三件事，就是思考如何发挥别人的优势。

人都是很难被改变的，尤其是缺点。做好一个管理者，最重要的工作不是去尝试改变别人的缺点，而是要发挥别人的长处，发挥别人的优点。换句话说，我们不要试图去批评别人的缺点，我们要做的是在包容他人的缺点的同时，发挥他的优势，发挥他的长处，激励他把聪明才智发挥出来。这才是我们要做的非常重要的事情。

在工作中，我们怎样发挥别人的优势呢？

首先，我们要注重工作的有效性，或者说，工作应该是有贡献的。工作的贡献基于工作的有效性，而工作的有效性不外乎三个维度：第一，我们自己的工作，应该把它做得好一点；第二，处理好与他人的关系；第三，运用好各种各样的管理手段。比如，把会开好，把报告写好。某种意义上讲，这些都是我们所说的工作的贡献。

其次，我们还要注意挖掘并发挥别人的优势。工作中，我们不能因人设岗，不然就容易和公司的需求产生冲突。如果公司设置了一个岗位，我们就要去找匹配的人，找到在这个岗位需求方面有优势的人，这样公司的发展才会更好。

很多优秀的管理者，特别是公司的创始人和高级管理者，他们都是孤独的。因为权力越大，责任越大，做出的决策就越会影响更多人。当你和一部分人的关系非常亲密时，你的决策就容易受到他们的影响。在大型公司和组织中，高职位人员需要与员工保持一定的距离感，这是很常见的现象。

在大型公司和组织中，数据往往被视为重要的衡量和决策依据。因此，我们可以借鉴这样一句话："没有测量就没有管理，没有管理就没有提高。"这意味着，如果没有数据作为衡量标准，很难进行有效的管理。而如果没有有效的管理，公司就很难实现提高和进步。

做一个管理者，有一件重要的事，就是要为员工做绩效评估。做好绩效评估，关键在于数据。根据数据做评估，才是比较科学的。那怎样做绩效评估呢？首先，要基于此前达成的共同目标，而这个目标必须是可量化的，可测量的，有截止时限的，有具体数据支撑的。我们可以去看，这个目标的衡量数据有几个，哪些数据完成了，哪些数据超额完成了，哪些数据完成得没那么好。然后我们去做对比，行业中的顶级水平是怎样的，中等水平是怎样的，平均水平又是怎样的。然后先让员工给自己打分，管理者再根据评估情况进行最终打分。

管理者需要和员工一起做复盘：哪些事情是做得非常好的，哪些事情做得没那么好，还可以做得更好；当下应该补哪些短板；应该再学习什么样的新知识；等等。

我现在是高途的 CEO，我会问副总裁们：第一，你们的哪些工作在过去一年做得非常好？第二，哪些工作你们可以做得更好？第三，你们需要重新学习哪些技能，会让你们变得更加优秀？第四，你们是否具有潜能、格局、事业心？我还会想，我如果把儿子交给他，让他带，我愿不愿意，放不放心。我觉得依据这些进行判断是非常重要的。

我一直在想，人的这一辈子，最幸运的就是能够遇到一个人，而这个人在关键的时候能够影响你的一生。那我们作为一个管理者，能不能成为那个人，能够影响别人的一生？

我经常感慨，我就是一个来自农村的孩子，如果你们认为我今天的状态还不错的话，我特别感激我这么多年坚持读书，感激我父母在我小时候让我读书，培养我读书的习惯。我特别感谢我的父亲，因为他很喜欢读书，从而带给我一种家庭氛围的影响。所以，我给很多父母提建议，如果你希望孩子经常读书的话，你们自己在家里就要读书，就算装模作样，你也得读。你天天拿着书看，孩子自然而然就读书了。但如果你自己天天刷手机，那孩子刷手机不也很正常吗？

六
优先做最重要的事

有效管理者的第四大心法是优先做最重要的事情，也就是说，要事优先。

或者说，卓有成效的管理者要做的第四件事，是给需要做的事情确定优先级，并且确保能够优先做好最重要的事。

比如，我作为高途公司的创始人，我优先要做的有三件事：第一，我每天想的是要做未来的事，做方向性的、战略性的大事；第二，把握一些重要机会，做那些可能别人都做不了，只有我自己才能做的事；第三，做更高目标、更有创新的事。

换句话说，我每天想的是，我要做的事应该是关乎未来的，应该是关乎一个重大机会的。我要做的事应该是关乎我的人生目标、人生方向的，我要做的事应该是有高目标，有更多、更高、更好的创意的。

人生中的很多事，要么是重要的事，要么是紧急的事，要么是不重要的事，要么是不紧急的事。真正厉害的人做的永远都是重要但不紧急的事。如果我们做的事总是又重要又紧急，就意味着我们没有真正地预见未来，我们没有做制度、做流程、做规划，所以总得忙于解决当下的问题。而真正厉害的人，他做的事肯定都是当下看起来没有那么紧急但是对未来又特别重要的事。所以请记住，如果你做的是重要而不紧急的事，你未来的成就将会不可限量。

我举一个例子。如果等到你的身体出问题了，你再开始注意饮食，开始注重锻炼，其实就有点晚了。那时候，你做的就是很重要同时又很紧急的事。因为你的身体已经出现了问题，你再不重视再不紧急，身体可能就完了。但是如果你能够很早地在身体出问题之前，就坚持早睡早起，坚持健康饮食，坚持锻炼身体，那你的身体可能就不会出现问题，就不用那么紧急地做这些事了。

有个关于扁鹊的故事。别人都说扁鹊是神医，但他却说："来找我看病的，都是快不行了的人，我把他治好了，大家都会说我是神医。但是我大哥、二哥治病时，往往是把还在初期阶段的病给治好了，因此大家并不认为他们的医术更厉害。但是真正厉害的，其实是他们。因为在病发作之前，他们就已经把病治好了。"

一家公司的创始人、CEO，如果总是等到问题变得非常严重了，事情遇到危机了，才着手解决，那就为时晚了。所以我们说，有智慧的人做的永远是重要而不紧急的事。

因此，我时刻提醒自己，每天早上都和自己进行对话，告诉自己一定要做最重要但不紧急的事。但是我在这里检讨，就是到了今天，我有时也会犯错，有时候我还是会做很多当下很重要也很紧急的事，很多时候确实也不可避免。但是我想，能不能有95%的时间，我都在做重要而不紧急的事，都在做关乎未来的事，都在做捕捉重大机会的事，都在做遵照我们的初心和目标往前走的事，都在做追求更高目标并进行更大胆的创新的事？

一流的人是做重要而不紧急的事，二流的人做的可能是又重要又紧急的事，三流的人做的是不重要但是紧急的事，四流的人做的是不重要也不紧急的事。然而，那些既不重要又不紧急的事，还需要浪费时间去做吗？或者说，如果你总是做一些重要而不紧急的事，那这些不重要也不紧急的事也许就不会发生了，或是顺手就可以做了。

七
做出有效的决策

有效管理者的第五大心法是做出有效的决策。或者说，卓有成效的管理者要做的第五件事，就是要能够根据我们的认知，做出有效的决策、正确的决策。

做出有效而正确的决策，这件事对我们的要求是非常高的。我们一般是面对问题时，才需要做决策的。因此，当问题发生时，我们不妨思考：

第一，这个问题经常发生吗？如果是经常性发生的问题，我们一定要先找到其根本原因，然后再把通用的解决办法变成制度、原则、方法和流程。

第二，这个问题是第一次发生吗？是偶尔发生吗？有的事情在你的公司可能是第一次发生，但在别的公司早就发生过了。所以，你仍然要先找到原因，然后再把解决办法变成制度、原则、方法和流程。

第三，这个问题真的是一个偶发事件、突发事件，我们从来没碰到过吗？如果你之前进行了充分的学习和了解，有些问题是可以预见的。可以在问题还没有发生前，将避免问题产生的因素变成制度、原则、方法和流程。

第四，确实会有一些特殊的问题，从来没发生过。那这时候，我们需要做的就是认真对待、认真解决，然后复盘、迭代。

比如，前段时间高途佳品在广西做了第一次户外直播。当时我跟团队伙伴说，不要怕犯错，大胆尝试，大胆实验，错了也不怕，可怕的是你发现不了错误，可怕的是你发现不了问题，可怕的是你找不到解决方案。

我相信，如果我们能够发现问题并找到解决方案，如果我们能够不断地迭代，那以后不就更加容易获得成功了吗？所以，我想，做决策是非常重要的，怎样能够时时刻刻都做出正确决策，对于任何管理者来说，都是非常大的挑战。

八
再刷新：有效管理的 5 个要素

最后，再总结一下，要做一个卓有成效的管理者，要做到以下 5 点：

第一，我们要从对时间的有效管理开始，我们一起读书，一起成长。

第二，我们要专注于发挥自己的优势，专注于我们对整个组织的贡献。就像我每天反问自己：我对高途的最大贡献是什么？做哪些事情才能对高途做出贡献？我要努力配得上高途。

第三，我们要深度思考：怎样去发挥别人的优势，怎样授权团队伙伴，让他们把工作作为自己的事业，让他们的活力被激发，让他们的聪明才智、善良品格真正地发挥出来。

第四，我们要持续省思：怎样确保自己在做的是最为重要的事，而不至于总是去做紧急的事。

第五，我们要集思广益：怎样确保组织能够做出有效的、科学的决策。

我相信，我们每个人都可以变得有效，我们每个管理者的有效都是可以学会的。如果我们能够不断地学习，足够谦逊，如果我们有内省的态度，必然就会收获成功。

直播分享于 2023 年 3 月 2 日